"十三五"国家重点图书、音像、电子出版物出版规划项目

2016年主题出版重点出版物

永 远 的　YONGYUAN DE
CHANGZHENG

红 色 旋 风

红二方面军长征珍闻录

杜福增｜汤　卫｜徐　晖◎著

陕西新华出版传媒集团

未 来 出 版 社

图书在版编目（CIP）数据

红色旋风:红二方面军长征珍闻录／杜福增，汤卫，徐晖著. —西安：未来出版社，2017.1(2017.9重印)

（永远的长征）

ISBN 978 – 7 –5417 –4974 –2

Ⅰ. ①红… Ⅱ. ①杜… ②汤… ③徐… Ⅲ. ①红二方面军 – 史料 Ⅳ. ①E297.2

中国版本图书馆 CIP 数据核字(2016)第 324988 号

红色旋风:红二方面军长征珍闻录

HONGSE XUANFENG:HONGERFANGMIANJUN

CHANGZHENG ZHENWENLU

丛书策划	尹秉礼　高　安
执行主编	刘　波
责任编辑	陆三强　马　鑫
封面设计	许　歌
技术监制	宇小玲
出版发行	陕西新华出版传媒集团　未来出版社
	地址:西安市丰庆路 91 号　邮编:710082
经　销	全国新华书店
印　刷	陕西安康天宝实业有限公司
开　本	710mm×1000mm　1/16
印　张	22
版　次	2017 年 3 月第 1 版
印　次	2017 年 9 月第 2 次印刷
书　号	ISBN 978 – 7 –5417 –4974 –2
定　价	39.00 元

如有印装质量问题，请与印厂联系调换。

目　录

第一章
揭开长征序幕的先遣队

紧急西征电令——任弼时亲译电报——到湖南去！找贺龙去！——紧张准备——胜利突围——撤出阳明山——你们共匪好！——李德的"神机妙算"被破解——萧克痛心的总结

长征，是中华民族历史上一部最伟大的英雄史诗，其行程之长、路途之险、困难之巨，古今中外，闻所未闻。而长征中的红军将士们，用他们最坚定的信念，最英雄的气概，在腥风血雨中闯出了一条生路，谱写了一曲气贯长虹的英雄之歌，也为中国革命事业闯出了一个光明的未来！长征中，红军一、二、四方面军这三大主力，如三股洪流在中国辽阔大地上驰骋，最终在西北汇合。这三大主力中，由红二、六军团组成的红二方面军的长征最为曲折与独特，因为，长征既以红六军团的西征揭开整个红军长征的序幕，又以红二、六军团本身长征出发得最晚。中央红军是于1934年10月开始长征的，而在此之前，也就是1934年8月，就有一支先遣部队开始了探路行动，这就是任弼时、萧克、王震领导的红六军团。

红六军团成立于1933年6月，活动在湘赣苏区，肩负着保卫湘赣苏区、保障中央苏区侧翼安全的重任。1933年9月，当国民党军对中央苏区发动第五次"围剿"时，红六军团积极抗击国民党西路军总司令何健三师的进攻。1934年1月，中革军委命令红六军团以第十七师北渡袁水，会同在湘鄂赣苏区坚持斗争的红十六师，向江西德安地区活动，威胁南昌，吸引赣以东之敌，配合中央红军作战。但红十七师转战两个月，未能达到预期目的，于3月返回湘赣苏区，同红十八师会合。4月，红六军团在沙市全歼湘军1个旅，俘旅长以下1000余人。此后，红六军团按照李德等人的指示，以阵地战和"短促突击"来保卫苏区，得不偿失。1934年7月，第五次反"围剿"作战行动屡次失利，军事形势日趋严峻。中央苏区的困难日益严重,湘赣苏区也在国民党军的"围剿"下,逐渐陷入危境。国民党军已经占领了湘赣苏区的中心区域,红六军团这时被 8 个师的敌人包围、压缩在遂川、万安、泰和三县交界处的牛田和碧江州方圆数十里的狭小地区。红六军团和湘赣苏区面临着粮食等物资保障缺乏的困难以及被敌人层层封锁和紧缩包围的危险。为了调动敌人的兵力,同时也保存红六军团有生力量,打乱国民党军的"围剿"部署,中共中央、中革军委决定派遣红六军团从湘赣根据地出发,向湖南转移,为中央红军退出中央根据地作直接的准备。

　　红六军团转移的目的地是湘鄂川根据地,按照李德的解释说:"据说贺龙领导的第二军团(当时我们同它没有直接的联系),成功地巩固了他在湘鄂川交界的新根据地。我们认为,这块三角地区在战略上很重要,因为它位于长江附近,又处在中国内地几个最发达省份的交界点,可以为广泛的政治活动和军事行动提供很好的立脚点。因此革命军事委员会指示萧克,放弃第六军团的老根据地,在抗日的政治口号下与贺龙会合。"[1]

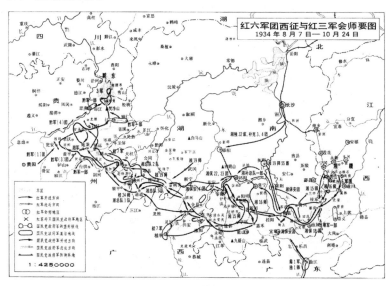

红六军团西征与红三军会师要图

紧急西征电令

　　1934 年 7 月 23 日深夜,夜深人静,红六军团的将士们已经就寝。而这时,一份紧急电报却使这个夜晚成为一个不眠之夜。机要科长龙舒林接到中革军委发来的一份紧急电报，并指定这份电报必须由任弼时亲自翻译。于是，龙舒林不敢耽搁，马上将电报送到任弼时住处。任弼时立即在龙舒林协助下，将电文译出。随后，萧克、王震等红六军团的主要负责人围坐在一起，听任弼时传达了这份紧急训令："中央书记处及军委决定六军团离开现在的湘赣苏区，转移到湖南中部去发展广大游击战争及创立新的苏区"。电报指出前往湘中的原因和目的：目前苏维埃运动发展的一般状况是在江西及四川存在着巩固的苏维埃区域，而湖南将成为两者将来发展的枢纽。红六军团在湘中的积极行动，将迫使湘敌不得不进行战场上和战略上的重新部署，破坏其逐渐紧缩中央苏区的计划，以辅助中央苏区之作战；这一行动，还能最大限度地保存红六军团的有生力量，并在创建新的苏区的斗争中，"确立与二军团的可靠的联系，以造成江西、四川两苏区联结的前提"[2]。

训令还对红六军团向湖南发展的路线、活动地域和行动方式作了具体规定："六军团由黄坳上下地域的敌人工事守备的薄弱部或其以南，转移到现独立四团行动的桂东地域，在转移中要迅速脱离敌人，以便到桂东的游击地域，高度地迅速地发展游击战争和推广游击区域"，"六军团在桂东不应久停，第二步应转移到新田、祁阳、零陵地域去发展游击战争和创立苏区的根据地"，"以后则向新化、溆浦两县间的山地发展，并由该地域向北与红二军团取得联系"。训令还就这次行动的组织领导做出了安排："弼时同志及部分的党政干部应准备随军行动，弼时即为中央代表，并与萧克、王震三人组织六军团的军政委员会，弼时为主席"[3]。

从紧急训令中可以看出，中革军委并没有透露出一点红军要作战略转移的意思。对此，李德是这样解释的："突围成功的最重要因素是保守秘密。只有保守秘密，才能确保突然行动的成功，这是取得胜利的不可缺少的前提。因此，当时关于突围的传达范围只限于政治局和革命军事委员会的委员，其他人，包括政治领导干部和部分高级干部，只知道他们职权范围内需要执行的必要措施。"[4]

到湖南去！找贺龙去！这是红六军团的领导人对紧急训令最直接的反应。但他们没有想到，他们实际上还担当了中央红军实施战略转移向西突围的先遣队，成了中央红军的探路部队，他们的西征拉开了中国红军长征的序幕。当时，任弼时敏锐地意识到了这一点。萧克回忆说："任弼时同志对我说，中央红军可能要向西，到湖南方面去，令我们起先遣队的作用。他的这几句话，对我既有震动又有启示。他不仅对政治问题有深入的见解，而且善于观察战略大势，后来的行动证明他的分析判断是对的。"[5]周恩来后来也曾说过，当时组织红军第六、第七军团分别西征和北上，"一路是探路，一路是调敌"。博古更直接说明，"当时军事计划是搬家,准备到湘鄂西去,六军团是先头部队"。[6]当然这都是后来才知道的。

训令等于为红六军团的西征吹响了进军的号角,接到西征的训令后,红六军团和湘赣军区立即行动起来,投入到紧张的出征准备工作中。按照中央的要求,成立了以任弼时为主席,萧克、王震为委员的军政委员会,领导红六军团的向西转移行动。将所属的十七师、十八师充实到总共9700多人,步枪3500支,军区部队的5个独立团,每团都充实到两个营以上;红校的500学员组成干部队,随六军团行动;军区医院分成两部,一部留下,一部组成可收容全军团10%人数的野战医院约4个所随军行动。动员苏区青年参加红军,补充兵员;调整干部,充实领导力量;掩藏被服、修械、制弹三厂的笨重器材;部署守备力量;精兵简政,将庞大的分区直属机关编入独立团;对部队进行军事训练和后勤准备;还抽调了250名党政干部,组成地方工作团,准备做新区的地方工作;部署了湘赣根据地的游击战争,以陈洪时(后叛变)、谭余保等人组成湘赣省委临时常委会和新的湘赣军区领导机关,领导5个独立团和游击队,继续坚持湘赣苏区的斗争。为动员广大指战员,还召集十七、十八师政工人员开了政治工作会议,任弼时作了著名的《争取新的决战胜利,消灭湖南敌人,创造新的根据地》的动员报告,分析了当前形势,传达了任务,指出了有利条件和困难条件。军政委员会对这次转移部署作了缜密的研究,决定了突围方向和钳制方向,对留下的地方武装作了坚持根据地的妥善安排。西征部队积极打草鞋,做干粮,并实施了行军、侦察、警戒的教育。在苏区人民的支持下,红六军团的出征准备工作井然有序,卓有成效,提前完成。

由于敌情发生变化,红六军团经请示中革军委,决定提前行动。突围前,先派出地方武装独立第五团伪装成红六军团,突然出现在赣水西岸的沙塘一带,他们打着军团旗号,一路上摇旗呐喊,尘土飞扬,声称红六军团要分兵三路东渡赣水,挥师东进。这一招"声东击西"还真灵,围困湘赣苏区的粤、赣敌军各部都慌了手脚,纷纷仓皇出动,前堵后追,一时枪林弹雨,炮火连天。这支号称"红六军团"的队伍,沿着赣江两岸,时隐时现,神出鬼没地连续游击了好几天,把各路敌军都吸引了过去。看着敌军的部署全部打乱,已经把敌主力"调动"到堵截红军"东进"的封锁线上了,这支队伍忽然间不见了,那些追堵的敌兵,一时间不知如何是好。

而此时,真正的红六军团9700多人,在任弼时、萧克、王震的带领下,告别了休戚与共的湘赣苏区人民,开始从西南方向全线突围。1934年8月5日,红六军团经过充分的准备后,以一部兵力攻占遂川县衙前,建立了突围的翼侧掩护阵地。8月7日下午15时,红六军团主力在独立第四团的引导下,由遂川的横石、新江口地区出发,就此踏上了西进的征途。经日夜兼程的行军,通过藻林、左安、高坪等地,连续突破敌人四道封锁线,到达了湖南桂东县的寨前圩。

寨前圩是一个四面环山、树木茂密的小镇,一条小河弯弯曲曲地从村中流过,风景十分优美。这里群众基础较好,老百姓见红军来了,热情欢迎。1934 年 8 月12 日,在寨前圩河滩上,召开了连以上干部的誓师大会,庆祝突围胜利。大会开始之时,任弼时首先讲话,他以党中央代表的身份,传达了中共中央、中革军委的命令与转移任务,申明了行军纪律,进一步做了战斗动员,正式宣布成立红六军团领导机关,萧克为军团长兼十七师师长,王震为军团政委兼十七师政委,李达为军团参谋长,张子意为军团政治部主任,龙云为十八师师长,甘泗淇为十八师政委,谭家述为十八师参谋长,方礼明为政治部主任。同时,宣布以任弼时为主席,由任弼时、萧克、王震 3 人组成红六军团军政委员会。

在誓师大会上,萧克、王震也先后讲了话,从不同角度说明了红六军团西征的目的、意义、面临的艰巨任务,号召全体指战员发扬不怕困难、不怕疲劳、连续作战的精神,战胜凶恶的敌人和一切艰难险阻,与贺龙领导的红三军会合。

红六军团胜利突围的消息,震惊了湘桂两省军阀。湖南军阀、国民党西路军总司令何键发现红六军团突围后,生怕危及其在湖南的反动统治,于是急令刘建绪为第四路军"前敌总指挥",驻守衡阳,调集重兵对红六军团进行围堵。刘建绪调集两个师一个旅四个团的兵力,采取合围分击的战术,妄图配合北上的粤军,围歼红军于郴县、桂东、汝城之间。他们搬来了对付中央苏区的法宝——碉堡战术,在交通要道大修碉堡群,坚壁清野,妄图封锁交通要道,困住红六军团。刘建绪令第一纵队第十五、十六师由永新地区尾追红军,第十九师主力、第六十三师和湖南保安团沿衡阳、耒阳、郴县以及湘江一带防堵红军西进,湖南保安旅和第十九师一部赶至零陵、祁阳、东安筑堡堵截,湘东、湘南、湘西各县民团控制交通要道,协助其正规军作战。

面对敌人的层层拦截和尾追,红六军团的领导人抛弃了中央苏区"左"倾教条主义的打法,采用运动战,灵活机动地前进。根据当时的敌情,果断决定放弃在桂东一带发展游击战争、求得暂时立足的原定计划,准备乘敌人围堵部署尚未完成之际,湘江布防尚属薄弱之时,火速西进,渡过湘江。

8 月 23 日,红六军团急行军 140 里,当天子夜时分抵湘江东岸之蔡家埠。然后佯攻零陵,准备抢渡湘江,向新化、淑浦地区进军。湘敌刘建绪察觉红六军团有抢渡湘江的意图,急调 9 个团的兵力防堵湘江,另督令敌军尾追。同时,广西国民党第 7 军廖磊两个师分途入湘,向道县、零陵地区运动,妄图配合湘敌南北夹击,将红军歼灭于湘江岸边。这时,正逢湘江涨水,水面又宽,为赣江的两倍,不利于涉渡。而且,此前湘江西岸的保安团已择要隘扼守,还将零陵至冷水滩所有船只收至西岸地区。

红六军团此时已陷入四倍于己的敌人的包围之中,渡江时机也极为不利。于是,红六军团军政委员会当机立断,决定放弃在零陵强渡湘江的计划。为了摆脱敌人的包围,红六军团领导人经过调查决定,既不走大路,也不走小路,而是折向没有路的阳明山地区,走出一条路来,并准备以阳明山为依托建立根据地,开展游击战争。24 日,红六军团领导电告朱总司令,提出:"根据现在敌情,若由零(陵)、祁(阳)间西渡已无可能。""我们意见,六军团在祁、新、常[7]地域之阳明山及其附近地域,以阳明山为根据地。据说此山横直八十里以上,地形复杂,山势险要,过去之土匪隐藏。"[8]

8 月 26 日,中革军委电令红六军团击溃敌人态势突出的部队,由潇水上游西渡,向新宁、城步地域转移。这天,当红六军团到达阳明山后,发现这里地瘠人稀,区域狭小,不利于发展根据地。这时,敌军第十五、十六师和独立三十二旅及第十九师的第五十五旅,分别从阳明山的南、北两面和西侧向红军进攻。鉴于敌情严重,红六军团当机决定,撤出阳明山,跳出敌人重围。27 日,红六军团来到白果市[9],发现敌情严重后,又立即出发,采取"兜圈子"战术,先向东进,然后急转南下,于 29 日抵达嘉禾。尔后又掉头西进,经蓝山、宁远,直下道县。31 日,在道县以南涉过了潇水,顺利地进行了湘桂交界之永安关的战斗,从而破坏了尾追红军的湘桂军的截堵计划,进入了广西的全县、灌阳东北地区的文市。这时,国民党军又集结兵力妄图阻截红六军团在此西渡湘江。

9 月 2 日,红六军团进抵湘桂边境的蒋家岭,击溃拦阻的桂敌一部,又于次日在灌阳、文市打退桂军、湘军两省军队 8 个团的进攻。这时,湖南军阀何键判断,红军将于全州西北的黄沙河一带西渡湘江,于是何键一面急调刘建绪派两个师兵力追击,一面又令一个旅四个保安团防堵拦击红六军团,企图将红军围歼在黄沙河地区。广西军阀也令第 7 军两个师向东北部边境调动,廖磊第七军的第十九师赴恭城的龙虎关和灌阳的永安关、清水关、雷公关一带布防;同时调集桂北各县的民团聚集到兴安、全州、灌阳。鉴于敌情发生了变化,红六军团领导人又适时改变了在湘南地区停留的计划,9 月 4 日出其不意地从全州以南的界首顺利渡过湘江,向西延进发。进军途中,红军击落敌机一架。5 日,占领西延(今资源)后,按照中革军委的指令,在该地区转入休整。

9月8日,红六军团在西延车田接到中革军委的一个重要的补充训令:"7月训令中关于在新化、溆浦[10]之间山地建立根据地的指示,在目前是不利的。依地理条件及敌人部署,目前六军团行动最可靠的地域,即是在城步、绥宁、武冈山地。六军团应努力在这一地区内,最少要于9月20号前保持在这一地区内行动,力求消灭敌人一旅以下的单个部队,并发展苏维埃和游击运动。以后则转移到湘西北地域,并与红二军团在川贵湘边境行动的部队取得联络。为避免浦大河的障碍与不利的战斗,应规定沿湘、贵边的前进路线如下:

即绥宁、通道到贵州之锦屏、天柱、玉屏、铜仁,转向湘西之凤凰地区前进。这是9月20日后的任务。在第三阶段中,六军团即应协同二军团于湘西及湘西北地域发展苏维埃及游击运动,并于凤凰、松桃、乾城、永绥地域建立巩固的根据地,其后方则背靠贵州,以吸引更多湘敌于湘西北方面。"[11]

电报强调"这一训令是绝对秘密的,只有中央代表及军团首长应知道,并严禁下达"。

训令的主要意图是要红六军团钳制敌人,直接与即将长征的中央红军配合行动,可能是李德当时"保守秘密"的习惯使然,并未在电报中向红六军团说明。

接到这一命令后,红六军团立即从车田出发向西急进,11日到达城步以西的丹口地区,然后准备在绥宁以东地区侧击湘军,但未得手。14日,又准备绕至绥宁以西地区突击湘军,不料行至小水地区,反遭到湘军第五十五旅的袭击。等红六军团行至城步、绥宁地区时,发现湘、桂、黔三省敌军已经集结,拦阻红军北进。桂军主力已抵绥宁附近,湘军主力正由绥宁向北急进。红六军团领导人为避免陷入敌人包围,于是立即改变计划,夺路南下。17日,乘虚袭占通道县城,进入靖县新厂地区。这时,湘军两个团远离主力,由靖县向新厂追来。红六军团发现敌人孤军深入,遂决定抓住战机,18日组织新厂战役。19日拂晓,湘军补充第2总队追击红军至五里庙。红六军团红十八师第五十二团抢占了岩崖山主峰和金线吊葫芦两个制高点,顽强阻击敌人;红六军团主力则乘敌人在运动之中,适时发起反击。经过一天的激战,给敌人以歼灭性打击,毙伤敌200余人,俘敌300余人,缴获长短枪300余支。新厂战斗后,敌人再也不敢轻易尾追,红六军团则从容向黔东挺进。

中革军委在9月20日又电令红六军团:"由现地域经清江、青溪、思县(今岑巩)到达省溪(今万山)、铜仁、江口地域",设法与红三军取得联系。红六军团随即按照这一命令,继续向西,通过锦屏、黎平,进入了苗、侗两族聚居的清水江流域。红六军团模范地执行了民族政策,尊重少数民族的风俗习惯,不私进民宅,公平交易,救死扶伤。于是,红军受到了当地人民的热烈拥护和爱戴。红六军团准备渡清水江北进时,苗、侗两族人民群众积极为红军寻找渡口,收集船只,绑结木筏,架设浮桥。在当地群众的协助下,红军在剑河县南加附近顺利地向北渡过了清水河。接着,又渡过沅水,准备向铜仁、江口方向前进,与在思南、印江附近活动的红三军会合。但是受到湘桂两省敌军主力的阻挡,红六军团遂撤回沅水南岸,准备西进黄平,绕过沅水,寻找空隙,再向铜仁、江口方向前进。

26 日,红六军团在剑河大广地区遭湘、桂军的伏击,战后,经镇远和台拱(今台江)边境,于 30 日进至黄平县瓮谷垄地区。10 月 1 日,又突破湘、桂、黔三省敌军共 18 个团的包围,强渡大沙河,袭占黄平旧城。

红军进入贵州后,那里群众基本没有受到共产党和大革命的影响,对红军缺乏了解,闹了很多笑话。由于国民党反动派一再宣传中国共产党是"共匪",有些年轻人不知道"共匪"是什么,但当他们看到红军纪律严明、秋毫无犯,而且常常帮助群众,将土豪劣绅的财产没收后分给他们,也就不怕红军,但也不明就里地按照国民党的宣传称红军为"共匪"。红六军团的领导萧克问当地群众:"我们怎么样?"他们的回答令人捧腹,说:"你们好,你们共匪好!"萧克和红军的宣传员就跟他们讲革命的道理和红军是穷人的队伍,他们才明白过来,许多年轻人就踊跃报名参加红军。

出于保密的缘故,博古、李德等中央领导人,始终没有将西征的真实意图告诉红六军团,即使是军团的几位最高领导人也对西征的真实目的并不清楚,只是在后来的作战行动中逐渐领悟到西征的奥妙。倒是国民党军队很快就从红军的动向中,准确地破解了李德等人的"神机妙算"。红六军团的参谋长李达感到很奇怪,为什么在西征途中,红军每经过一地,过些天这里就会遭国民党飞机的轰炸,炸点还非常准确?后来,从国民党办的湖南报纸上找到了问题的答案,报纸的头版用特大字号字体印着醒目的标题:"前面乌龟爬开路,后头乌龟跟着来",再看内容,才知道中央红军的主力也是按照六军团的行动路线走的。李达结合掌握的情报才恍然大悟:"敌人又破译了我们的电报,侦察到了总部的行动规律,所以就定期地沿着我们的宿营地点进行轰炸。这说明敌人是多么的狡猾,稍一不慎,就可能带来不应有的损失,同时,我们也知道,六军团在受命寻找红二军团并与之会师的同时,实际上还是中央红军实行战略转移向西突围的先遣队。"[12]

西征途中，中革军委指示红六军团把一切都要带走。由于军团主要领导人并不了解西征的真正意图，也没有接受红十七师北上的教训，结果，把省保卫局的犯人，医院，兵工厂，石印机，甚至连个老虎钳子都带了。有个电台发动机很重，也带上走，每走十里路，抬它的就掉队一二里，后续部队因此也跟着掉队。这种搬家式的行动，使部队的机动能力被这些家当缠住了，行军不灵便，打仗顾虑多，客观上影响了领导人寻机打仗的决心。特别是到了贵州，山高路窄，崎岖曲折，很难走，在敌人的围追堵截下，红六军团的机动性更是大大受限制。

后来萧克在回顾这段征程时，痛心地总结到：

> 我们从湘桂黔边进入贵州，带的东西就扔得差不多了。就把情况报告了中央，可是中央不吸取经验教训。不久，中央红军从中央苏区向西转移，他们搬的比我们还厉害，打仗是打被动的掩护战，因而吃亏也就更大。这种搬家式的转移，是五次反"围剿"后期军事保守主义的继续，完全违反了大踏步前进，大踏步后退运动战原则的。历史是一面镜子，回顾这段往事更加发人深思。当中央红军沿着我六军团的行进路线前进时，国民党报纸说我们是："前头乌龟扒开路，后头乌龟跟着来"。此语虽近乎笑话，但对我们自己来说，如果前头的"乌龟"走错了路，后头的"乌龟"就应警惕了，即所谓"前车之覆，后车之鉴"。如果后头来的不知所"鉴"，就必然造成更大的损失。中央红军搬家搬到贵州吃尽苦头，使我军招致后车重覆之祸。在严峻事实检验下，"左"倾军事路线即宣告了破产。[13]

---

[1] ［德］奥托·布劳恩：《中国纪事》，现代史料编刊社 1980 年 12 月第 1 版，第 109 页。

[2] 1931 年 3 月，原红二军团已改为红三军，电报中的二军团是习惯称法。

[3] 中国人民解放军历史资料丛书编审委员会：《红军长征·文献》，解放军出版社 1995 年 5 月版，第 15 页。

[4] ［德］奥托·布劳恩：《中国纪事》，现代史料编刊社，1980 年 12 月第 1 版，第 106 页。

[5] 萧克：《萧克回忆录》，解放军出版社 1997 年版，第 191 页。

[6] 萧克：《萧克回忆录》，解放军出版社 1997 年版，第 192 页。

[7] 祁、新、常，指湖南省祁阳、新田、常宁三县。

[8] 中国人民解放军历史资料丛书编审委员会：《任弼时、萧克、王震关于红六军团拟以阳明山为根据地致朱德电》《红军长征·文献》，解放军出版社 1995 年 5 月版，第 24 页。

［9］白果市是一个乡镇名,位于今湖南祁阳县境南陲,原名"旭日洞",后以此地有大量的白果树(银杏树)而得名。

［10］"溆浦"县名取名为"溆水之滨"之意。

［11］《红军长征·文献》,解放军出版社 1995 年 5 月版,第 34～35 页。

［12］李达:《寻找贺龙同志——忆红二、六军团黔东会师前后》,《红军长征·口述史料》(1),解放军出版社 1990 年 11 月版,第 73～74 页。

［13］萧克:《红二、六军团会师前后》,《近代史研究》1980 年第 1 期。

第二章
红军智斗湘桂"追剿军"

红军的"声东击西"——"相机"宿营——步枪打飞机——巧施
草帽妙计——不劳桂军远送——湘桂两军大战——全歼"飞毛腿团"

红六军团接到西征电令后，连续突破敌人封锁线，势如破竹。但是，敌我力量悬殊，敌军数量几倍于我，稍有不慎，将被合围而全军覆没。如何跳出各路敌人的包围，胜利完成西征战略目的，是摆在红六军团将士面前的一个首要任务。在艰难的行军过程中，红六军团无论是领导人还是普通的战士，都用革命乐观主义精神，笑对一切艰难困苦。同时，他们还发挥出自己的聪明才智，在每一天的战斗中、行军中，运用灵活机动的战术与敌人进行斗争，最终用计谋打退湖南、贵州的"追剿军"，跳出重重包围，并一路留下许多趣闻逸事。

国民党政府湖南省主席何键得到红六军团入湘的情报，湖南桂东、郴州、新田、零陵等地告急文书也雪片般地飞到长沙。开始，何键还说："萧匪（指萧克指挥的红六军团）此举，乃声东击西之术，命部下不可妄动。"后来红六军团像把尖刀一个劲儿地向西刺去，何键见红军这来势不像是声东击西，倒像是要转移到他处，这才着了慌。军机不可误，他立马发急电，向蒋介石报告。

此时蒋介石正在兴头上，他的"稳扎稳打，步步为营，修碉筑堡，逐步推进"的办法果然有效，扭转了前四次"围剿"的颓势，于是他得意忘形地要把"共匪"红军在第五次"围剿"中消灭干净。接到何键急报后，他命令何键一定要将西进红军包围、歼灭在湘、桂、黔三省交界的大山里。何键急调各路正规军、保安团等对红军形成包围，妄图聚歼红军。敌人还大搞坚壁清野，以造成红军行动困难。

红六军团自西征之后，在敌人的围剿中，几乎是天天行军，不得休息。为了甩掉敌人,军团党委向部队提出了"走得赢就是胜利"的口号。红军战士们都很理解它的深刻意义,党、团支部和班、排、连等,都进行了研究并提出了一些措施,要求同志们团结互助,爱护脚,不生病,以保证部队不发生非战斗减员。可是,当时的条件十分艰苦,指战员们没有袜子穿,赤着脚在深山密林中行军,加之天热,许多人走得脚都肿了起来,还起了一串串大水泡,多得像白葡萄一样。每天都有许多人掉队,那些连排干部更加辛苦,要鼓动掉队的战士,帮助患病的战士背枪,从连长到班长,差不多每人都背上双枪。到了宿营地,又要帮他们洗脚挑泡;还有炊事员,他们大多是年纪大的战士,背着锅行了一天军,到了宿营地还要找柴草烧水做饭,却毫无怨言。

　　湖南的八九月正是一阵雨一阵晴的时节。行军中,部队往往会遇到这种情况:好端端的一片晴朗的天,一块黑云飞来,又是闪电又是打雷,噼里啪啦的大雨点,拼命往人身上、脸上打,不用三分钟,浑身上下便淋透了。战士们在泥泞雨水中行军,深一脚浅一脚的,在山路上行军还好,在田埂上行走,泥浆把草鞋粘得牢牢的,用力一拔,脚和鞋就分家了。有时不慎跌倒,便会弄得浑身是泥。但是,下雨对红军来说也有好处,因为敌人遇到雨天就休息,而红军却仍然坚持行进,这样就容易把敌人甩掉。

　　每日行军开始时,战士们都喜欢打听当天的宿营位置,知道地名之后,一路走就一路打听离那地方还有多远,以便减轻疲劳。本来,军团部每天的行军命令上都写着当天宿营的地名,后来到处发现了敌人的踪迹,每天行军的目的地就很难预先确定了。从地图上看,也许某个地点是最适宜宿营的,但那里有没有敌人在等着呢? 这就很难说了。这样,军团部的命令上就会时常出现"相机宿营"的字样。这一天,部队向蓝山行进时,传来的命令是"相机宿营",战士们都以为"相机"是个大镇店。大队人马上路后,行军到下午两点钟时,不少战士见到老百姓就打听"相机"还有多远。老百姓自然也不知"相机"在何处,有的就随口答道"十几里",战士们一听"十几里"都高兴了,加劲儿往前走。谁知走了个把钟头,估计前面大概就是"相机"了,可是一问,和刚才那位老百姓回答的完全一样,也是"十几里"。几个"十几里"走过了,还不到"相机"。直到第二天拂晓,才允许战士们休息五分钟。天明之后,又继续赶路。到了道县附近,大队人马才扎营休息。当时的红四十九团总支书记左齐对此印象深刻,他回忆道:部队刚休息,军团政委王震顺着山路走来,边走边和躺在路旁的战士们打招呼:"怎么样? 同志们! 昨晚走累了吧?"战士们睁开眼睛一看,是王政委,翻身就要站起来。王政委赶紧让大家躺着休息,并说:"休息吧,走累了。同志们,不走不行啊!昨天我们是从敌人的夹缝里钻出来的,不走就可能全军覆没哩。"排长刘冬冬好似恍然大悟地说:"哦?怪不得昨天没在'相机'宿营,大概是'相机'也有敌人吧?"王震政委哈哈大笑起来:"哪有个地方叫'相机'哟?"

在"相机宿营"的日子里,是很少有时间做饭的。因此,红军战士们每天出发总是吃一餐带两餐。路上一休息,就打开饭包进餐。当地的老百姓没有见过红军,看见部队坐在路旁吃饭,不骚扰百姓,有些奇怪,就大胆地问:"你们是什么军队啊?"当他们听战士们回答是红军的时候,都感到十分惊奇:"怎么?你们就是红军?不像!不像!"原来因为国民党的谣言,在当地老百姓的想象中,红军的样子是非常凶恶可怕的,可没有想到眼前的红军部队竟是如此和蔼可亲,纪律严明。

红六军团将士们急行军到达道县后,在道县以南过了湘江上游的支流潇水,进入了湘、桂两省的交界处永安关。这个永安关,有桂军的一个团守卫,红军没费几颗枪弹,便占领了永安关。之后,部队人不卸甲,马不卸鞍,连夜向湘江沿岸推进。湘江自湘入桂,江水浩渺,山奇水秀,风景如画。连日征战的红军却无意观景,他们急行军走到湘江上游地段。这里江面不宽,江水清澈,卵石游鱼历历可见。指战员们不顾行军劳累,纷纷跳入江中涉渡,后又找到几只渡船,架起浮桥,近万人马不到一天时间,便顺利渡过了湘江,又一鼓作气进入广西。

广西军阀白崇禧唯恐红军进攻桂林,捣其老巢,急调三个团驰赴龙胜堵击,又派第七军军长廖磊率十九师和二十四师尾追。当红六军团前锋进到蔡石界顶时,几架敌机对红军进行疯狂的轰炸和扫射。敌机欺红军无高射武器,肆无忌惮,竟越飞越低,越炸越疯狂,战士们气得暴跳如雷,亦无办法。一见飞机来了,人马只好就地卧倒。但后来奇怪的是,敌人飞机盘旋几圈后就飞走了,但等红军刚爬起迈步前进时,敌机却又飞抵头顶。敌机飞来,红军隐蔽;红军行军,敌机飞来……双方像是在捉迷藏。原来敌机是想拖住红军脚步,给尾追的国民党军队争取一点时间。红军如此行行卧卧,行军速度自然大减。战士们都想好好教训一下敌机,奈何手中没有高射机枪。当太阳移到人们头顶的时候,前边的部队已经走进了大山,敌机却还死死地缠着不放。它还挑衅地从战士头顶低飞掠过,掀起的风波几乎能吹掉红军战士的帽子。左齐与五连连长杨七朵,艺高人胆大,指挥一排战士们找好地形,在敌机低空盘旋时,一齐用步枪对空射击,还真有一架敌机被打中,被击中要害部位的飞机,拖着一条黑烟尾巴,摇摇摆摆地栽落下来,"轰"的一声爆炸,坠落在石溪的稻田里,顿时火光冲天。左齐和战士们一拥而上,俘虏了跳伞逃生的驾驶员,同时他们还不顾大火和浓烟,七手八脚地从飞机残骸上卸下一挺重机枪。其余敌机吓得钻入高空,一时不敢再来挑衅。步枪打下飞机的事儿,立时在军中传开,大家闻之都拍手称快。萧克得知之后,当即传令,组织一些好射手专打飞机。各师、团马上执行。这一招还真灵,那些敌机不敢低飞了。萧克在回忆录里也生动地记载了此事:"广西敌人近来经常派飞机来侦察轰炸,影响我军行动,部队对敌机愤恨极了,虽然没有防空武器,有个连的干部战士,同心一致,用步枪射击,打下一架飞机。落在行军道旁。飞机上的人员,全部被我俘虏。武器装具和用品全部被我缴获。从此敌飞机来少了,来也不敢低空扫射了。大家说:'不要怕敌人的飞机,来了就打,看它再来不来!'"[1]

敌机虽然不敢低飞了,可对红军还是穷追不舍,老是在队伍上空盘旋,瞅冷子就丢下几枚炸弹,继续影响着红军行进的速度。萧克见状,便苦苦思索避敌机之策。时值夏末,赤日炎炎,行军之时,指战员们都戴一顶草帽。这日,红六军团将士一早便上了路,中午时分,十几架敌机又出现了,而且不断地扔炸弹,气得战士们大骂。中午过后,侦察员报告,说桂军一旅人马,在后面尾随追来。萧克闻说,眉头一皱,思得一计,便命令部队,将头戴的草帽陆续扔在路边儿。战士们不解其意,因当时正是赤日当头,扔掉草帽,不是白白挨太阳晒么?可命令又不能不执行。于是,指战员们便将草帽扔在了道旁,而后又急急赶路。

尾追红六军团的敌兵,正是廖磊十九师的一个旅。旅长高福祥,带领着人马,为十九师的先头部队,紧紧地尾追着红军不放。炎炎烈日,敌军官兵个个汗流浃背。那缀有青天白日帽徽的帽子,早就被汗浸透了。忽见道旁有不少草帽,真如同见到了宝贝一般,都疯抢着把草帽捡起,戴在了头上,继续追赶红军。追了数里之遥,敌机飞来了。这些士兵都知道天上飞的是自家飞机,不做理会。而那些敌机,又怕挨红军枪打,不敢低飞,飞行员从飞机上看到一长串戴草帽的队伍,误以为是红军队伍,便立即投弹轰炸。一阵狂轰滥炸,只炸得这一旅人马死伤惨重。高福祥骑在高头大马上,目标大,也中弹身亡。红六军团将士闻知此事,无不拍手称快,赞叹军团长的神机妙算。

萧克巧施"草帽计",甩掉尾追之敌后,红六军团遂又急进,9月8日,进入了车田。这时,接到中革军委的电报训令,要红六军团沿湘桂边境行动,经绥宁、通道到贵州的锦屏、天柱、玉屏,与红三军取得联系,协同红三军在湘西地区发展苏维埃及游击运动,以吸引更多的湘敌于湘西北方面。

按照中革军委的指示,萧克遂率红六军团于9月9日从车田出发,经黄龙、高山地区进入湖南城步县。在湘、桂交界的湖南边界上,红军战士用木板做成一块牌子,上写"此是湘桂交界之处,不劳桂军远送"14个大字。两天之后,廖磊率部气喘吁吁、汗流浃背赶到,看到牌子上的字,不禁仰天长叹。事后廖磊不得不承认:"匪众行军力量极强大,尤以爬山越岭为其特长。我军随后追剿,常有追赶不及之慨。"白崇禧也不得不检讨说:"外间的报纸,很多讥诮我们,说我们天天唱剿共,现在共匪窜到自己家里,都不肯打","这是我们广西很大耻辱"。

红六军团在广西与桂敌廖磊部周旋时,湖南省主席何键就命令他的女婿李觉率十九师和第三十二旅共八个团的兵力,开往绥宁、靖县一带拦截红军。何键是担心红军从广西打回湖南,他要保住自己的地盘。岂不料红六军团按照中革军委指示,此时已从广西北上再度进入湖南省境通道地界。这时,红六军团前有湘敌八个团阻挡,后有桂敌两师之众追击,在崇山峻岭之中部队行动十分困难。

通道县是大山中的一座小县城,县城不大,仅有一条青石板铺成的小街,住户多为侗族,住户和商店也不多。红军入城后,正值中秋佳节,任弼时、萧克、王震决定在此休息过节。当晚,红六军团侦察参谋送来敌情报告,说桂、湘两方面敌军正从两面奔来要夹击通道县城。萧克对任弼时和王震说:"通道地僻人稀,不可久居,我军当迅速转移!"任、王二人同意,当即,萧克指挥红六军团兵分两路,沿着崎岖小道穿过深山老林,往北朝靖县进发。

9月19日清晨,漫天大雾笼罩着通道的山山岭岭。浓厚的黑雾不但把山林都藏了起来,而且把低处的东西也笼罩起来,人在对面都相互看不见。桂敌先头部队进入通道城后,发现是座空城,报告了廖磊。廖磊得知红军开赴靖县,遂下令追赶,不得有误,违令者斩。桂军的两个师齐向靖县进发。当走到通道20里外一个名叫"龙尾巴"的地方时,先头部队在浓雾中,发现对面有军队,便开了火儿。对方也不甘示弱,立即开火还击。双方迅速抢占山头,随后枪声大作,双方炮弹爆炸的黑色烟火裹着浓雾越来越紧地扫荡着大地,贴在地面上的机枪火力越来越狠地扫射着。廖磊接到"交火"的报告,兴奋地一拍大腿:"好!老子转悠了多少天,到底把你抓住了!"接着便下达了命令:"全面展开,务必将红军全歼。"随后,又命令他的司机打开车灯,加速驱车北上,他要赶赴前线指挥所去指挥战斗。

大雾越来越浓,在山谷里四处弥漫着。浓雾封闭了车上的灯光,除了浓浓的雾气,几乎什么也看不见。廖磊驱车赶到前沿指挥所后,又下达命令:"务必全歼共匪,后退一步者死!"在廖磊的督促下,十九师各部不顾一切地轮番进攻。炮兵在浓雾中只能估算对方的大致方位轰击,起不到多少实质性的作用。但廖磊盘算得很周到:先用连绵不断的猛攻拖住红军主力,等到大雾消散后,对手插翅也难飞。

这仗打来打去,直打到浓雾渐渐散去,廖磊从望远镜内仔细一看,原来对面都是头戴青天白日帽徽的国民党兵。他大惊失色,心说"不好",忙下令停止射击。这时,对面也停止了射击。廖磊急派人前去联络,双方一递信号,果然打错了,原来对面是湘军李觉部。李觉奉何键之命,赶到通道围堵红军,没想到跟桂军廖磊部打了个碰头。这次自家互打,廖磊部损失更显惨重。廖磊不答应了,盛怒之余,告到了何键处。这个廖磊,广西陆川人,行伍出身,18 岁就入军校,曾参加过辛亥革命、国民革命军北伐,一路升官,与何键素来平起平坐。如今何键的女婿把自己的人打了,廖磊如何不恼? 何键接到了廖磊的紧急告状电,哭笑不得,只得回电安抚廖磊一番,并命令李觉部统归廖磊指挥。何键这么一安排,廖磊也就不好再说什么了。李觉又亲到廖磊处负荆请罪,廖磊这才算罢休。

当下,湘、桂两军合为一处,继续追击红六军团。打头阵的,为李觉部"飞毛腿团"。这飞毛腿团是怎么回事? 原来,湘军自从追赶红六军团以来,可把兵将们都累惨了。由于红军忽东忽西,当官的都摸不清红军行进的意图,一会儿把兵往东调,一会儿又要赶着士兵西行,直弄得那些兵丁把脚都跑肿了,许多人走路得拄着棍子,这样的兵丁,如何能追得上红军? 李觉灵机一动,便想了个点子,成立了一个"飞毛腿团",说要用"飞毛腿"追赶红军,他把这想法向他老丈人何键报告之后,何键又报告了蒋介石,蒋介石很高兴,大加赞赏一番,并拨来了经费。当下,"飞毛腿团"组建了,其人员都是二十五六岁的精壮人员,全配备德国造的 20 响手枪。"飞毛腿团"刚刚组建不久,湘、桂两敌即组合一处。李觉向廖磊提出用"飞毛腿团"为先锋追赶红军,廖磊当即同意。

李觉手下的"飞毛腿团"团长,叫朱加奇,本是李觉跟前的警卫营长。"飞毛腿团"成立时,李觉便升任他为团长。朱加奇接了命令,心里却在骂娘。李觉看出朱加奇的心思,便悄悄对他说:"你此次追赶萧匪,只可虚张声势,不可与其较量。只要把萧匪赶出湘境,便是我等胜利。"

国民党统治时的各地方军阀之间矛盾重重,他们都是先要保存和扩充自己的实力,在地方称王称霸、各自为政,变着法地应付蒋介石,不听他的调遣。李觉这么一说,朱加奇连连点头,那颗悬着的心才算踏实了一半儿。

当天,朱加奇便率"飞毛腿团"为先锋,起程追赶红军。一路走时,见路两旁树木、村庄的墙角上,都有红军写的标语,贴的布告,朱加奇就令人把这些标语和布告刷掉。又继续西行半日,一道河水挡住了去路。水不算宽,却挺深。一打听,这河名为渠水,红军早上由此处过的河,而且将船只买下毁掉。朱加奇下令寻找船只,好不容易才找到一条船。几经周折,全团人马才总算过了河。过河之后,走了约三里,一道山口展在面前,只见两边树密草深,山势险恶。朱加奇怕中埋伏,勒马止步,对左右说:"给我找一土人,我要亲自问问。"

左右赶紧去寻土人,好不容易才找来一个。这人蓬头垢面,衣衫褴褛,见到朱加奇,浑身发抖,朱加奇问了半天,那土人只傻愣着,"啊、啊"地不知答的是什么。朱加奇很气恼,打了那人一鞭,随即命令全团人马,继续前进。那后卫刚刚进入山口不久,忽然枪声大作,路两边树丛中旌旗招展,杀声震天,数不清的红军从两厢向"飞毛腿团"扑了过来。

原来,萧克率部离开通道城后,全军将士踏着晨星晓月,急急西行。这日,来到了渠水。这渠水是湖南四条大江之一,沅江上游的一条支流,适逢水涨,江面上有许多从山上顺流放下的木排。这些木排都是流向沅陵、常德等城的。工兵部队立即将木排连在一起,搭成了浮桥,大队人马顺利地过了江。过江之后,又走了几里,便走进了大山之中。萧克一看,这山两边地势高、中间地势低,却杂草丛生,是个打伏击的理想之所,当即命令红十七师在两厢埋伏,其余人马继续西行。红十七师将士接到了命令,迅速占领高地,在丛林中隐蔽好。部队刚埋伏好不多时,"飞毛腿团"就进入伏击圈。红军轻重火器一起开火,炮火无眼,子弹横飞。枪弹从丛林的各个角落里射出来,山谷里一片浓烟和纷乱。刹那之间,"飞毛腿团"被打得七零八落,朱加奇也死于乱军之中。蒋介石为"飞毛腿团"新配备的"自来得"手枪,还有一箱一箱的子弹、手榴弹,都成了红军的战利品。这些武器对于当时的红军来说是迫切需要的,所以红军将士们都笑称:李觉很够"朋友",他带着丰盛的礼品,最后把我们送出了湖南。战场清扫之后,萧克又带队继续西行,进入贵州境内。

红六军团进入贵州后不久,就占领了贵州东北部的一个小城——旧州。在这里,部队不但获得了宝贵的喘息时间,而且还得到了急需的补给,甚至还多了一台电线电发部机。

然而最令军团长萧克惊喜的是,红军竟从当地的一所教堂中,找到了一幅真正的贵州地图。而此前,萧克指挥行军作战所能依靠的"地图",是一张从中学课本上撕下来的教学插图——自然也谈不上如何详细精确了。只是这张极其珍贵的地图上的文字,却是红军队伍无人能识的洋文。

于是,萧克想起了前两天部队在路上扣押的那位名叫薄复礼的洋教士,或许他能帮上忙?

就这样,由于一张地图,引出了一段洋教士跟随红军万里长征的传奇故事。

---

[1] 萧克:《萧克回忆录》,解放军出版社 1997 年版,第 195～196 页。

第三章
红二方面军中的
传教士薄复礼

薄复礼其人——与入黔的红六军团相遇——拘押在红军队伍中——萧克印象——翻译法文地图——红军的忠实朋友——《神灵之手》

1934 年 10 月 2 日,红六军团在贵州黄平县境内正欲进攻旧州城,却意外地在途中碰上了几名外国传教士,其中包括英国籍的瑞士人薄复礼夫妇,红军起初以为薄复礼是特务,于是就将其逮捕,押着他们一起行军。薄复礼于无意中闯进了中国工农红军长征的行列,在亲眼看见了红军的所作所为后,对这支队伍有了深刻的了解,也与萧克等将领结下了深厚的友谊,命运由此发生了奇特的改变。

薄复礼原名勃沙特,是名虔诚的基督徒,1897 年生于瑞士,后随父母移居英国。在他 10 岁那年,一位英国传教士查尔斯·费尔克拉夫从中国返回曼彻斯特,介绍了中国的基本情况。勃沙特听了之后,开始神往中国。后来勃沙特自己也成了一名传教士,为了适应到中国传教的需要,勃沙特接受了各种训练,包括学习中文,了解中国的社会情况等。他还专门为自己取了个中国名字,叫薄复礼,取孔子"克己复礼"之意。1922 年,受教会派遣,薄复礼前往中国,任贵州镇远教堂牧师。薄复礼与其妻子罗达自安顺返回镇远,在经过城外一个小山坡时,正好与从江西西征入黔的红六军团相遇。薄复礼夫妇被红军扣留后,被带进一间房子里休息。红军送回了他们随身携带的所有东西,包括银圆也如数奉还。当晚,薄复礼妻子睡在木板拼起的床上,薄复礼睡的是一张南方式躺椅,而红军战士则多数睡在潮湿的野地上。第二天,红军弄清他们的身份后,就释放了外国传教士的妻子和孩子。对于外国传教士,红军从反帝的角度来看待,印象自然不好,认为他们来中国是搞文化侵略的,所以,把他们当地主一样看待,没收财产,拘留要赎金。红六军团领导人为筹集经费和药品计,让教会拿出赎金和药品来赎薄复礼,因而将他继续拘押在红军队伍中。在红六军团漫长的行军历程中,薄复礼先后接触了萧克、贺龙、王震等红军首长。而他最先接触且印象最深的是军团长萧克。

薄复礼对萧克将军是这样记述的:"我第一次见到萧克将军是在一次急行军之后的晚上。当时我被不期而遇的红军扣留了好几天,每天行军,疲惫不堪。这天晚上,刚刚歇息,将军召见我,要我帮他翻译一张法文贵州省地图。这张地图是他们刚缴获的。我端详着面前的萧克将军:他约有二十五六岁,一副极标准的军人仪表,谈起话来温文尔雅,让人感到他有很好的文化修养,有渊博的知识,是一位可敬的年轻领导人。虽然我们之间历史背景不同,文化教养各异,一时间,彼此也无法理解,但我非常敬佩他。"在薄复礼眼中,萧克还是一个热情奔放、生气勃勃的领导者,一双明亮的大眼睛闪闪发光,充满了信心和力量。他赞赏地讲道:"在艰辛曲折的旅途中,他不屈不挠。显而易见,人们誓死愉快相从的原因就在这里。我觉得,他是一位充满追求精神的共产党的将军,正希望在贵州东部建立一个共产主义的政权。"[1]

萧克对这个外国人的贡献也始终念念不忘。当时,红军极为缺乏地图,用的通常是旧中国中学生课本上的地图,图中只有省会、县城、大市镇和大河流、大山脉,只有20平方厘米大,无法准确地标定行军打仗的路线。在攻克旧州后,红军从一所教堂中找到了一张近一平方米大的贵州地图。得此地图,萧克如获至宝。但展开地图一看,图上所标的地名和注记都不是中文。如果不能把它翻译出来,那么这张地图也就无异于一份天书。萧克心里很急,他急需有人帮他把这份地图译成中文。但遗憾的是,在当时的红六军团里,没有一个军官或士兵能够读懂这份"洋文"地图。听说薄复礼能讲汉语还认识不少汉字,萧克就派人把他请了来。薄复礼一看地图就认出了是一张法文地图,正好他妻子是法语区的瑞士人,为了同她家人沟通,他专门学过法语。于是,在若明若暗的烛光下,薄复礼讲,萧克记,薄复礼在萧克的指点下,先把地图上重要的山脉、村镇、河流等中文名称译出来,然后一一将其标记在地图上。整整干了大半夜,两人才把地图译完。萧克对薄复礼的友好合作十分满意。据萧克将军后来回忆说,红六军团在转战贵州东部和进军湘西时,薄复礼翻译的法文地图起到了非常关键的作用。他说:"这是一件不能遗忘的军事活动。当时,我们在贵州转战,用的旧中国中学课本上的地图,32开本,只能看看省会、县城、大市镇的大概位置,山脉河流的大体走向,没有战术上的价值。当我们得到一张大地图,薄复礼帮助译成中文,而且是在最需要帮助的时候,解决了我们一个大难题。同时,他在边译边聊中,还提供了不少有益的情况,为我们决定部队行动起了一定作用。他帮助我们翻译的地图成为我们转战贵州行军作战的好向导。"[2]"得到这样一张1平方米大的贵州地图,我们多么高兴啊。虽然在那以前,我们对传教士的印象不佳,但这位传教士帮我们译出了这张地图,而且在口译时,边译边谈,提供了不少情况,使我在思考部队行动方向时,有了一定的依据。在合作之后,固有的隔膜无形消除了不少,尤其令人难忘的是,我们后来转战贵州东部直到进入湖南,其间全是靠这张地图。""有了这张地图,才稍微详细地看清楚贵州的山川城乡的大路,行动才开始方便了一些。"[3]

在边聊边改的过程中,萧克不仅知道了许多军事上有用的材料,也得知了薄复礼的身世。随着双方接触的加深,一起谈过许多问题,一起搞过娱乐活动,一起利用长征途中的难得的休息日聚餐,相互有了进一步了解。

这个外国传教士以俘虏的身份,逐渐地认识了红军:"他们穿着随手弄来而又根本不注意颜色布料做成的军服,有蓝、灰、紫、绿、黄、黑等,一些人戴着毛线织的女式帽,一个战士甚至将教堂的祭袍像披风一样披在身上。新衣服、旧衣服、杂色衣服和床单什么的,形成了一幅装束混乱而又奇特的行军场面。"但他们帽子上统一的红色标志和每到一处就在墙上书写大字标语的独特作法,使薄复礼明白他遇到的这支装束褴褛但纪律严明的队伍,是一支有主义、为理想的军队。薄复礼看到,红军所到之处,大写标语,红的、白的、蓝的,一个个方块字格外醒目。标语的内容一般是:"打土豪、分田地!""打倒卖国贼! 打倒帝国主义!""苏维埃是中国的希望!""不交租,不还债!"还有些马克思语录,如"宗教是麻醉人民的鸦片!"反蒋介石的标语也不少,"打倒蒋介石!""活捉蒋介石!"还有反日本帝国主义的标语。这些标语都是由宣传班写成的,这些人走到哪儿总带着一桶油漆,凡是能写字的地方,显眼的地方,他们都写大标语,有时还散发油印的传单。

薄复礼看到,这支军队得到了所到之处民众的衷心欢迎。"每天有很多人报名参军,红军一般先问姓名、年龄、有无疾病和抽不抽鸦片,然后问:'为什么要当红军?'回答是一致的:'因为我们在家吃不饱饭。'同时,要求参军的年轻人会反问:'参加红军欠的债是不是可以不还?'红军在肯定之后会大声问:'愿为天下穷人谋解放吗?'对此,参军的年轻人连声同意。"薄复礼就此写道:"我就是这样在被迫中一点点认识了共产主义,并随着时间而逐步加深……看到那些人顽强的斗志和毅力……不能不使人为之感慨万千。"

对于他这个俘虏,红军的作为,令其非常感动。在搜查之后,"个人物品甚至连银角子都一分不少发还给他"。红军严格禁止以"洋鬼子""大鼻子"这样含贬义的词称呼他，而称他为"外国人"或"老勃"。在行军中，红军尽一切可能照顾他，因为潮湿多雨，薄复礼提出要块油布，结果给了他一件床单，他后来才知道，这已是红军中非常奢侈的供给了。他在病重的时候，红军还为他打针、熬药、治病。

在行军中，薄复礼的鞋坏了，红军给他找了一双非常合脚的橡胶雨鞋，而这鞋却是从一位正嘟哝着的同志脚上"没收"来的。对此，他十分感动，说自己收下这双鞋是问心有愧，因为好多战士由于来不及打草鞋，是光着脚在走路。在极端艰苦的条件下，红军还给他配备了一匹马，并尽一切可能给他单独提供加糖的米粥，设法为他购买鸡、鸭、鱼、水果、水饺，甚至还有炼乳罐头等当时稀有的食物。薄复礼在等待教会筹集赎金的漫长的时间里，为回报红军的善意，每天不停地为缺衣少穿的红军编织毛衣、毛袜、手套，只有星期天例外。其中，包括为贺龙新生的女儿织毛衣。

一年半后，红二方面军长征至昆明附近的富民县境内，无条件地释放了薄复礼。行前，在激烈的战斗环境中，萧克、王震将军设宴给他送行，萧克将军还专门为薄复礼做了一道拿手菜——粉蒸肉。大家谈笑风生，从中午一直聊到了黄昏，后因敌情紧迫需要转移而打断，临别之际，大家一一与薄复礼握手道别。萧克将军希望他作为中国人民的朋友，继续留在中国，"可以办一所学校办教育什么的，只要不强迫学生信仰上帝就可以。"临别，红军还送给他一笔丰厚的路费。薄复礼的长征自此结束，其时，他已随红二、红六军团"生活了560天，行程达6000英里"。

此后，这位外国传教士薄复礼已由红军的一个敌视者变为一个坚强的同情者，成为红军的忠实朋友。他离开红军后，开始着手整理自己在红军中那段亲身经历，并利用回国探亲的机会通过演讲等形式向西方介绍中国红军的真实情况。他还写下这样的诗句：

> 感谢"被捕"，
> 我的心得到了基督徒的爱。
> 友谊和血的联结，
> 超过世间的一切。
> 面对"先贤"，
> 我把炽热的祈祷倾吐。
> 恐惧，希望，追求，

> 我得到宽慰和鼓舞。
>
> 我们患难与共,
>
> 我们共勉负责。
>
> 为那珍贵的互助,
>
> 我洒下深情的泪珠!

从诗中可以看出,薄复礼对自己在红军的这段拘押经历,一点也不感到反感。相反,他对红军部队严明的组织纪律、执着的信仰,以及不赌博、不抽鸦片的作风,留下了极其难忘的印象。正是随着对红军一点一滴的认识,薄复礼最终找到了先前他一直在抱怨红军扣押他而后又释放他的真正原因,这是因为:"红军很可能要借此告诉人们,扣押外国人的目的并非财物,金钱对红军并非大事,重要的是红军要借此告诫外国人,他们反对在中国传播基督教,因为它使中国人民甘受痛苦,是人民精神上的鸦片,并与共产主义相悖。红军要借此告诫世界各国,他们不允许基督教这种外来学说,来阻碍他们在自己国土上进行的共产主义的实验。"

每当薄复礼和教友谈到红军时,态度都极为友善。他经常给人们宣讲:"红军对穷人很好,即使在艰苦征途之中,仍时时不忘穷人。红军打仗勇敢坚强,指挥官都很年轻。"他回国后,已因拘押的事件而成为名人,四处巡讲,一份英国的地方性报告记录这样写道:薄复礼先生告诉我们,中国红军那种令人惊异的热情,对新的世界的追求和希望,对自己信仰的执着是前所未闻的,他说,他们的热情是真诚的,令人惊奇。他们相信,他们所从事的革命是世界革命的一部分。红军已经超过两万人,他们大多数年龄在 20~25 岁之间。他们正年轻,为了他们的事业正英勇奋斗,充满了青春的活力和革命激情,薄复礼先生常常渴望他们成为基督徒。但他们却自豪地说,他们是红军,是共产主义者,所做的一切都是从这一点出发。在所经过的每一座小村庄,他们都要留下标语、口号或其他特征。[4]

当红二、六军团还在长征途中时,薄复礼撰写的回忆录——《神灵之手》便由伦敦哈德尔·斯托顿公司 1936 年出版发行,成了西方最早介绍红军长征的专著。《神灵之手》出版后,颇受关注和欢迎。在《神灵之手》的结尾,他甚至还大胆呼吁年轻的基督徒要学习红军那种精神,并以红军那种简练有效的办法,重视穷困的民众,并和他们同呼吸,共命运。

后来,迈入晚年的萧克将军想与这位跟随红军长征的牧师联系。经多方努力,他终于找到了薄复礼。原来,在 1966 年,薄复礼就已从教会退休,回到家乡曼彻斯特郊区安度晚年。1985 年,写下《长征——前所未闻的故事》的美国记者索尔兹伯里先生偕夫人前往英国专程拜访了薄复礼,并传来了来自中国的问候。后来,中国外交人员也和他通了信,薄复礼在回信中介绍了自己的近况后,还嘱咐中国外交人员说:"你若与萧克将军通信,请转达我热忱的问候。"不久,一直挂念着薄复礼的萧克将军也通过有关部门向这位离别50多年的老朋友致以真挚的问候。

---

[1]〔瑞士〕薄复礼:《一个被扣留的传教士自述》,昆仑出版社1989年2月版第51页。

[2]萧克:《一个被扣留的传教士自述》序言,昆仑出版社1989年2月版。

[3]萧克:《红二、六军团会师前后》,《近代史研究》1980年第1期。

[4]〔瑞士〕薄复礼:《一个被扣留的传教士自述》,昆仑出版社1989年2月版第122页。

第四章
差点被合围的甘溪之战

错误的军委电报——三省国民党军精心布置的大网——唯一的
通道——敌人已近在咫尺——第四十九、五十一团重大的伤亡——
被敌截为三段——黑夜突围——值得记取的深刻教训

在突围的岁月里,打仗,对于红军将士们来说是家常便饭,每一天都要准备面对,经历的战斗可以说是数不胜数。但是,在红六军团将士们的记忆中,有一场战斗可能是印象最深的,最难以忘记的。50多年后,萧克回忆起这场战斗时,仍然觉得"心胆为之震惊",这就是甘溪之战。在这场战斗中,红六军团被20多个团的敌人团团包围,被截为三段,血染甘溪,险象环生,遭受巨大损失,差点全军覆没,经历了西征以来最严峻的考验。

红六军团在旧州经短暂休整后,于10月4日进至位于乌江畔的瓮安县猴场(今草塘镇),准备寻找合适的渡江点渡过乌江,甩掉追踪之敌。

然而,中革军委却于10月3、4两日连续致电红六军团,强调"军委绝未令你们渡乌江向西行动","无论如何你们不得再向西移"。电报还称:"桂敌现在向南开动","二军团部队已占印江",命令红六军团"应即向江口前进"。根据命令,红六军团放弃了西渡乌江的计划,于5日转向东北方向前进。

然而,中革军委的电报并不准确,桂军当时并未南下。10月4日,湘、桂、黔国民党军在镇远召开联合"追剿"红军的紧急会议。会议判断,此时乌江北岸有黔军侯之担部4个团和王家烈的第八团凭险据守,红军不会北渡乌江,最大的可能是经余庆、石阡地区北上江口、印江,与红三军会合。据此,湘、桂、黔三省国民党军制定了联合作战计划,准备在西、北两面有乌江阻隔的情况下,封锁住石阡至镇远大道,将红军围歼于石阡南部、镇远西北部、施秉北部一带狭小地区内。根据计划,湘军、桂军主力进至石阡南部、镇远西北部地区进行拦截;桂军第二十四师、湘军补充第一总队和黔军一部由施秉、镇远向北进逼。三省国民党军共20个团精心布置了一张大网,专等红六军团钻入其中。

红六军团对国民党军的计划却毫不知情。按照中革军委电报的指示,部队朝着东北方向一路前进,经松坪、上高粱坪到达余庆县龙溪,继而进至石阡县河坝场,一步一步地进入国民党军的预设战场。

10月7日拂晓,红六军团按第十七师、军团部、第十八师的顺序由河坝场出发,向东北方向的甘溪镇前进,准备到那里进行大休息。待夜色降临后,再穿越石阡至镇远大道,前往江口。

此时,各路国民党军也向甘溪包围而来:桂军第十九师正由石阡以南向甘溪前进,与红六军团相对而进;桂军第二十四师进至甘溪东面的坪山、平罐一线;湘军一个旅已进至甘溪西北的白沙、杨柳塘、本庄一线;黔军一部进至甘溪西南的石阡与余庆边界地区,一部已进至甘溪以南的镇远。四面环山的甘溪犹如带门的天井,这扇门随时都有可能悄然关上,血染甘溪已经不可避免,情况万分紧急。而此时,红六军团却还懵然无知地向着甘溪行进。

上午10时左右,红六军团第十七师第五十一团前卫营率先到达甘溪,团主力和第四十九团在军团参谋长李达率领下随后跟进。甘溪一带山势虽不高,却十分险峻,断壁悬崖,如刀削斧劈一般。两山之间有一块平地,约有一里宽,是这里唯一的通道,也是红六军团前往黔东会合红三军的必经之地。

红六军团前卫部队到达甘溪后,镇里看不到一个人,不明真相的群众已经跑光了。部队没有进入群众家,只是在街边休息,开始埋锅造饭,选择宿营地点,准备扎营。当时,红六军团对周围敌情毫无所知,大家对中革军委电报中关于“桂敌南移”的说法是深信不疑的;在当天的行军途中,军团部还询问了往来的邮差,说石阡没有敌军;从邮差带来的报纸上,也没有发现敌军在石阡地区活动的迹象和线索。而实际上,桂军第十九师已迫近甘溪北面的平望,距甘溪不到5公里了。

为确保安全,当时红五十一团前卫营营长周仁杰带兵在镇外警戒观察石阡、镇远方向路上的动静。约半小时后,忽然发现镇东北通向石阡县城的大路上,有两个敌人侦察兵押着当地农民袁老五东张西望地走来。周仁杰一看可疑,立即传令部队注意隐蔽,并派出侦察班长周来仔等两个大个子便衣侦察员,夹着雨伞,装扮成保甲长的模样,笑着脸儿迎上去打着手势表示欢迎。敌兵一靠近,红军便衣以迅雷不及掩耳之势将敌侦察兵抓获。

从抓获的两名桂军俘虏口中得知敌人已近在咫尺的情况后,周仁杰见情况紧急,不待命令抢先行动,指挥部队沿甘溪街头展开,准备迎敌。当即,也将敌情向军团参谋长李达报告。

中午时分,桂军第十九师已进至甘溪附近并全部展开,抢占了甘溪东北的白虎山和群宝山等制高点,居高临下向红军发起猛烈进攻。一直未得到行动命令的第五十一团和第四十九团被迫仓促投入战斗。第五十一团抢占了附近的青龙嘴高地,第四十九团则在山谷中就地展开,抗击进攻之敌。正在行进中的第五十团也迅速抢占了羊东坳及附近高地,以猛烈的火力突击桂军,支援第五十一、第四十九团的行动。

此时,红六军团军团部正在距甘溪不到3公里的红岩村一带。由于未接到敌情报告,听到枪声还以为是前卫部队遭遇民团袭击而未加警觉。

桂军连续发起的两次冲锋都被红军顽强击退后,便调整了进攻部署,放弃了正面攻击,改为两路进行迂回进攻:以一部兵力正面猛攻,另一部利用地形掩护向红军翼侧隐蔽进攻。倚仗兵力和火力优势,桂军第十九师突入红五十一团和四十九团之间,切断了两团之间的联系。红四十九团主力退守甘溪南街左侧高地,另一部冒着敌人的火力冲上羊子岩,控制了甘溪最高的山头。红五十一团在青龙嘴与敌展开激烈争夺,打退敌人一次又一次冲锋,顶住了敌人的疯狂冲击,始终牢牢控制着青龙嘴高地。

在前卫部队被敌切断的情况下,军团参谋长李达见处境险恶,便率第五十一、第四十九团团部及机枪连等共400余人,冲出敌军包围,由甘溪东南的杜脑山高地向石阡以南的大地方(今大地)突围转移。第五十一、第四十九团主力则顽强坚守阵地,阻击敌人的进攻,为军团主力争取了机动转移的宝贵时间。但部队遭受了重大的伤亡,仅红五十一团第三营伤亡即达200余人。

周仁杰多年后回忆起这场惨烈的战斗,仍心有余悸地道:"我们与桂军是第一次交手,相互不摸底。他们的装备在地方军阀中比较精良,每班都配置一挺轻机枪。进攻的敌军几十挺机枪一齐扫射,火舌似飓风从我们阵地上扫过,弹头落在阵地岩石上叮当作响。我们身后树林里的植树干草燃烧起来。阵地上霎时间浓烟滚滚,火光闪闪,火药味呛得人喘不过气来。我们机枪少,子弹也少,手榴弹大多是自制的马尾手榴弹,在山地树丛中,扔出去有的挂在树权上,有的落在草丛中,好多不能落地开花。桂军大部是广西人,个头小,动作灵活,善于山地作战,爬山速度很快,战斗力较强,因而战斗进行得很激烈,打得十分艰苦。激战中,敌人曾几度占领我营部分前沿阵地。我们的战士打得非常顽强，他们时而投掷手榴弹，时而冲出去与敌人拼刺刀。受了轻伤的同志顾不上包扎仍坚持战斗，受了重伤的同志躺在那里帮着机枪手压子弹，不断打退敌人的进攻并夺回失去的阵地。在机枪排阵地的树丛中忽然钻出一大群敌人，企图夺取我机枪阵地，机枪排的同志立即甩出一颗颗手榴弹，压住敌人，当时我的驳壳枪子弹已打光，顺手拣起身旁牺牲的战友的步枪，带着掩护机枪排的步兵跃出战壕，端起刺刀，怒吼着冲向敌群。"顿时，枪声、手榴弹爆炸声、刺刀乒乒搏击声、喊杀声响成一片。经过几番血战，终于打退了这股敌人的第三次进攻。可是，我们的同志也大多倒在血泊之中了。"[1]

前方战斗打响后，红六军团军团部由于不明敌情，一时难以做出决断和行动部署。直到桂军迫近时，才发现敌情严重，仓促间派出红军学校的四个连占领龙骨吨和老车土等高地抗击敌人。战斗持续到傍晚5时，在东去之路已为桂军所堵，李达率一部兵力已向东南方向突围转移，红五十一、红四十九团又陷入敌军包围之中，继续战斗下去取胜可能很小的情况下，军团领导决定，部队撤出战斗向南转移。于是，命令红五十团担任后卫，接替红军学校的任务，掩护军团主力转移。

郭鹏、彭栋才率红五十团占领老菜地和羊东坳部分阵地，战斗中，一营营长刘转连命令副营长樊晓洲用机枪火力掩护大部队突围，刘转连营剩下的100多人用血肉之躯，冒着密集的弹雨，在敌人武器有效射程的包围圈内撕开一条血路，掩护大部队冲了出去。这条路是从敌人手里硬生生抢出来的。刘转连后来回忆当时的战斗情形道："第一个山头攻下了。在一、三连支援下，二连又连续攻下了三个山头，把敌人的合围圈撕开了一个缺口，抢出一条路，军团的前卫部队突出去了。"[2]

在任弼时、萧克、王震等军团首长率领下，部队在大土村以南的深山密林中披荆斩棘，开出一条通路，终于摆脱了当面之敌，到达石阡与镇远交界处的大地方。但后卫第五十团却被敌人切断退路，与主力失去了联系。在完成掩护任务后，郭鹏和彭栋才快速反应，率红五十团向西走桐木坪、白岩沟，折转向南，穿过四方堰向大地方寻觅红六军团主力。

此时，红六军团面临的形势极其严峻。北面的石阡至白沙一线有国民党湘军五个团；东面的石阡至镇远一线有桂军第十九师；南面的施秉至余庆一线有桂军和湘军各一部共8个团；西南有黔军5个团在乌江对岸防守。

为了最大限度保存有生力量，红六军团领导决定：避开敌军主力。利用石阡、镇远、余庆之间山高林密的有利地形条件与敌周旋,寻机突出包围圈。

10月8日,红六军团主力进至红庙后,打退了尾随追击的桂军第十九师,继续向南转移。后来,在石阡至镇远大道间的路腊遭敌堵击,经激战后方摆脱敌人,向西进抵施秉北部的黑冲。

10日,任弼时、萧克、王震联名电告中革军委:"七日甘溪战斗中,我军前后减员约千六七百人","人员、弹药、精力消耗甚大";"贵州山地,悬崖绝壁,人烟稀少,给养困难,大兵团行动十分困难","目前情况下,我军与敌人大规模的战斗十分不利",因此向中革军委提议将部队分成两个纵队,由王震率十八师,任弼时、萧克随十七师,焚烧行李,减少辎重,以灵活的游击动作迅速转到黔东苏区附近,并准备12日开始分头行动。但未获得军委同意,仍令他们集结部队,按原定的路线前进。

为了避免遭受国民党军袭击,部队离开道路,利用绳索攀缘,翻越了悬崖峭壁的滴水岩,于11日进至紫荆关。由于施秉一线有国民党军重兵防守,难以向南突围,又绕道北行,经马溪、走马坪,进至石阡西北的河闪渡,准备由此西渡乌江。然而,黔军1个团在乌江西岸严密防守,加上水流湍急,没有渡船,红军渡江未成,又折转向东,准备从思南县板桥渡过石阡河,前往印江与红三军会合。于是,经瓮溪司于15日到达朱家坝。可是,前卫部队刚刚到达板桥附近时,即遭到国民党湘军的堵击。军团部决定,向南转往白沙、甘溪方向。16日,部队行至石叶的龙塘、关口一带时,又遭湘军1个旅又1个团及黔军一部堵截。经激战,红军击溃拦堵之敌,主力于17日再次进抵甘溪。但是,红六军团第十八师直属队一部和后卫第五十二团却被敌切断,与主力失去联系。

重抵甘溪时,红六军团仍未摆脱湘、桂、黔国民党军的包围,而且四周敌军日益逼近。军团首长打算从小道伺机通过石阡、镇远间的国民党军封锁线。傍晚,在商量如何突围问题时,任弼时果断地说:"哪怕牺牲一点也要突出去,等到明天就麻烦了。"王震十分赞同:"生死存亡在此一举,有路无路都要突出去。"此时,石阡至镇远大道间的平贯只有国民党军1个营驻守,而马厂坪一带没有敌军。抓住这一有利之机,军团首长立即部署以1个营兵力占领马厂坪并控制了一条向东去的大峡谷(当地群众称之为老窝沟)谷口,同时派人找来一位老猎人给红军带路。

夜幕降临后,红六军团主力在老猎人指引下向峡谷前进。国民党军两个团闻讯后各以一部兵力赶来截击。红六军团后卫部队坚决阻击,与敌激战至午夜时分,终于将追敌击退。

经过一夜迅速行军,第二天清晨,部队终于通过这条人迹罕至的老窝沟峡谷,越过石镇大道,突出了国民党军重兵设置的包围圈。

甘溪战斗是红六军团入黔后打的第三仗。在这场战斗中,红六军团遭受了严重的损失,整个部队被敌截为三段。之所以会出现这样的局面,一个重要原因就是中革军委的瞎指挥;其次是因为军团领导过于相信军委电报而思想麻痹,行军中疏于戒备;前卫部队遇到敌情后未沉着处置和及时报告也是重要原因。

周仁杰在总结甘溪之战时说:

> 甘溪战斗是令人心胆震惊的。这次战斗是有着深刻的教训值得我们永远记取的。最基本的一条就是思想麻痹,疏于戒备。……在猴场接到中革军委'桂敌南移'的电报,谁也没有怀疑它的可靠性,特别是以后两天行军也没有发现任何敌情,加之,这里离红二军团所在的黔东根据地又很近,所以大家似乎松了一口气,因此,整个部队都没有应付意外事变的作战方案和精神准备。这对一个始终处于湘、桂、黔三省敌军包围之中的突围之旅来说,是十分不应该的。在这种情况下,当部队在甘溪跟敌人遭遇,特别是被敌人截为三段,部队打散,联系几乎中断的情况下,部队未能先敌展开占领有利地形,从而形成了各自为战的局面,削弱了部队的战斗力使部队受到严重损失。[3]

红六军团指战员们在身陷重围、转战于黔东石阡、镇远、施秉、余庆等地的日子里,经受了极其严峻的考验。黔东地区山高路险,地广人稀,部队无法得到必要的物资补充。为了便于在陡峭的山岭上行动,还不得不将行李、马匹等丢弃。转战途中,指战员们甚至一天都吃不上一顿稀饭。许多人的鞋穿烂了,只能赤着双脚在荆棘丛生的崇山峻岭中长途跋涉,穿着单衣在深秋的冷雨寒风中露宿。军政委员会主席任弼时身患疟疾,身体虚弱,却坚持拄着木棍行军,抱病指挥部队行动。在坚定的革命信念鼓舞下,指战员们以坚忍不拔的毅力和顽强的斗志,克服了饥寒交迫等困难,终于冲破了国民党军的重重包围,闯过了西征中最危险的一关。萧克在50多年后谈起这段历程时也说:"这是一个极端紧张而又关系到六军团大局的一个战斗行动,直到现在,一经忆起,心胆为之震惊,精神为之振奋。"[4]

红六军团能够在甘溪面对敌人24个团包围的险境中胜利突围,确实是个了不起的事情。湘敌旅长胡达对此哀叹道,之所以未能追上和消灭红军,是因为这个部队确有一些"长处","如服从命令,拥护首领,完成任务,动作迅速","比如遇到国军,该部因避战之故,马上前卫变作侧卫或后卫,其最大目标,突然不见了"。"该部对于其主义，信仰极深，故拥护首领，甘心效死疆场。"[5]白崇禧也在对桂系 15 军训话中，承认红六军团有三条长处："第一是纪律严格，进退动作一致，奔驰数省，队伍完整；第二是组织严密，党的命令，可直达士兵下层；第三是行军力强，该部没有落伍者。"相较之下，他认为桂军却存在四条短处："第一行军弱，有些官兵不能走路……这次追赶萧克，暴露了这种弱点；第二是有少数的官兵胆小，借故落伍，不肯上前；第三是后方勤务不好，行动不敏捷；第四是通讯不灵。"来自敌人的赞扬，虽然并不十分全面，却足以显出红军的高度忠诚和牺牲奋斗精神，这一举世公认的优秀品质，是红六军团在甘溪一战绝处逢生的主要原因。

　　甘溪之战，由于没有及时掌握敌情，加之地形不熟等诸多主客观原因，致使红六军团付出了重大的牺牲，经历了西征以来最严峻的考验，但甘溪之战保存了有生力量，坚定地履行了策应中央红军长征的职责。红六军团到达甘溪时，只有 6 个团的兵力，却牵制了 24 个团兵力的湘、桂、黔敌军，不仅减轻了中央红军主力的压力，也牵制了湘、桂、黔针对贺龙领导的红三军创建的黔东革命根据地的进攻，起到了一箭双雕的作用。

　　甘溪激战后，红六军团战胜了贵州和广西、湖南军队的围追堵截，终于在 1934 年 10 月 24 日在黔东印江县之木黄和贺龙、关向应、夏曦领导的红三军胜利会师了。

[1] 周仁杰：《震惊心胆的甘溪之战》，转引自《红六军团征战记》（上），解放军出版社 1994 年 6 月，第 387 页。

[2] 刘转连：《抢路》，转引自《红六军团征战记》（上），解放军出版社 1994 年 6 月，第 412 页。

[3] 周仁杰：《震惊心胆的甘溪之战》，转引自《红六军团征战记》（上），解放军出版社 1994 年 6 月，第 393 页。

[4] 萧克：《萧克回忆录》，解放军出版社 1997 年版，第 201 页。

[5] 李达：《寻找贺龙同志》，转引自《红六军团征战记》（上），解放军出版社 1994 年 6 月，第 405 页。

第五章
红军遇到了
"山神爷"

山中困境——"我丢得起老婆，可丢不起机要处长啊！"——雨夜微光——山中老猎户——绝处逢生——衔枚疾走——山神就是人民群众红六军团在甘溪失利，被敌人截为三段，萧克、任弼时、王震带领主力突围。前有拦截，后有追兵，加之贵州地理环境复杂，红军又不熟悉地形，在高山密林中苦苦摸索，眼看就要陷入灭顶之灾。但是，红六军团却硬是在这种极端不利的条件下，"如有神助"般地突出敌人部署的重重包围，以至于有人说，红军是得到了山神爷的帮助，才能够走出险境的。真的有神仙帮助红军吗？红军能够化险为夷的秘密到底何在？

1934年10月，萧克、任弼时、王震指挥主力在五十二团掩护下趁夜色突围之后，便在石阡、余庆、施秉之间的大山里转悠。贵州是历来被称为"地无三尺平、天无三日晴"的地方。进入梵净山西侧，全是高山峻岭，人烟稀少，物资奇缺。这里的人民生活极为困苦，红军能见到的几户老乡，都是食不果腹、衣不遮体。当时的物资供应十分困难，买不到粮食时，只好采摘野果充饥。由于山路崎岖难行，马匹行李等都不得不丢下，许多人没有鞋穿，只得打赤脚在山路上走，荆棘把脚都扎破了。脚上的血泡，起了磨平，磨平又起。队伍走在临近石阡的地方，将士们又因误食桐子油中毒，一个个腹泻不止。任弼时身染疟疾也未痊愈，冷一阵热一阵，冷起来牙关咬得格格响，热起来烧得满嘴起泡，有时手脚和头都肿起来了。当时没药物，只能硬撑。但他只要稍好一些，就不肯躺在担架之上，凭着意志，手拄木棍坚持步行。他的夫人、机要处长陈琮英，由于饥饿、疲劳，也在突围时掉了队，真是危险极了。陈琮英后来回忆当时的情形道："有一次，遇到敌人堵袭，队伍钻进一个林子里，我是做机要工作的，身上带着电讯密码。队伍走得急，我个子矮小，虽然紧赶慢赶，还是掉了队。我正倚在一棵树下喘气，忽然来了一位女战士。她惊讶地说：'小麻雀，你怎么啦?'我说：'鞋子掉了!'她叫陈罗英，是做宣传和收容工作的。她挑着担子，二话没说，便连推带拖地把我带走，她知道我带有密电码本。我们赶了十多里地，才追上军团部的队伍。"[1]焦急的任弼时看到她们赶上来了，非常高兴，诙谐地说："哎呀! 真要感谢你呀! 我丢得起老婆，可丢不起机要处长啊!"

这时候，湘、黔、桂之敌，依然尾追不舍，共24个团的兵力，都杀向了红军。萧克、王震率领部队，在这大山中转来转去，仍转不出敌军重围，大家未免焦急。萧克、任弼时、王震经过商议后，将当时"随校"的军事总教官陶汉章找来，命他立即去找一个向导来带路，走出大山。萧克凝重地对陶汉章说："形势危急，必须迅速突围出去。"

陶汉章接受任务后，深知责任重大，如果当晚不能找到出路摆脱敌人的包围，天明以后，后果不堪设想。于是，他立即组织"随校"的3个侦察组共6人上路。这是一个雨夜，伸手不见五指，他们艰难地摸索行进在迷茫的大山之中。在泥泞潮湿的山地、树林间走啊走，一不小心就得摔跤，于是不停地摔倒了又爬起。要想在雨夜的荒山找到一个向导，实在是难上加难。但陶汉章等没有泄气，他们先寻找灯光，哪里有灯光哪里就会有人家。突然，一个同志惊喜地叫起来，原来他发现在半山腰有一束微弱的亮光。于是，陶汉章一行人立即向这束亮光飞速奔去。原来，这是一个猎户家。这个猎人，年约六旬，银须白发，目光炯炯，身穿粗布裤褂。家境很穷，他的灯是用一根松明照着。陶汉章向他讲明了来意，老猎人很痛快地答应为红军带路。

陶汉章急忙带老猎人去见萧克。萧克等人见到老猎人，大喜过望。他们对老猎人很尊敬，以礼相待，询问他可有方法帮助红军走出大山。老猎人十分感动，他说："大军，你说你们是穷人的队伍，我是'乾人子'（穷人），自然要为你们带路。"他又转身指着莽莽大山道："这里的大山，都是梵净山余脉，虽是余脉却也山高谷深，沟壑纵横，若不识路径，纵然插翅，也难飞出，据老汉我所知，如今各处山口关隘，均被占领，这些山口，均为一夫当关、万夫莫开之处。将军的人马，若从这些地方出去，要比登天还难。"萧克等说："请老丈为我军指条明路。"

老者道："为队伍带路，我老汉纵然粉身碎骨，也是应该的。"老者又继续说道："这大山之中，有一条人迹罕至的谷涧夹沟，可通山外，只是这路十分难走。"

萧克说:"只要有路就好。"老者说:"这条夹沟,在20年前,是一条通往岑巩的大道。后来,由于梢林长得越来越密,一层连着一层,这路就断了,如今,只要你们砍开梢林钻出去,10里之外就有人家,夹沟西边的山很陡、很高,王家烈的那些烟鬼兵就是知道你们从此通过,他们想爬也爬不过来。"萧克听罢,握着老者的手,连连说道:"老人家,红军永远不会忘记你的。"

突围的决心既下,任弼时便向部队作动员,他说:"我们都是为土地革命出来的,要同生死、共患难,坚决打出去。前面就是贺龙的部队,打出去就是胜利。"萧克立即布置了两路警戒,一路向南面的镇远方向,一路向北面的石阡方向,又占据了东去的路口。

这样,红六军团主力便在老猎人的带领之下,向这条夹沟走去。到了夹沟,看到这条夹沟黑黝黝的,连脚下的路都看不清。干部战士们都纷纷用刺刀拨开荆棘,一个紧挨一个、半走半跑地疾行。深夜,秋雨淅淅,寒风瑟瑟,风声伴着林涛,使寂静的峡谷显得更加幽深。红六军团规定了突围纪律:不准说话,不准有火光,每人头上扎一块白毛巾作为记号,摸黑前进。指战员冒着秋雨寒风,借着微弱的天光,踏着峡谷中尺把深的流水,前后紧跟着往前走。有人口渴了,想喝沟里的水,被老猎人看见,当即制止,因为这水有毒。这个峡谷共有两里多长,两边是又高又陡的悬崖峭壁,最窄的地方只能通过一个人。沟里水深过膝,沟底乱石、腐木很多,一不小心,脚就夹在石缝里很难拔出来。两边山上国民党军,不时往峡谷中胡乱放枪以探虚实,红军冒着呼啸的子弹快速前行。严格的纪律,保证了数千人的部队悄无声息地在敌人的眼皮底下行走了四个多小时而平安无事。整整一夜没有歇脚,红军大队人马终于通过了梢林,在天亮时走出了夹沟。

多年后,陶汉章对这惊心动魄的一晚还有深刻印象:"天下雨,风四五级,敌人在山上,我们在洼里走,不准说话,不准有火光,只听得子弹在头上呼叫。走了四个多小时,平安无事,又找到一条小路,这时弼时同志说:走对了。"[2]当时萧克是与后卫部队一起行动的,当他出了夹沟,抬头看见正在东升的太阳,才松了一口气。萧克曾写了一首《红日东升》的诗,记录当时欣喜的心情:

> 封锁重重往复返,
>
> 满腔热血九回旋。
>
> 通宵苦战见红日,
>
> 百战老兵为一叹。

红六军团主力冲出敌军重围之后，任、萧、王三位将军，紧紧握着老猎人之手，感激地不知说什么是好。这位老猎人，真是立了大功，起到了一盏指路灯的作用，可以说没有他，红六军团主力很可能走不出来，没有他，红六军团指挥部可能就要遭大难了。

红六军团主力突围出来之后，到了一个叫冷家榜的小镇。一夜的行动，将士们都极疲劳。萧克传令，部队就地休息，埋锅造饭。正在这时，警卫连的几个战士兴冲冲地来到了军团司令部，将几张标语送到了萧克面前说："报告军团长，我们在这小镇上见到了红三军的标语。"

萧克接过来一看，果真是红三军的标语，他立即问道："你们没问问群众，红三军什么时候到的这里？"战士们齐说："我们问了，红三军半个月之前来过此地。"

萧克拿着标语，立即集合了部队。他兴奋地高声说道："同志们，我们就要到苏区啦，贺龙同志的红三军，离此不远了。"

一听说要与贺龙队伍会师了，许多人都高兴得跳了起来，都嚷嚷着要看那几张标语。萧克就让人把几张标语分到各团，干部战士们在此时此刻看到这些标语，别提多亲切了。

在小镇稍事休息后，红六军团主力又继续向东北方向行进。

后来，敌军中纷传红六军团遇上了山神爷，是山神爷带的路，才化险为夷。有人向任弼时问起此事时，任弼时笑道："不错，红军是遇到了山神，这山神就是人民群众，没有人民群众的支持，红军将寸步难行。"

––––––––––––––––––––

[1] 陈琮英：《往事依稀话西征》，转引自《红六军团征战记》（上），解放军出版社1994年6月，第308页。

[2] 中共中央文献研究室：《任弼时传》，中央文献出版社，第345页。

第六章
红五十团突破重围

研究突围部署——军团首长的交代——强攻山卡——血迹斑斑的空袖筒——前有截击，后有追兵——一顿"战饭"——最后的一道关隘被打开

　　红五十团是红六军团主力团之一，其战斗力非常强，在多次战斗中都是担当重任。在甘溪战斗中，红五十团在团长郭鹏、政委彭栋才率领下，担任掩护任务。他们冒着枪林弹雨，在敌人的包围圈内硬生生杀开一条血路，掩护大部队冲了出去。在完成掩护任务后，为赶上主力部队，红五十团官兵一路浴血奋战，用鲜血与勇气在长征路上写下无数悲壮故事。

　　甘溪战斗的第三天，担任掩护任务的红五十团在撤出阵地后，又在都坪附近被敌人截住，与军团部和兄弟团断了联系，陷入了敌人的重重包围中。

　　被包围，对红军说来已算不上了不起的事情。离开湘赣苏区两个多月，转战千里，往往是刚刚摆脱了背后的尾追，又遇上迎头的拦击；刚刚从这个包围圈中跳出来，又落到另一个包围圈之中。

　　可是这次却与以前不同。由于几十天来的辗转苦战，弹药已经消耗殆尽；而在五十团周围，却是数十倍于红军、弹药充足、以逸待劳的敌人。

　　情况是万分险恶的。五十团团长郭鹏当即命令各营营长紧急来团部，研究突围的部署。会上，政治委员彭栋材同志提出了行动方针："坚决突围，寻找军团主力，万一找不上，便就地打游击。"

　　郭鹏同意政委的意见，可是当时四面都是敌人，应该向哪里突呢？

　　这时，郭鹏忽然记起了在他们刚刚进入贵州的时候，有一次急行军途中，军团首长向几个团的干部交代任务时说："万一在途中被敌人冲散，就各自带部队奔印江一带去找红二军团。"

郭鹏等立即去问当地群众印江应该往哪里走,但是当地村里的青壮年早已跑光,只找到一个年迈的老头。他见郭鹏问话,不住地摆手摇头,原来是个聋子。郭鹏边做手势,边指着门上贴的"福禄寿喜"四个字,问老人认不认识。老人点头表示识字,郭鹏便写上"印江在何方向"几字给他看,他连忙点头,并写出"印江在北方"。郭鹏大喜,就决定朝北方突围。查明路线后,团首长即命令前卫连向西北方向的九里山前进。

当时,大家一致表示:"如果个人负伤,决不要求派担架,以免拖累部队。"

严峻的形势,迫使他们不得不把伤病员同志都留下来,就地分散隐蔽打游击。这些同志,都是湘赣老区土地革命后翻身的农民,参加红军后一直在一起浴血奋战,都是亲密的战友和兄弟,如今敌人合围上来了,却要把他们留下,这是多么令人难过的事情!但是,伤员同志也都清楚这一点,他们毫无怨言地留下了,都站在路旁送别战友,挨个和战友们紧紧地握手:"你们放心地前进吧,不要顾虑我们,我们决不会在敌人面前屈服!"

当天下午,部队赶到九里山下,山头上传来了枪声。前卫部队停下来,郭鹏团长匆匆跑到前面去。仰观九里山,山势异常险恶,在悬崖绝壁中间夹着一条羊肠小道,部队无法展开;而敌人已经占据了山卡,居高临下,凭险固守。

当时摆在他们面前的只有两条道路:要么待在这里等待敌人的合围;要么采取果敢的猛攻,不惜牺牲,坚决突出九里山。

郭鹏等当即和前卫营的干部作了强攻山卡的部署。从四连选拔出六个共产党员,由二排长傅得胜带队,从右侧迂回敌人。

"记住,"郭鹏握住傅得胜的手叮嘱道,"我们全团都在等着你们开路!"

四连战士们从正面向山卡冲去。但敌人以密集的火力猛烈地封锁着山道,战士们接连地倒下去。看来,要想从正面突破这个山卡是万分困难的。突然,在右侧的山头上响起了枪声,傅得胜带着五名战士出现在侧翼的山崖上,正在小树丛中像猿猴似的向上攀登。

山头上的敌人把手榴弹、滚石拼命地掀下来,眼看两名战士跌落下来,但是其余的继续往上爬去。他们很快地冲上山顶,手榴弹的浓烟立刻在敌群里腾起来。

"冲呀!"

几乎全团的人都为英雄们呐喊,山谷轰鸣着,傅得胜带着三个战士在震天的杀声里从敌人的侧翼扑向山卡,正面的第四连也趁势冲上山去。

当天黄昏,五十团终于突破了九里山的三道山卡,从敌人的重围中杀出来。

战斗中,傅得胜在山上两次负伤,他的一只胳臂被打断了,但一直坚持到冲破敌人的三道山卡。战斗以后,同志们感激他对这次突围的贡献,纷纷要用担架抬他,让牲口给他骑,都被他拒绝了。他吊着一只重伤的胳膊,继续跟着大家艰苦地步行着。他的顽强精神,给人们以莫大的鼓舞。

从九里山突围出来,部队连夜赶到石阡以南的恺里一带,却不料又陷入敌人的重围之中。

当五十团发现被围时,敌人的合围形势已成。他们首先遭到贵州军阀部队的迎头拦击。敌人在山上凭险固守,攻了几次,没有突破,部队只好掉转头来另寻出路,但又遇到湖南军阀部队的截击,而贵州军阀部队又从背后赶来。部队这时只好四面迎敌,东冲西杀,一直打到黄昏,才最后杀出重围,连夜经龙颈坳向北挺进。

当五十团到达鸡公山时,敌人已经先一步占据了该山通路。这时,部队必须尽快突破对面的山卡,迅速翻过鸡公山,否则各路追兵赶到,部队将再度陷入重围之中。

第一营营长周保祯见情况危急,亲自带着部队向敌人发起了冲击,他组织一部分优秀投弹手利用地形和密林掩护,隐蔽地运动到敌人阵地前沿,突然向敌人猛掷手榴弹,炸毁了敌人的重机枪,部队乘机猛攻,把守敌一个连全部歼灭。鸡公山的通路打开了。

过了鸡公山,部队冒着大雨连夜赶到石阡以北。严重的敌情使他们不能休息,只能继续向北挺进,沿途仍然不时地遇到敌人的阻拦和侧击,他们日夜且战且走,又饥饿又疲劳,处境异常困难。

在这段艰苦的日子里,五十团的官兵表现出了顽强的战斗精神。特别是三连连长,早在鸡公山战斗中即负伤,右臂被打断了。战后他因右臂骨头已碎,走起路来晃晃悠悠极不方便,自己竟毅然忍痛用菜刀将断臂剁去。在连日转战行军中,他坚持徒步行军,遇有断崖陡壁,便抱住伤口滚下去。有一天,部队突然遭到敌人的阻击,敌人以猛烈的火力掩护部队向五十团疯狂地扑来,前卫连火力薄弱,眼看就挡不住敌人的冲击了。正在危急之际,忽然从后面跑来一人,他迅速地冲至前卫连阵地,左手持枪高呼:"同志们,拼刺刀!跟我冲!"大家一见这血迹斑斑的空袖筒就知道正是三连连长,战士们在他的鼓舞下,不出十分钟,就把敌人打垮了。

但是，因为部队根本没有医务人员和药品，三连长的伤口在连日艰苦的行军作战中日渐恶化，当最后郭鹏团长去看他时，他握着郭鹏的手说："团长，我不能再和同志们一道战斗了！"不几天他便牺牲了。大家流着眼泪埋葬了英勇的战友，怀着对敌人更大的仇恨继续艰苦的征途。

经过连日转战，最后部队进入印江以东之梵净山区。

梵净山绵延数十里，为了避开敌人，部队行军不走山道，而在山势陡峭的断崖绝壁中行进。上山时，用绑带将机枪等重武器拉上去；下山时，将树砍倒，大家顺树而下，有时则用棉被垫在身下，沿山坡滑溜下去。伤病员则更加困难，特别是重伤员，只得用绑带捆住腰往下坠，其痛苦是可以想见的。

山下边也并不好走，没有道路，只能沿着山脚蜿蜒的小河徒涉而下，河水把脚都泡肿了，大小沙粒夹在草鞋里，把脚板扎出许多血眼，一步一痛，而河水又越走越深，最后竟深达腰际，只好上岸再爬山前进。

由于连日来辗转突围在山区，人家很少，粮食非常困难，部队只好忍着饥饿行军。当时如果一天吃上餐苞谷稀饭，就算是很难得了。进入梵净山后，大家只好在山上采些野果，不管它如何酸涩难以下咽，吞下去填满肚子再说。时已秋凉，大家仍穿着褴褛的单衣，不胜风寒之苦。这时，这支生龙活虎般的部队，实际上已经拖得十分疲劳了。

不要说作战，就是光走路已经难于支持，官兵们的健康状况十分恶化，体质稍弱的同志，在水中走着走着就倒下去，挣扎着爬起来走不多远又倒了。有些同志就这样永远长眠在梵净山的山涧里。

可是当部队将要走出山区的时候，湖南军阀部队又占据了出山的关隘，堵住了他们的去路，而后面尾追之敌也已由头塘一带赶到。前有截击，后有追兵，两侧是悬崖峭壁，形势是万分险恶的。五十团全团紧急集合起来，原来一千几百人的队伍，现在只剩了几百人，一块很小的荒坪上还没有坐满。

紧急战斗动员之后，全场情绪激昂，一致举起枪来，宣誓似的高呼着："坚决冲出去呀！"

悲壮的喊声，把山谷都震动了。

郭鹏把身边仅有的六块银圆，向居住在山坡上的一个老太婆买下了几树梨子，每个战士分了两个，权当用了一顿"战饭"，吃完两个梨，就要投入决死的战斗了。

战斗开始了。前卫第三营在冲击道路上被敌人炽烈的火力挡住了。

郭鹏等团首长都一直在前边指挥,这时发现在左侧山头上,有一座敌堡,敌人以猛烈的机枪火力封锁着我军的冲击道路,部队上去一个被打倒一个,根本无法前进。

"先搞掉那挺机枪!"

郭鹏的话刚刚出口,九连一排排长就挺身而出,要求把这一任务交他们排去执行。

郭鹏命令把团直属队的手榴弹集中起来,交给一排前去冲击。

一排长浑身插满了手榴弹,带着部队就冲上山去。以后的一切都是在极短的时间内发生的:

一排长冒着敌人疯狂的射击,一直勇猛地扑到敌堡跟前,一抬手,就把一颗手榴弹塞进敌堡的枪眼里,可是他未及转身,手榴弹又被敌人推了出来。他拾起手榴弹又填进敌堡,并且以自己的身体堵住了枪眼。敌人的工事里冒出了一团黑烟,正在尖叫着的机枪戛然停住了。

英勇的一排长为了全团的胜利献出了自己的生命。

战士们激动地高喊着杀声冲上山去。

梵净山最后的一道关隘被打开了,五十团官兵像潮水似的涌出山口。他们没有停留,又连夜兼程前进。

第七章
被俘后英勇就义的
红十八师师长龙云

　　国民党有一位高级将领、"云南王"龙云，世人皆知。而在红六军团中，有一位军事素质非常优秀的年轻师长，也叫龙云。他在贵州困牛山不幸被俘，被俘后坚贞不屈，拒绝了敌人高官厚禄的利诱，表现出共产党人令人惊叹的信念与意志。最终被敌人杀害，为革命事业献出了他年轻的生命。

　　1908 年，龙云出生在湖南浏阳一个平民家庭，大革命时期在国民革命军独立师当兵。1928 年 7 月，参加由共产党人彭德怀、滕代远、邓萍等领导的平江起义；同年 10 月，随部队在井冈山与毛泽东、朱德领导的红四军胜利会师。1929年被提升为红五军第五纵队十一大队队长，后任红五军团随营学校大队长。1930 年 10 月，在红军整编中，龙云被调往红一军团，任红十二军第三十五师师长，并担任西路军指挥，参加中央苏区的第一、二、三次反"围剿"，为保卫中央苏区根据地做出了积极贡献。尔后，龙云历任中央红军学校第一队队长，中央苏区独立第五师师长，红三军团第二十一师师长，湘赣军区参谋长兼红军随营学校第四分校校长。1934 年 8 月，担任新组建的红六军团第十八师师长。他作战勇敢，指挥灵活，并为红军培养了大批军事政治骨干。

　　1934 年 10 月初，红六军团作为中央红军先遣队进抵贵州。按计划准备到石阡的甘溪休整，然后利用夜晚越过石（阡）镇（远）大道。在红军东进的同时，桂军第十九师也经石阡南部向甘溪前进，寻找红军作战。10 月 7 日 10 时左右，红六军团前卫部队到达甘溪，但此时桂军已全面展开进攻，并事先抢占了制高点,居高临下地向红军发起了猛烈进攻。在红军顽强的阻击下,敌人先后数次冲击均被击退,被迫重新组织进攻,一部正面佯攻,另一部利用河沟凹地隐蔽向甘溪西街接近,向红军侧翼发起攻击,并突入红军阵地。十八师师长龙云率领防守甘溪的部队,在敌人包围和猛烈攻击下,坚守阵地,浴血奋战,屡次击溃敌人多次进攻,为主力部队争取了机动时间,但部队损失极大,仅第五十一团第三营(前卫营)伤亡就达200余人。

敌人在正面进攻受阻后,其主力即分为两路,企图打入红军纵深,侧击红军运动中的主力。军团领导认为,红军从战斗开始就处于被动地位,继续打下去已无取胜把握,于是决定退出战斗,向南转移。但主力部队始终未能摆脱敌人,反而陷入湘、桂、黔三省敌军20个团的包围之中;在红六军团的北面石阡至白沙一线,为湘军李觉的5个团;东面为廖磊的第十九师2个团把守石镇大道;南面施秉至余庆一线为桂军、湘军及黔军约8个团;西面在乌江对岸为黔军侯之担5个团。

情况十分危急。为了保存有生力量,领导决定不再与敌进行大规模战斗,尽量避免无益的消耗,采取灵活的游击战术,利用崇山峻岭、森林密布便于隐蔽行动的有利条件与敌周旋,寻找敌人间隙或薄弱部分冲出包围,迅速转入黔东苏区与贺龙等领导的红三军会合。在转移中,龙云率领的红十八师直属队一部及第五十二团800余人负责断后,掩护主力撤退。在板桥一带,龙云带部阻击追敌,后南撤追赶军团主力,结果在半路上,南去追赶军团主力的道路被敌人用机枪和迫击炮拦腰截断。红五十二团800多人有一半突围成功,另一半被敌人火力截了下来。当时龙云和五十二团团长田海清带领着被截下的这400余人,如果一鼓作气,撕破敌人重重包围不是没有可能,也完全可以追得上军团主力,但其后果是大家都可能会遭到灭顶之灾,谁都走不了,极可能导致红六军团主力和红五十二团难躲一劫。为了军团主力安全南撤,龙云和田海清顾全大局,带着这400多名红军战士且战且退,拖住敌人,把敌人引向困牛山,最后在这里陷入敌人重围。

困牛山位于贵州省石阡县北部,离县城40余里。困牛山南高北低,山势走向由西南向东北,南北长约20里,东西宽约4里。南、西、北三面为黑滩河环绕,悬岩绝壁。东面山势稍缓,山脚小溪长流。上到这座山就像进入迷宫,南、西、北三面无路可出,红52团进入此处如同进入绝地。

400多名红军上困牛山后,周围高山都已经被敌军占据,山坡上到处都是密密麻麻的敌人。敌人还把大量农民群众夹杂在队伍前面。红五十二团一时分辨不清谁是民团谁是群众,怕误伤夹杂在敌阵中的老百姓,导致战斗不便展开。当田海清团长命令机枪连掩护龙云师长率200余名红军,沿着裂缝般的羊肠小路,身倚岩壁半蹲半走,手抓藤条,一个一个地顺着河沟爬下老君山之后,已是下午。剩下100多名红军战士阻击敌人,战斗十分激烈。红军枪法很准,专打穿制服的敌人,一枪一个。面对靠近红军的百姓,红军战士把枪朝天上放,生怕伤害群众。敌人多次轮番向红军发起猛攻,战斗进行得异常惨烈。红军子弹打光了,就用石头砸,五十二团团长田海清在战斗中光荣牺牲。李笑岩政委继续指挥战斗,他身先士卒,奋不顾身,同战士一起与敌展开白刃战,阵地前躺满了敌人的尸体。由于众寡悬殊、弹尽粮绝,除龙云率二百余人马突围外,其余红军战士最后被敌人逼到悬崖边,他们宁死不做俘虏,砸毁枪支,高呼口号,毅然成班成排地集体跳崖,为革命捐躯,用鲜血和生命谱写了悲壮的英雄赞歌。

龙云师长率200余人突出重围后,经石阡县的国荣、中坝、镇远县的都坪,来到石阡与岑巩两县交界的龙头坳(今岑巩县龙田区),与黔军金祖典团遭遇。在激战中,龙云负伤,被迫转战于龙坳一带丛林之中。午夜,宿营在林中山洞的龙云师长和副营长萧荣华饥饿难忍,出林来找东西吃被敌人发现,黔军和民团随即搜山。龙云等藏身的山洞极为狭窄,被敌人发现。敌人一边打枪一边扔手榴弹,几个红军冲出洞口尚未反击就被敌人乱枪打死。敌人向洞里扔进两枚手榴弹,萧荣华连续两次把冒着蓝烟的手榴弹扔出来,十几个挨近洞口的敌人被炸死炸伤。满山遍野的敌人向洞口围来,龙云、萧荣华的子弹打光了,手榴弹也没有了,最终被当地反动武装俘去。龙云等被押解到岑巩县政府,县长李绍陶看着这些穿着破破烂烂、五花八门的俘虏,心想,这就是让王家烈胆战心惊的红军?但谁是官谁是兵分辨不出来,于是下令把这些"赤匪"先关押起来再审。在敌人严刑审讯下,龙云都没有暴露自己的身份,坚称自己只是一个连长。后由于一个叫唐庆余的叛徒出卖,敌人得知了龙云的真实身份。听说抓到了红军的一个师长,敌人一时欢欣鼓舞,马上把龙云押至贵阳。

当时国民党贵州省第一监狱典狱长黄先东写了呈文,"呈为呈报事,中华民国二十三年(公元1934年)11月11日,案准国民革命军第二十五军部军法处函开:顷准副官处函开:兹有十五团十二连连长刘民斋送来共匪师长龙云、营长萧荣华二名,即请查收。准此。相应函将该伪师长龙云、营长萧荣华二人转送,即请贵监察照验收,并希选严禁地点,分别严加看管为荷。计送伪师长龙云、营长萧荣华二名。准此。典狱长当即饬科验明,选择地点,分别收禁,严加戒护。除函复外,所有收禁该伪师长等执行日期,理合具文呈报,伏祈钧长俯查考。谨呈贵州省高等法院首席检察官漆。代理贵州第一监狱典狱长黄先东。民国二十三年十一月二十九日。"

贵州省政府主席王家烈为向国民党军"剿共"总司令何键邀功,将龙云由贵州押往长沙。时《长沙市民日报》亦以《黔省党部昨特来电申谢,生擒之伪师长已解贵阳》为题,载文称:"何总司令勋鉴:此次贺萧两匪,先后窜黔,全省骚然,危如累卵。赖我公谨怀大局,恤及邻封,派遣劲旅,远道扶持,旌麾所指,遐迩腾欢,伏虎帐之威创赤匪,奏肃清之功盼大勋,功德所加,岂特黔民感戴不忘,党国前途利赖之。本会领导民众,谨致谢忱。不胜迫切屏营之至。贵州省党务指导委员会叩世印。"龙云由贵州转至长沙后,不受敌人高官厚禄的利诱,不肯变节投敌,受尽酷刑后,惨遭杀害。

龙云率领的部队在困牛山战斗中虽损失惨重,但拖住了围追堵截之敌,胜利完成了断后任务,确保了军团主力安全转移,粉碎了敌人"会剿"和"聚歼"红六军团的企图,保存了革命的有生力量,为红二、六军团的胜利会师创造了有利的条件。

第八章
红三军千里转战

红六军团出发之际，将士们心中最直接明了的目标就是"找贺龙去"，也就是与红三军会合。那么，贺龙到底在哪里？红三军在何方？其实，在红六军团浴血奋战之时，贺龙领导的红二军团即红三军也在艰苦转战之中。他们在千里转战之后建立了黔东革命根据地，为与红六军团的会合创造了有利的条件。

红二军团是由湘鄂边的红二军和洪湖的红六军组成。1931年3月，根据中央指示，红二军团改称为中国工农红军第三军，军长贺龙，前委书记兼政治委员邓中夏（后为万涛），参谋长汤慕禹，政治部主任郑炽成，下辖第七师（原红二军），第八师（原红六军），第九师（由新六军编成）。后在地方党和人民群众大力配合支持下，红三军先后粉碎了敌人对洪湖根据地发动的第一、二、三次"围剿"，部队发展到1.5万余人。但由于夏曦不顾贺龙的反对，积极推行王明"左"倾教条主义路线，搞大规模肃反运动，肃反与"左"倾领导推行的"残酷斗争""无情打击"的党内斗争和宗派主义的干部政策纠缠在一起，迫害了大批优秀干部。大规模"肃反"和盲目滥杀，不仅严重削弱了部队的战斗力，影响了根据地和红军的建设，而且也造成了人人自危的心理。在这种严峻情况下，红三军未能粉碎敌人的第四次"围剿"，只好撤离根据地。1934年4月，部队转战湘黔边，仅余3000人。6月，红三军挺进黔东，开辟了黔东根据地，为后来的红六军团西征提供了落脚点，也使这两支部队得以并肩战斗并最终夺取了长征的胜利。

红三军在湘黔边转战,"如无目的无前途的流浪"[1],可以说已濒临绝境。贺龙后来回忆起这段惨痛的历史时说:"那时,红三军的情况……苏区丢光了,干部杀完了,只剩四个党员,其余都不是党员,是党员也不敢承认是党员,好像一个小孩,失掉了依靠,就剩下一面红旗。"

为了改变困难处境,红三军的广大指战员痛切地感到,再也不能这样继续下去了!面对严峻的斗争形势,在贺龙、关向应等人坚持不断的斗争和红三军广大指战员的强烈呼吁下,1934年4月中旬,湘鄂西中央分局在利川县十字路开会,研究行动方针。会议做出了《关于发展鄂川边区苏维埃运动任务的决议》,决定把鄂川边游击区域扩大到利川、石柱、黔江、咸丰、宣恩等县及周围地区,提出了开展农民运动,建立苏维埃政权的斗争纲领。即"(1)取消租课,没收地主阶级土地平均分配给贫雇农、中农和兵士;(2)反抗一切苛捐杂税;(3)没收地主富豪粮食分配给没有饭吃的穷人;(4)取消一切高利贷;(5)增加工人工资;(6)取消保卫团、夺取地主武装,组织赤卫队、游击队和红军;(7)逮捕和杀戮土豪劣绅;(8)优待红军家属和保卫伤病战士;(9)推翻国民党政党(权),组织工农兵代表会议的政府;(10)反抗帝国主义,驱逐帝国主义出中国"。

在其他政策和策略上,决议规定:一方面要与地主富农的影响做斗争;另一方面对"个别出身地主富农阶级的分子,过去和现在曾经参加过农民斗争,对群众有很好的影响,他们愿意来参加苏维埃运动接受苏维埃政纲,我们亦不应当拒绝与之合作"。一方面要提高农民的觉悟;另一方面,"要顾及农民种种落后守旧的心理,绝不是威力可以强制(解决)的,而是(要)用教育的方法"。"对于他们的迷信神权,我们不应该提倡,但亦不应采取非难轻蔑的态度"。"只要有农民群众的地方,都应当设法打进去工作……即令这种组织带着守旧的反动的色彩"。但是"不应该赞扬他们去扩大这些旧的组织,而应该以革命的农民委员会去代替这些旧的组织"。对于"杂色武装","如果这种队伍尚在坚决地与统治阶级的军队对抗,而且能吸引一部分群众……我们亦可以与他们订立临时的军事合作……推动这种队伍的下层群众的革命化"。

可以看出,这个决议虽然还没有从根本上纠正"左"倾路线,但在具体的斗争策略和方法上,已经多少改变了一些以往的极"左"做法,具有了一些进步。

为了实现十字路会议确定的建立鄂川边新根据地的计划，红三军计划首先进攻彭水，尔后向酉阳、秀山、黔江发展，实现"以鄂川边为游击中心区域，创造新的根据地"的决策。5月8日，红三军冒着大雨，从百里之外奔袭彭水，于次日上午攻入彭水县城，歼灭守城的国民党军第二十一军十三旅1个营，俘敌400余人，缴枪300余支，这一胜利，使红三军的装备得到很大补充，同时也极大地振奋了部队的士气。

可是，当红三军正准备攻取酉阳时，夏曦认为"彭水面山背水，易攻难守，敌人打来难以应付"，一心避战，因此又轻率地抛弃了十字路会议的决议，命红三军西渡乌江，进入贵州。5月14日，红三军到达贵州的后坪县境，又进至婺川县之干水坝。这一带敌军压力虽然不大，但人烟稀少，经济落后，部队给养极度困难，于是红三军又南进至德江县的泉口司，继而掉头占领了川黔边界的思渠。四川国民党军唯恐红三军东渡乌江，重返酉阳、秀山地区，急调重兵进行防堵。红三军避敌锋芒，转向南直逼沿河县城。沿河县城位于乌江两岸，分为东、西两城。红三军占领沿河西城后，立即向东城发起猛烈进攻，同时展开政治攻势。守敌军心动摇，无心恋战，于次日弃城而逃，红三军进驻沿河东城。

红三军在行军和宿营过程中，严守群众纪律，秋毫无犯，得到了广大群众的拥护。国民党沿河县邮政局局长戴德初于6月4日写给贵州省邮政局局长的报告中，叙述了他在红军攻打沿河时的经历：

> 职局正傍河岸，适当被弹范围。局长见势可危，始将票券、簿据捆藏身上，偕同家小逃出战区，星夜逃至离城三十余里之大龙坡田团长处。该地关山险要，团防极强。讵料军队终日困斗，弹尽援绝，是日夜半遂弃沿河而走。共匪随即渡过东岸，全部开赴四乡。该匪行动神速，局长甫与家小逃至大龙坡下，共匪千余已由捷径包围而来。此时进退维谷，遂与家小暂遁入山。殊匪到达该地，即行宿营。纵横二三十里，皆被"匪"占。局长所藏林外，即贺龙军部所扎。彼中人哗，林内听了了。终日蛰伏，未敢声咳，后恐被人觉察，又乘黑夜逃上山巅……时有牧牛小孩突来山上，见其手持一纸，阅之知为共匪宣传标语——红军之任务及纪律——见有保护邮政及邮差一条，于是毅然下山，亲谒贺龙，当将避难遭遇，一一面诉。贺军长以为系受片面宣传之误会，情极可原。将局长随带各物验检之后，遂令所部勿得留拦。至此始得安然回局，所有票券款项均无损失，惟局中档案被翻零乱。局长私人损失，不过佚价二十元，轿子两乘，衣物数件而已。该匪内

部组织异常完密,命令贯彻,士卒强悍,官兵享受一律平等,纪律之佳出人意料……该匪所过,专擒军政、税收人员及区团豪富教士,而于贫苦农工、失业游民,则给资赠产,备极笼络,买卖公平,一般小商,莫不大获其利。其于宣传工作,尤为注意,标语之多,满街满衢,门窗户壁,书无隙地,人心归附,如水下倾。

戴德初的报告,从一个侧面反映了红三军纪律严明,宣传工作深入的情况。

红三军入黔,贵州军阀、省主席、国民党军第二十五军军长王家烈十分惊恐,急忙致电蒋介石和刘湘求援。6月2日电文说:"黔省各县,素称贫苦,驻军复杂,力嫌单薄。贺匪善以利诱,恐被煽惑。而职部大部兵力均在西防。该匪若稍得逞黔北,后患何堪设想。拟恳请刘湘总司令转饬川省追剿部队,不分畛域,协同会剿,以期合歼。"但是,刘湘在酉阳、秀山一带的部队自保尚且困难,又能派多大兵力到贵州帮助王家烈呢!

黔东地区是一个经济落后,交通闭塞,地形险要,封建迷信势力很大的山区。红三军到黔东后的主要活动地区,即后来黔东苏区所在的沿河、德江、印江、松桃等县和酉阳、秀山边界一带,处于湘、川、黔接合部的武陵山区。武陵山脉的主峰梵净山就在印江东南部。湍急的乌江横贯这个区域的西部,既是区内唯一的重要水路,又是一大天然障碍。这一带耕地、人口均少,居民为汉、苗、侗、土家等民族,人民群众饱受国民党压榨,极为贫苦,革命要求强烈。敌方军事力量也比较薄弱。那时黔东敌军在铜仁、江口有第二师柏辉章部两个团,在沿河、婺川境内有反王家烈的黔军第三师蒋王绪部第一旅及第四旅(杨畅时部),在印江有反王家烈的黔军第八师廖怀忠部数百人(后移往松桃)。这些军阀部队,人员不充实,战斗力不强,且互有矛盾,名义上属王家烈节制,实则"各守门户,毫无联络","大都采取守势,不敢迎击"。这些条件对当时红三军从事开辟根据地的工作和整顿生息是比较有利的。

这时,夏曦由于一系列的挫折和失败,已由"左"倾冒险主义转为悲观消沉。红三军的领导及广大干部战士,对错误路线有了进一步的认识。到达黔东前后,贺龙、关向应、卢冬生等坚决反对再继续无目的的游荡,主张在红三军中恢复党团组织、政治机关和创建根据地,并重建了军政治部。贺龙态度明确地说:"我们再也不能这样走了","野鸡有个山头,白鹤有个滩头,红军没有根据地怎么行呢?"

6月19日,红三军进驻沿河之枫香溪。湘鄂西中央分局在此召开会议,决定创建黔东苏区。会后立即召集有关领导干部对整顿部队与创建苏区等工作进行了研究和布置。接着，红三军配备了部分团的政治委员和连指导员，恢复了军党务委员会和被解散了一年多的党团组织，将原来的党、团员进行了调查登记。由于错误的"肃反"使一些党团员对这方面的工作产生抵触情绪和恐惧心理，对此，军政治委员关向应作了很大的努力，他亲自带领一些干部深入部队做细致的思想工作，才使党团员登记工作得以完成。在此基础上，又发展了一批新党员。到九月间，全军已有463名党、团员，其中大部分是重新登记的，少数是新发展的。部队的其他组织建设工作也有所改善，提拔了一批干部，办了两期干部大队，培训学员600余人，配备到部队各级领导岗位。

枫香溪会议以后，红三军在加强内部建设的同时，创建根据地的工作也深入进行。每师组织了一个宣传队，专作地方工作，并抽调若干分队作为建立地方武装的基础。"从红军中调出参加苏维埃工作的约一百人，参加独立团、游击队的约近三百人"。为了培训地方干部，举办了政治训练班，吸收本地干部学员150余人。中华苏维埃共和国湘鄂川黔革命军事委员会发布了《农民协会的纲领及章程草案》《革命委员会政治纲领及组织法》《工农自卫队的任务及章程》《没收地主豪绅之粮食财产之条例》和《雇农工会的斗争及其组织方法》等一系列文告。红三军除了打击敌人、掩护地方工作外，每到驻地便在群众中进行宣传组织工作，建立雇农工会和贫农团，发动群众打土豪、分田地，成立苏维埃和地方武装。

地方武装的发展也比较快，到六七月间，已先后成立了沿河、德江、印江、黔东、川黔边等5个独立团，共1500余人。此外，还成立了10个游击队，共400余人。自卫队也普遍组织起来，放哨守卡，捉拿坏人。

为了争取黔东地区大量存在的"神兵"，湘鄂川黔革命军事委员会专门颁发了《致贵州印江、德江、婆川、沿河各县神坛诸同志书》，还派了一批干部到以冉少波为头头的"神兵"中做改造工作。"神兵"即一些穷苦百姓自发组织起来的带有迷信色彩的民间武装组织，以反抗国民党军阀的苛捐杂税和地主豪绅的压榨盘剥。"神兵"于1932年兴起，先在德江、印江、沿河、务川等县组织，后来遍及黔东大部分地区，仅沿河就有万余人。曾进攻德江、印江、沿河县城，声势很大。神兵有严格的戒律，即"三灭四禁"：灭兵、灭捐、灭税、禁烟、禁酒、禁色、禁盗，所以神兵为穷苦百姓所拥护。虽在国民党军队镇压下失败，但在群众中仍有较大影响，还保存了部分组织。经争取，冉少波率领的"神兵"接受了共产党和红军的领导,被编为红三军黔东纵队,这对于开创和保卫黔东苏区,建立当地地方武装,壮大红军队伍起了重要作用。

红三军为劳动人民求解放的实际行动和严明的纪律,对广大群众产生了深刻影响,博得了广泛的欢迎和拥护。由于黔东地区广大人民受贵州军阀和封建势力残酷压榨,革命热情很高,加上红三军工作细致深入,各项工作进展比较迅速。一个多月的时间,沿河、德江、印江、酉阳等县的各级苏维埃政权便先后建立了起来。7月21~22日,在沿河县铅厂坝召开了黔东特区第一次工农兵苏维埃代表大会。大会代表135人,通过了《没收土地和分配土地条例》《扩大红军及地方武装问题决议》《优待红军家属条例》《农村工人保护条例草案》等文件。选出了以贺龙、关向应、夏曦、卢冬生、朱绍田、孙秀亮等80人组成的黔东特区革命委员会,贵州人民开天辟地第一次有了自己的政权。

就在此时,中共中央的交通员于7月21日到达沿河地区,带来了中央5月6日的指示信、中共五中全会决议和全苏第二次代表大会决议。中央根据1933年和1934年春了解的情况,对湘鄂西中央分局在"肃反"中"不相信群众""不相信自己同志"的"右倾机会主义"错误给予了严厉的批评。

中央指示要求:

(一)坚决纠正你们的错误的肃反路线,立即恢复党内的经(正)常状态,自上而下、自下而上的恢复和建立各级党和团的组织;

(二)尽量的扩大红军,加强红军的战斗力,提高红军的政治水平与军事技术;

(三)立即建立苏维埃政权机关……吸引群众来参加苏维埃的工作……使他真正成为群众的,有威权的政府;

(四)坚决开展反对不相信群众力量的无情斗争,立即发动广大群众……建立一切的群众组织……坚决实行土地革命;

(五)立即将游击主力转变为创造新的湘鄂川边苏维埃根据地的基本力量,立即停止那种无目的无前途的流浪的游击生活。

8月初,中央分局开会讨论上述指示和五中全会决议,表示完全接受中央的批评,通过了《接受中央指示及五中全会决议的决议》,并将五中全会决议、中央指示信和中央分局的决议向干部作了传达,初步批判了夏曦的错误领导。

中央的"5月6日指示",对纠正湘鄂西"肃反"等错误起了积极作用。但它没有,也不可能从思想上、政治上揭示出是什么原因导致了湘鄂西地区党的领导人不相信广大群众和广大党团员,极端夸大暗藏的反革命力量,从而把"肃反"的错误发展到了不可思议的程度;在当时的条件下,也不可能把"肃反"同第三次"左"倾的政治路线和组织路线联系起来,夏曦对错误的认识,自然也是肤浅的,在某些地方还达不到中央指示的深度。尽管如此,在湘鄂西根据地和红军中连续进行了两年多的错误肃反,至此终于停止了,原计划还要进行的"第五次肃反"也被取消了,这总是深得人心,具有重要转折意义的。从此以后,党内、军内长期存在的人人自危情绪开始减轻,而且有力地促进了创建黔东革命根据地斗争的进一步开展。

黔东地区国民党军力量不大,王家烈还要以其主力对付其他贵州军阀和湖南的陈渠珍,所以这里除了反动政府和团防之外,驻军不多。因其部队战斗力不强,又要保存实力,所以对红军的进攻不大积极。红三军进入黔东后,进行过几次规模不大的战斗,如三打沿河、两打淇滩和攻打冉家祠堂、木黄等战斗,共约歼敌千余人,缴枪五六百支,形势比较稳定。到1934年9月,黔东苏区拥有印江、德江、沿河、松桃、酉阳五县部分地域,纵横近二百里,人口10万以上,并建立了特区党的工作委员会和青年团工作委员会,发展了部分新党员,建立起了17个区革命委员会,67个乡苏维埃,分配了土地。

红三军创建的黔东革命根据地,与此前创建的湘鄂西革命根据地相比,范围不及前者大,根据地的巩固程度和建设情况也有差距。但在当时的情况下,黔东革命根据地的创建却有着十分重要的意义。红三军自1932年八九月间退出洪湖苏区时起,基本上是过着流动的生活,虽然数次企图恢复和建立苏区,但都没有实现。因为没有苏区,部队失去了可靠的后方,伤员安置困难,人员得不到补充,疲劳时无安定的休整场所,物资消耗难得补给。黔东苏区的创建,结束了这种状态,解决了一些困难。红三军在黔东这段时期,补充了近两千名新战士,队伍壮大了,也进行了比较充分的休整。这些情况,以及"肃反"的停止,党团组织的恢复,政治工作机构的重建,无疑都是重大的、正确的转变。黔东苏区的建立,也为后来的红二、六军团会师创造了有利条件,使红六军团从1934年7月自湘赣苏区西征之后,能有目标地会合红三军,并在会师后得到了一个落脚点。正如贺龙在回顾这段历史时说的那样:"如果没有这块根据地,六军团没有目标可找,也收不到部队。"

可以说,黔东革命根据地的创建,是红三军从挫折走向胜利的转折点,也是后来与红六军团共同创造新的胜利并最终夺取长征胜利的崭新起点。1934年

10 月间,红三军获悉红六军团将要到来,决定夏曦留苏区,贺龙、关向应率红三军主力由沿河南下,围绕梵净山接应,在 10 月 15 日~24 日间会合了红六军团部队,开始了革命斗争历史的新篇章。

---

[1] 1934 年 8 月 4 日《湘鄂西中央分局接受中央指示及五中全会决议的决议》。

第九章
在敌人报纸上的
意外发现

独自突围——小学校的旧地图——"敌人在报纸上骂我
们"——重要的"军事情报"——熟悉的号音——木黄会师——
南腰界召开会师大会

在甘溪，红六军团被敌人截为"三段"，也就是由任弼时、萧克、王震率领的红六军团主力，由郭鹏团长、彭栋材政委率领的五十团，由军团参谋长李达率领的四十九、五十一两个团。他们在失去联系后，苦苦寻找对方，最终，在敌人的"帮助"下，他们不仅重新会合到了一起，也找到了贺龙领导的红三军，实现了胜利会师。

在夹沟外担任掩护的红五十团，由于进沟有困难，在完成掩护任务后，就离开军团部独自突围。红五十团在甘溪一带经过连续苦战，团部和一营所剩不到300人，不得已就朝余庆方向突围，计划若找不到军团部的话，就直接投奔红三军。走了三天，被冲散的队员陆续集合起来，但敌人仍在后面尾追。为摆脱敌人，部队每天行军都要走百八十里。时值十月中旬，当地山岭中气候变化异常，时而大雨倾盆，时而烈日当空，时而冷风飕飕。在偏僻的山区缺少粮食，只有偶尔在离县城不远的地方打土豪饱餐两顿。每到夜晚，蚊虫嗡嗡，咬得指战员们周身红肿，怕惊动敌人，又不能点火驱蚊，只得咬牙忍耐；最严重的问题是没有地图、指北针，没有人烟，走到了哪里也不知道。每日所见，只是连绵不断的大山。不仅找不到军团主力，连红三军在何方也不得而知。战士们都很焦急，团长郭鹏更是急得嘴上起满了水泡。

一天，五十团行至一个小镇上，镇子里有座小学校，由于兵荒马乱，学校早已荒废。团长郭鹏在小学校里找到了一张旧得发黄的中国地图，喜出望外。通信员高兴地喊道："哎！欧阳参谋，你找找贺龙总指挥在哪儿?"这可把参谋给问住了。郭鹏说："欧阳参谋，你找张纸，把贵州、四川、湖南、江西这一带描摹下来。"欧阳稼祥参谋在找白纸时，发现了半页旧报纸，看罢气呼呼地把报纸交给了政委，"你看，敌人在报纸上骂我们。"政委彭栋材一看，却不禁喜出望外地喊道："有了，找到了！"大家围拢上去，听他念道："贺龙匪部在沿河、印江一带骚扰，向西南方向蠢动……"正准备接应"被我三省联军围剿的萧匪"。这可是重要的"军事情报"，郭鹏团长高兴地说："这得谢谢敌人了，这张旧报纸功劳不小哩！敌人在报上给我们指明了找贺龙的方向，快从地图上找沿河、印江的位置，我们快去会贺龙！"于是大家决定继续朝东北方向前进，第二天，全团人马便按计划起程了。一个多星期后，队伍来到印江县附近的苗玉山。在半山腰，忽然听到山后传来一阵很熟悉的调号问话，"哒得得得得……"的号音，这正是红六军团四十九团的号音啊！郭鹏欣喜若狂，命令司号员吹应答号。霎时间一问一答的军号声此起彼伏，就像两股泉水在空中欢快地碰撞和交缠。

部队一下子欢腾起来，大家欢呼着向山下奔去。看到眼前的部队，有的背着印有红星的斗笠，有的身上还捆着红带子，有的人缠着贵州人的帕子，还有些人穿着国民党军队的服装，这种打扮不像是四十九团啊。正疑惑间，双方已经走到一起了，对方队伍前面的小伙子已经跑到跟前高兴地喊道："同志们！你们辛苦了！我们是红三军侦察连的，是贺龙军长要我们来接你们。"听说是红三军的战友，双方都激动地抱在一起，久久不愿分开，如同找到了久别的亲人，激动的泪水不由得夺眶而出。

原来，在甘溪战斗中同主力部队失散的红六军团的第四十九、第五十一两个团——也就是被敌截为"三段"的又一支队伍，400多人在军团参谋长李达率领下，在大山丛中激战了几昼夜，突围到沿河县铅厂坝地区。李达听当时群众讲，水田坝一带有红军活动，便估计可能是贺龙的红三军。李达便率部向水田坝前进，果然同贺龙派出的侦察分队取得了联系。李达当即给贺龙写了一封信，说明了红六军团奉中央之命，前来与红三军会合。贺龙接到信后欣喜万分，当即同关向应等一起会见了李达。贺龙、关向应得知红六军主力部队还在同敌军激战，非常关注。当晚开会决定，安排李达等先回后方休息，红三军主力继续南下寻找红六军团主力。没过两天，南下的红三军主力就遇到了郭鹏率领的五十团的战士。

再说被敌截击分为"三段"的红六军团主力，在任弼时、萧克、王震的率领下,突破了敌军的重重包围,来到了印江的木黄,已知这里是黔东苏区的边缘,大家甚为高兴,便派人四处打听红三军的下落。这日,红六军团人马在苗玉山下一个寨子宿营。萧克同一钓鱼为生的百姓闲话,这人姓吴名春和。萧克问他这里到没到过红军,吴春和见萧克和蔼可亲,便说:"十天前,这地方来过一支人马,他们对穷人特别和气,对有钱有势的人就不一样了,牵走了他们的牛羊,挑走了他们的谷子。"吴春和还告诉萧克,说这队伍里有个人,长得挺威武,留着小胡子,看样子是个官儿,挺爱钓鱼,一边钓鱼一边同他谈话。

萧克忙问道:"都同你谈什么呢?"吴春和说:"我问他叫什么名字,他说叫加贝,把钓的鱼都给了我。我问他为什么不要鱼,他说他这人不钓小鱼,要钓大鱼。"

萧克听了,没有再问,见到了任弼时,把吴春和的话说了一遍,道:"这加和贝合起来是个'贺'字,定是贺龙无疑了。"

任弼时点头称是。当下,萧克传令,凡遇到穿便衣的军队,不准开枪。

再说贺龙迎接到郭鹏的五十团后,也派了人四下寻找红六军团的主力。10月23日,贺龙率领黔东独立师来到了松桃县内一个叫石梁的地方。刚刚住下,便有侦察员进来报告,说他们听做生意的老百姓讲,印江木黄地方新过来了不少红军。贺龙听了,立即吩咐侦察员速去木黄侦察,若真是红六军团主力,马上回来报告。

红六军团与红三军会师地——贵州省印江县木黄

　　派去的侦察员赵平和赵征二人当晚就赶到了木黄,进镇一看,果然有不少红军。因为情况没有摸清,他们也没敢多问,径直来到了镇内。他俩转悠着,忽然看到两个红军正在街对面墙上贴布告。他俩凑近一看,那布告的落款是"中国工农红军第六军团政治部"。二人一下就抓住贴布告的战士的手,说:"同志,我们是贺龙部队的侦察员,你们辛苦了。"

　　这个贴布告的人叫冯柱子,是军团部的宣传员。他打量了一下来人,惊喜万分地说:"你们真的是贺龙的人?"得到肯定的回答后,他激动得一下抓住赵征、赵平的手,好半天话才出口:"同志,我们可找到你们了!"

　　当下,冯柱子便把赵平、赵征带到了一座庙前。

　　警卫听说是贺龙派来的人,也很高兴,急忙进去报告。说话的工夫,一位身材魁梧,穿灰布军衣,扎皮带,蹬草鞋,头戴八角帽的人就出来了。赵征、赵平又仔细一看,这人长得两道黑眉,一双丹凤眼,两目炯炯放光。冯柱子见了这人立即上前行礼,说道:"报告军团长,有两位红三军的同志要求见你。"

　　赵征、赵平听说眼前这个人是军团长,赶紧行礼,说明来意。萧克紧紧握住二人之手,满面笑容说:"谢谢你们,谢谢红三军的同志,谢谢贺龙军长,我们终于到一起了。"

　　接着,萧克又将他俩介绍给任弼时和王震。任、王二人听说贺龙就在不远处,自然也说不出的高兴。赵征等在军团部吃了晚饭,尔后,赵平连夜返回了石梁,向贺龙报告。

　　第二天,也就是1934年10月24日一早,红六军团的将士便起身朝松桃县的石梁出发。指战员们听说要到石梁与红三军会合,往日疲劳一扫而空。大家行走在山路上,真是快步如飞。虽然如此,还嫌腿慢。

　　不一会儿,队伍就到了石梁村边的圈马河。这时候,只见河堤两边,站满了欢迎的队伍。军号队在前,把铜号吹得震天响。一杆上写着"中国工农红军黔东独立师"的大旗,插在圈马河堤上,迎风招展。田地里站满了欢迎的红军指战员。当红六军团指战员走到近前时,红三军指战员们都热烈地呼起了口号:"热烈欢迎红六军团同志们!""红六军团同志们辛苦了!"红六军团指战员们也都呼起了口号。

　　这时候,贺龙和黔东师的首长,见萧克、任弼时、王震等走来,便都飞步迎了过去。他们在战士们的簇拥下,亲热地握着手。一直盼望的日子,经过了多少艰苦,终于到来了!

　　会师后,遵照军委命令,红三军恢复红二军团番号,成立红二军团总指挥部,贺龙任军团长,中央代表任弼时任政委,原红三军政委关向应同志改为二军团副政委,李达任参谋长,张子意任政治部主任。原红三军的七师改为第四师,辖第十团和十二团;原第九师改为第六师,辖第十六团和十八团。全军团共4400人。红六军团因减员,暂缩编为四十九、五十一、五十三三个团,共3300人。

红二军团(该军团部统一指挥红二、六军团)军团长贺龙(左)政治委员任弼时(右)、副政治委员关向应(中)。

　　10月26日,在四川省酉阳县南腰界,两军召开了会师大会。南腰界本是一个百来户人家的小村庄,周围有一些稀稀落落的小庄子,是红三军新开辟的根据地。红三军与红六军团在这里的会师,却为这里增添了无穷的光辉,使之载入史册。

　　会场设在一块大草坪上,草坪上摆了一张桌子,田埂上压着标语。两军的司号员组成的军乐团,吹起激昂的号角,为会议增添了隆重的色彩。会议开始后,任弼时首先宣读了党中央为两军会师发来的贺电。贺龙致辞中豪迈地说:

"我们可靠的根据地就在我们的脚板上!""这次二、六军团会师,是胜利的会师!我们一定能争取大的胜利!"贺龙还说:"会师,会师,会见老师,中央红军就是我们的老师!"讲话赢得了阵阵掌声。

1934年10月,红六军团到达黔东,与红三军(红二军团)胜利会师,图为庆祝会师写的标语。

红二、六军团的胜利会师,形成了一支强大的战略突击力量,为发展湘、鄂、川、黔边的革命斗争,为红二方面军的形成奠定了坚实的基础。按照中央的决定,由贺龙、任弼时、关向应同志统一二、六两军团的指挥。这时,虽然没有成立统一的指挥机关,但以贺、任、关为首的核心领导已经形成。会师后,红六军团的政治部和保卫局编入二军团,结成了一个团结战斗的整体,在中国革命最困难的时候,担负起创建湘鄂川黔革命根据地,策应中央红军长征的新的光荣任务。

红六军团的转移,历时80多天,途经湖南18个县、市,跨越敌境5000多里,历尽千辛万苦,冲破了敌人的围追堵截,为中央红军的战略转移探明了敌情、民情,侦察了地形,开辟了道路,实施了大规模的战略转移,沿途播下了革命火种,实际上起到了为中央红军主力长征进行侦察、探路的先遣队的作用。

红二、六两个军团的胜利会师,具有重大的战略意义。两个军团会合后,即根据中央指示实行统一领导和指挥,并肩战斗,乘胜在湘西对敌人发起强大攻势,攻占桃源、澧县、津市,威震常德、岳阳,有力地配合和掩护了中央红军的战略转移。湘西攻势又为开辟湘鄂川黔根据地打下了基础,湘、鄂、川、黔边界地区地域辽阔,人口众多,气候温和,物产丰富,战略地位十分重要。这里已有游击根据地的初步基础。红二、六军团会合后,在这里创建和发展了一个巩固而又广大的革命根据地,点燃了这一地区的革命烈火,同时也支援了其他地区人民的革命斗争。两个军团的会合,不仅恢复了中革军委与红二军团的联系,而且更重要的是,形成了中国工农红军的三大主力之一的第二方面军的前身,还为其后长征同红四方面军会合后并肩北上,以及实现红军一、二、四方面军的大会师打下了坚实的基础。

第十章
红二、六军团的"抗令"之举

南腰界会议——"一个军团去不行，两个军团一块去打得赢！"——湘西攻势——脱离实际的电令——军委再次严厉致电——被各个击破之危险——坚持原定计划——龙家寨大捷——红二、六军团的建议终于被军委接受

在征战途中,中共中央、中革军委只能通过电报与红二、六军团取得联系并实施指挥。在敌情我情时刻变化的情况下,是应该死板遵照指令行事,还是根据瞬息万变的情况及时做出符合实际的决策?经历了"左"倾军事路线的惨痛教训,长征中的红军,从失败中汲取经验教训,在挫折中不断调整战略战术,在军事战略、指挥上更加成熟。红二、六军团坚持不分散力量,两个军团一起行动就是一个生动的例子。

在红二、六军团会师之前,中共中央、中革军委已于1934年10月10日率中央红军主力开始战略转移,撤离中央革命根据地。10月22日,在中央红军突破国民党军第一道封锁线时,中革军委致电任弼时、萧克、王震,命令红六军团向印江、松桃间前进,与红二军团取得联络后,"在松桃、乾城(今吉首)、凤凰地域建立苏区,发展游击战争"。此时,中央红军正由江西向湖南境内转移,这一电报的用意有二:一是要红二、六军团以积极的行动吸引国民党军,配合中央红军的战略转移;二是要红二、六军团在湘西创建革命根据地,以便为中央红军提供前往落脚的目的地。

红二、六军团会合后,两军团领导研究了部队的战略行动方向。尽管红六军团此时刚刚结束长途转战,部队极度疲惫,减员严重,困难很大,也有许多问题亟待解决,但两军团的首长一致决定,按照中革军委电报指示,展开积极的作战行动,策应中央红军的战略转移。

10月25日，也就是木黄会师的第二天，红二、六军团领导复电中革军委，报告了两军团的会师和部队的兵力、编制情况，并认为"以目前敌情及二、六军团力量，两个军团应集中行动。我们决定加强苏区党和武装的领导，开展游击战争，巩固发展原有苏区，主力由松桃、秀山间伸出乾、松、凤地区活动，建立新的根据地"。

随后，两军团领导在南腰界召开会议，对湘西北的地形、民情、经济及敌情进行了认真分析，并研究了具体的行动部署。

贺龙对乾城、凤凰一带的情况十分熟悉。他认为，那里是苗族和土家族聚居区，民族隔阂极深，碉堡、边墙林立，而且又是湘西国民党军阀陈渠珍的地盘，受他节制的土著武装拥有万余支枪。红六军团以疲惫之师孤军深入，情况不熟，短时间内恐怕很难立足。贺龙说：

"乾城、凤凰是陈渠珍的老窝子，他盘踞在那里几十年。这个人，颇有头脑，他会用兵，只是野心有限，就想当个湘西土皇帝。他很怕蒋介石、何键吞掉他。我们不主动打他，他不会拼出血本和我们打的。我们若到他的老窝捅上一刀，他当然要拼命。依我看，到那些地方活动很困难。六军团只有3000多人，是打不赢的。如果两个军团去湘西北的桑植、大庸、永顺、石门、慈利一带，情况就不一样了。那里不是陈渠珍的老地盘，他不如我熟，群众也支持我们党和红军。我们出兵湘西北，可以牵制湖南、湖北一大批敌人，能够支援一方面军。"

两军团领导一致赞成贺龙的看法，认为湘西的凤凰、乾城、永绥（今花垣）等地，红六军团以长途转战的疲乏之师单独前往，必将遇到很大的困难，很难在那里立足。而湘西北的永顺、大庸、桑植、龙山等地，共产党的影响较深，有较好的群众基础。加上这一地区的国民党军兵力薄弱，派系复杂，这些因素对红军在那里开展斗争十分有利。会议决定，不去乾城、凤凰地区，集中两个军团向湘西北地区发动攻势作战。任弼时问贺龙："去了打得赢吗？"贺龙答道："一个军团去不行，两个军团一块去打得赢！"

会后，红二、六军团进行了进军湘西北的必要准备：组成中共黔东特委，调红六军团宣传部长段苏权任书记，在黔东地区坚持斗争；将原黔东独立师补入红二军团的第四、第六师，另以红二、红六军团留下的300余名伤病员和黔东独立团、德江独立团及川黔边独立团等地方武装组成新的黔东独立师，共800余人、400余支枪，调红六军团第五十三团团长王光泽任师长，段苏权兼政治委员，在特委领导下就地坚持游击战争，并策应主力的行动。

　　黔东独立师组成后立即由南腰界出发,向西南方向前进以吸引国民党军,掩护红军主力向湘西行动;尔后又与进攻黔东根据地的国民党军进行了顽强苦战。在根据地被占领的情况下,独立师后转入梵净山区坚持开展游击战,与数十倍于己的国民党军战斗了1个月之久,完成了钳制敌人、掩护主力的任务。期间,政治委员段苏权负重伤;包括师长王光泽、团长马吉山、宁国学在内的大部分指战员英勇牺牲,少数余部后来分散找到红二、六军团。

　　10月27日,红二、六军团领导致电中革军委报告了这一决定,电报说明:红二、六军团将于次日(28日)向龙潭前进,前往酉阳、龙山、保靖、永绥地区活动,然后向凤凰、乾城发展。并且说明不直接前往凤凰、乾城,是因为根据敌情,"如向凤凰、乾城有被敌人侧击之虑"。

　　10月28日,红二、六军团由南腰界出发,发起了湘西攻势作战。可是,就在部队出发后,红二、六军团领导却收到中革军委于10月26日发来的电报。电报声称:"二、六军团合成一个单位及一起行动是绝对错误的。二、六军团仍应单独的依中央及军委指示的活动地域发展,各自直受中央及军委直接指挥",并严令红六军团"应速依军委电令,向规定地域行动,勿再延迟"。就是说,这份来电还是坚持要红六军团单独前往湘西的乾城、凤凰地区去。

　　面对这一脱离实际的电令,红二、六军团领导人面临着严峻的考验,是盲目执行,还是从实际出发? 红二、六军团领导人经研究后,慎重地联名复电中革军委,陈述了集中行动的必要性,强调:"在敌我及地方情形条件下,我们建议二、六军团暂时集中行动,以便消灭敌一、二支队,开展新的更有利于两军团将来分开行动的局面。目前分开,敌必取各个击破之策;以一个军团力量对敌一个支队以上无必胜把握,集中是可以打胜敌任何一个支队的,且两军在军事政治上十分迫切要求互相帮助。"

　　不料,中革军委于10月29日再次致电红二、六军团强调:"二、六军团绝对不应合并",并规定了两个军团分开行动的具体地域。

　　中革军委为何坚持要红二、六军团分开行动呢? 原来,此时中央红军正携带大量辎重向湘南汝城和广东城口方向前进,准备沿着红六军团西征的路线渡过湘江。如果红二军团继续在黔东坚持斗争,红六军团到湘西北开辟新的根据地,那么,中央红军过湘江后和红二、六军团会合时,在湘黔边地区就将有一块较大范围的落脚之地,可以放下背包再作打算。

　　然而,中革军委并未向红二、六军团说明这一意图,而敌情的变化也使这个计划难以实现。国民党军判明中央红军的行军意图后,急调 25 个师专事"追剿",力阻中央红军与红二、六军团会合;川黔湘三省国民党军同时向黔东革命根据地合围而来。如果红二、六军团分兵行动,将面临被敌各个击破之危险。

红二、六军团领导接到中革军委 10 月 29 日电报后,经反复考虑,决定坚持进军湘西北的原定计划,决心以此牵制、调动湘鄂两省的国民党军,策应中央红军的战略转移,并通过开创新的根据地发展壮大自己。

大的方向确定后,具体的行动方案如何部署?贺龙认为,"我们去湘西北,要先兜个圈子占领酉阳,把陈渠珍那万把人从永顺、大庸引出来拦截我们,我们甩手一拐,就能进永顺城休息几天了"。

任弼时和萧克问:"酉阳城怎么打?"贺龙说:"酉阳城是川军独立第二旅旅长田冠五把守的。他是我当年的部下,我先写个信去,叫他让开大路,我们又不占他的地盘。"据此,部队向南出动。10 月 30 日,红二、六军团逼近酉阳。果然,田冠五接到贺龙的信后,很快率部弃城而去,红三军顺利进占酉阳。

如贺龙所料,"湘西王"陈渠珍得知红军占领酉阳后,立即派出 3 个旅共 1 万余人前来阻截。红二、红六军团虚晃一枪,掉头向北,经湖北咸丰百户司(今百福司)渡过酉水直逼湖南龙山招头寨,然后突然东进,甩开陈渠珍的追堵和川黔国民党军的羁绊,于 11 月 7 日占领了湘西北的咽喉要地湖南永顺县城。

红二、六军团在永顺进行了一周的休整。由于缴获了大批棉花、布匹、医药和弹药,大家忙着做冬衣和打草鞋、医治伤病员、做群众工作。在永顺,指战员们换了装,恢复了体力。一个个容光焕发、精神十足。为适应作战需要,部队开展了政治建设。红六军团政治委员王震向红二军团团以上干部作了关于政治工作的报告,介绍了中央红军开展政治工作的经验;红二军团政治部召开了总支书记和组织科长会议,并在部队中普遍进行了党员登记,建立健全了基层党支部。同时,两个军团对指战员们进行了战斗动员,并抓紧了各项战前准备。

红军攻占永顺,使湘鄂两省国民党当局十分震惊。国民党军第十军军长徐源泉急令第三十四师向湖南津市、澧州开进,以防止红军东进;国民党湖南省主席何键因为将主要兵力用以"追剿"中央红军,遂严令陈渠珍派兵"堵剿"。陈渠珍即在凤凰成立了"剿匪指挥部",调集 3 个多旅共 10 个团计 1 万余人的兵力,分四路向永顺扑来,欲乘红二、六军团立足未稳之际而消灭之。

在敌众我寡的情况下,红二、六军团于 11 月 13 日撤出永顺县城。

同一天,中革军委致电红二、六军团,通报中央红军已进入湘南,要求红二、六军团"乘湘敌全部被调来抗击我西方军"之机，"深入湖南西北去扩大行动地域"。这份电报表明，红二、六军团把湘西北作为战略发展方向的决定，终于被中革军委接受。

为了打开湘西北的斗争局面，红二、六军团首长决心狠狠地教训一下陈渠珍。经分析当前敌情，决定利用敌势众骄纵、指挥不一等弱点，选择有利地形，集中兵力，诱敌深入，消灭该敌。于是，部队且战且退，寻找歼敌之机。经慎重选择，决定在永顺城北以龙家寨为中心的十万坪谷地设伏。

11月15日，部队进入伏击地域。军团首长曾再三指示后卫部队，为了把敌人引出来，只准示弱，不许逞强。因此，部队和敌人接触时，常常表现出被迫应战又仓促退却，队形不整，沿途还扔下不少破烂物资，故作狼狈状，使敌人误信我军已到穷途。这样，追随的敌军越来越骄横，叫嚣"共军退却、不堪一击，不日即可获全胜"。于是，敌军紧紧咬住我军后卫不放，步步紧逼地向我预定设伏地进发。

十万坪谷地是一个理想的伏击战场，其南北长七八公里、东西宽约两公里，两侧山势较缓，林木丰茂，便于部队隐蔽和出击；谷底地势平坦，村庄较多，可以容纳大量敌军。11月16日凌晨，部队进入埋伏位置：红六军团位于十万坪东北侧高地；第四十九团为左翼，位于最南端高地；第五十三团居于阵地之中稍侧后。这两个团闪开大道，让敌人进入口袋；第五十一团位于阵地右翼出击敌人正面。红二军团第六师部署于谷地西北端高地，与六军团成斜对角，出击地带较平坦较远。第四师位于五十一团以北，为总预备队。贺龙命令部队每个人都用树枝伪装好，不准点火，不准讲话，没有命令不准开枪。红军指战员埋伏在冰冷的山坡上，等待敌军前来。

11月16日下午4时，行进中的陈渠珍部龚仁杰旅和周燮卿旅进入十万坪谷地，准备在此宿营。红二、六军团遂从正面、侧面突然向其发起猛烈攻击。敌人虽然兵力众多，但在谷地中无法展开。那些正在吃饭的敌人，个个惊恐万分，不少敌兵扔下饭碗，撒腿就向树林、草丛中乱窜。许多敌军还没有拉开枪机，就被打死或俘虏了。仅两个多小时，即被歼灭大部。在追击中，红军又将余敌大部歼灭。18日，红军重占永顺城。11月24日，红二、红六军团攻占大庸，接着又占领了桑植。

龙家寨战斗，是红二、六军团会师后的第一仗。红二、六军团共毙伤俘敌3000余人，缴枪2200余支，重创了"湘西王"陈渠珍。当时担任战斗前线指挥的萧克后来回忆道：

> 11月16日下午4时左右，敌前军龚仁杰、周燮卿两个旅进入我伏击圈，当他们准备在碑里坪宿营时，我们乘敌立足未稳，六军团从侧翼向敌本队发起猛烈攻击，二军团从正面猛打敌前卫龚仁杰旅。敌在运动中突然遭我猛烈冲击，兵多摆不开，枪多不能发挥火力，无法构成有力的防御配系。只两个钟头，龚仁杰、周燮卿两部就被我们打垮了。我们立即向前追击。追了五公里多，发现杨其昌旅在距龙家寨北二公里左右的把总河构筑工事，企图顽抗。六军团第五十一团和二军团第十八团，立即准备夜战。经简短的火线动员，第十八团从右侧攻击，五十一团从正面攻击，不到两小时，就把敌人大部消灭。第二天追到永顺城，敌狼狈南窜。这一仗是一个漂亮的伏击战，缴枪二千支，打垮了长期盘踞湘西的地方军阀陈渠珍。[1]

这一胜利，扭转了困难局面，牵制和调动了大量敌军，有力地策应了中央红军突围长征。实践证明，红二、六军团集中兵力、统一行动有利于打开斗争的局面。

11月25日，中革军委致电红二、六军团，指示：中央红军"已过潇水，正向全州上游急进中，你们应该利用最近几次胜利及湘西北敌情空虚，坚决深入到湖南中部及西北行动，并积极协助我西方军。首先，你们应前出到湘敌交通经济命脉之沅水地域。主力应力求占领沅陵。向常德、桃源方向应派出得力的游击队积极活动"。"为巩固新的苏区，留下二军团一部分及随六军团行动的党的干部来完成这一任务。二军团主力及六军团全部应集结一起，以便突击遭遇的正规部队"。这表明，红二、六军团关于集中兵力统一行动的意见也为中革军委所接受。

依照军委电令，红二、六军团向常德、桃源地区展开攻势，钳制与吸引了敌人十几个师的兵力，策应了中央红军的长征。同时，在这些地区广泛宣传抗日反蒋主张，没收土豪劣绅的财产分给穷苦百姓，并筹得大批物资，吸收了数千人参加红军。尔后，胜利向西北转移，进占慈利城。1935年1月初，按照中革军委指示返回大庸、永顺地区，湘西攻势基本结束。

之后，红二、六军团在政权建设和军事建设方面都取得了很大成绩，所创建的湘鄂川黔革命根据地，成为党和红军在中国南部最重要的柱石。1935年2月到9月，红二、六军团胜利粉碎了国民党军对湘鄂川黔苏区的围剿，牵制了敌人大量兵力，对红一、四方面军长征也起到了重大的配合作用。

湘鄂川黔苏区省委旧址——湖南省永顺县塔卧

事实证明,红二、六军团不避违背中革军委指示之嫌,根据实际情况做出正确的、有战略意义的决策,更及时、有力地达到了中革军委的战略目的。

---

[1] 萧克:《红二、六军团会师前后》,见《近代史研究》1980年第1期。

第十一章
曲折的电波

通信中断——电报是明码——任弼时非常警惕——朱德、张国焘共同签署的回电——张国焘以红军总政委的名义向二、六军团发号施令——署名"豪"的明码电报——"密留老四处"——张国焘的指责——恢复联络在敌军重兵压境,红军活动地域日益缩小的紧要关头,红二、六军团与中共中央、中革军委的电报通信却在 1935 年七八月间中断,根本无法取得中央和中革军委的指示。处于山多、田少、补给困难的湘鄂黔地区,面对敌人的不断"围剿",如何走好下一步,是摆在红二、六军团面前亟待解决的问题。尽快恢复与党中央、中革军委的联系,得到及时的指示十分紧迫。但是,由于张国焘分裂活动的影响,恢复这条关系着红二、六军团命运的电波,却经历了一波三折的过程。

为了恢复与中央的联系,红二、六军团总指挥部无线电大队的同志们没日没夜地守着电台,用规定的呼号与波长不停地呼叫着中央。他们试了多种方法,进行了很多努力,然而,时间无情地逝去,中央仍然杳无音讯。

就在磨岗隘会议的当天,即 1935 年 9 月 29 日,守在电台旁已三天没合眼的无线电大队政委江文,突然在一阵杂乱的调频声后,听到电台里传来一个规律而熟悉的波段。"嘀嗒嗒、嗒嘀嗒……"这太惊喜了!一时间,江文忘了疲劳,强睁着布满血丝的眼睛,仔细听着、记录着、对应着,波长正确!密码正确!这就是原来中央、军委与红二、六军团联络的方法,这个电报的内容是询问红二、六军团的情况。他们立刻报告了军团首长。接到这个电报,正因为无法与中革军委取得联系而心焦的各位领导人无不喜出望外。

但奇怪的是,电报是明码,而且只简单询问了红二、六军团在何处,其余情况一概没提。不能不防这是敌人耍的花招!任弼时非常警惕,立即用密码致电周恩来,汇报了红二、六军团近一个月来的军事斗争,以及我军准备粉碎敌人新的"围剿"等情况,电报全文是:"(1)我们8月27日占领津市、澧州、石门、临澧,现已退出。(2)我们将敌人的原'围剿'计划冲破,准备粉碎敌人对我们新的大举'围剿'。(3)你们现在何处,久失联络,请于来电内对此间省委委员姓名说明,以证明我们的关系。"[1]

第二天,任弼时他们就收到了朱德、张国焘共同签署的回电,电文中说:"(1)29日来电收到。(2)你们省委弼时为书记,贺龙、夏曦、关向应、萧克、王震等为委员。(3)一、四方面军6月中在懋功会合行动,中央任国焘为总政委。"电报在向红二、六军团领导人通报了蒋介石即将以重兵向湘鄂川黔苏区实行大规模"围剿"的情况后,提出"我们今后应互相密切联络"。[2]

原来,早在1935年七八月间,红一、四方面军在川西懋功会师后,中共中央曾对电台的配置作了调整。原负责中革军委与红二、六军团联络的电台和通讯密码、通讯联络规定(呼号、波长)调整到了红军总部。后来,由于张国焘的分裂活动,毛泽东、周恩来率红一方面军主力单独北上,通讯联络密码没有带走,留在了中国工农红军总部,中革军委电台已在张国焘的控制之下。这些情况,当时的红二、六军团领导人还不知道,所以在电讯联络恢复后相当一段时间里,还以为与中革军委的电信联络已经恢复。其实二、六军团发给中央的电报,包括关于部队行动方针的请示报告,都未发到中央,而是拍发到了朱德、张国焘那里。这样,张国焘就得以凭借红军总政委的名义向二、六军团发号施令。

实际上,中共中央对二、六军团一直是十分关怀的。为恢复与二、六军团的电讯联络,中央不仅在1935年12月瓦窑堡会议上通过的关于军事战略的决议案中已提出了"在1936年2月5日前完成与二、六军团的通信联络任务"[3]的要求,而且为恢复电讯联络,中央曾多次作了努力。如1936年1月21日,周恩来亲笔起草发出了致张国焘、朱德转任弼时的电报,告知"黔敌新定战斗序列:第一路刘建绪,第一纵队樊嵩甫辖李、董、陈三师[4];二纵队郭汝栋辖廿六师及罗[5]旅;三纵队郭思演辖九九师、廿三师;四纵队李觉辖十九师及某部[6];五纵队万耀煌辖万某两师[7]"。电文中还要张国焘"将与二、六军团(通电)密码速告之,以便直接通报"[8]。同时,军委三局局长王诤奉命在电台连续守听、寻找

二、六军团的电台约半个多月。功夫不负有心人,1936 年 1 月,"二、六军团一次和四方面军通报时","突然有一个电台插进来呼叫我们(他掌握了我们与四方面军联络的呼号、波长),联络通后经互相问讯才知道是军委三局王局长亲自上机在呼叫我们"[9]。这让正在通报的江文一阵诧异,但他很快镇静,经确认后,才明白这才是中央的声音。随即红二、六军团接到一份署名"豪"的明码电报,大意是:"弼时,我们已到陕北,密留老四处。""豪"即"伍豪",是周恩来的化名简称,"密留老四处",意思是与红二、六军团联络的密本留在了四方面军[10]。

此事发生后,张国焘即于 1 月 29 日用红军"总司令部"名义发电给红一方面军叶剑英参谋长,电文指责说:"你们电台冒用总部电台呼号与二、六军通报,这是不对的","以后你们有报给他们时发给我们转"。2 月 9 日,张国焘致电林育英、周恩来,提出:"对侦察工作,你我分工如下:长江方面我们负责,此(北)方你们负责。"[11] 他就这样一口拒绝了将通电密码电告中央,有意阻挠和隔断了中央与二、六军团电讯联络的恢复。考虑到用明码电报方式联络不安全,同时电报经红四方面军转有利于红军团结,所以,刚刚建立的直接联络,又暂时停止了。但是,中央请红四方面军转发给红二、六军团的电报,张国焘并没有转发。从 1935 年 10 月 5 日张国焘非法成立第二"中央"起,到 1936 年 6 月初张国焘第二"中央"被迫取消止,曾以"中央""党中央""军委""中革军委"名义发给红二、六军团不少电报,这些电报都不是驻陕北的党中央发给红二、六军团的。红二、六军团就是在敌情严重,党内斗争很复杂,与党中央、中革军委失去联系的情况下开始长征的。

直到 1936 年 7 月 1 日,任弼时、贺龙等率领二、六军团到达甘孜与红四方面军会合后,红二方面军察觉了张国焘的分裂行径,为了红军的团结,红二方面军顾全大局,一切从革命利益出发,极力促使会合后的红二、四方面军继续北上,但为了避免不必要的误会,准确了解情况,取得与中央的直接联系十分关键。于是,任弼时与无线电大队队长阎知非专门拜访了四方面军负责通讯工作的宋侃夫。

任弼时见到宋侃夫,说明来意。宋侃夫听后,心里长久的不快似乎找到了一个出口。因为张国焘的行为搞得人心不和,矛盾重重。作为负责红四方面军"耳目与神经"的通讯工作的宋侃夫,在很多问题上更是很难处理。比如通讯工作的很多事情都应该请示参谋长,可是张国焘却说:"有电报直接交给我,不送参谋长,也不要给别人。"所有的同志都盼望着能有一个团结的局面,共同北上抗日。所以宋侃夫当即表示要协助他们整建电台。可是要与中央取得直接通讯还需要通报的密码本。

密码本由总部带下来后,就被张国焘掌握了。当任弼时向他要密码本时,他还像会合之前所说的那样"双方的情况我甚为明了,可由我处转"。他不愿意交出密码本。但此前不久,张国焘迫于多方压力,已宣布撤销第二中央,改称西南局。所以朱德在一旁说:"由我处转,误时误工,我看你就是有意阻挠。"接着,朱德又质问道:"西南局有什么权力在中央和二方面军之间转报?"自知理亏的张国焘无话可说,只好交出了密码本。

得到密码本后,红二方面军于 7 月 6 日主动向中央发出了第一份电报,才重新开通了红二方面军与中央的电讯联络。中央通报了陕北的情况,并对二方面军如何处理与四方面军的关系,以及下一步的行动,作了具有战略意义的具体指示。就这样,红二方面军几经周折,终于真正恢复了与中共中央、中央军委的直接联络。

---

[1] 江文:《红二、六军团通信工作回顾》,参见《苦斗十年》(下),解放军出版社 1989 年 12 月第 1 版,第 405 页。

[2] 江文:《红二、六军团通信工作回顾》,参见《苦斗十年》(下),解放军出版社 1989 年 12 月第 1 版,第 405 页。

[3] 中国人民解放军历史资料丛书编审委员会:《红军长征·文献》,解放军出版社 1995 年 5 月第 1 版,第 882 页。

[4] 据国民党军资料,樊嵩甫纵队中此时无李姓师长,按蒋介石 1936 年 1 月 7 日电令,樊纵队辖第二十八师(师长董钊)、第七十九师(师长陈安宝)、第九十九师(师长傅仲芳)。

[5] 指罗启疆,时任国民党军独立第三十四旅旅长。

[6] 据国民党军资料,李觉纵队此时辖第十九师(师长李觉兼)、第十六师(师长章亮基)、第六十三师(师长陈光中)。

[7] 据国民党军资料,万耀煌纵队原辖第十三师(师长万耀煌兼)、第九十九师(此时划属樊纵队)、第六十师(师长陈沛)。

[8] 中国人民解放军历史资料丛书编审委员会:《红军长征·文献》,解放军出版社 1995 年 5 月第 1 版,第 994 页。

[9] 江文:《红二方面军通信工作回顾》,见《红军的耳目与神经》,中共党史出版社 1991 年版,第 177 页。

[10] 章学新:《任弼时传》(修订本),中央文献出版社 2000 年 1 月第 1 版,第 402 页。

[11] 中国人民解放军历史资料丛书编审委员会:《红军长征·文献》,解放军出版社 1995 年 5 月第 1 版,第 1005 页。

第十二章
最晚出发的长征主力

刘家坪会议——部署战略转移行动——调整后红二、六军团的部队序列——贺龙的提议——战略转移前紧张的准备工作——红十八师的艰巨任务——"我这个儿子交给你了"——下达突围命令——十送红军

1935 年 9 月,蒋介石又调动了 130 个团,采取持久战和堡垒主义的方针,对湘鄂川黔苏区发动新的"围剿"。而此时,中央红军与四方面军已会师,并胜利到达陕甘苏区。红二、六军团牵制敌人、策应中央红军战略转移的任务已经完成,为突破敌人的封锁围困,他们又开始了新的征程。

面对国民党军逐步逼近的严峻形势,1935 年 11 月 4 日,中共湘鄂川黔边临时省委和军委分会在桑植县的刘家坪召开联席会议,再次就反"围剿"的斗争方针问题进行讨论。会议认为,鉴于中央红军已经胜利抵达陕甘苏区,红二、六军团已经完成了直接策应中央红军战略转移的任务,以及当前敌我力量对比的实际情况,不宜继续固守原有根据地,而应该按照红军总部 2 月 1 日电报中关于"必要时,主力红军可以突破敌人的围攻线,向川、黔广大地区活动,甚至渡过乌江"的指示和遵义会议精神,实行战略转移。当前的中心任务是,如何保存和壮大发展自身的有生力量,以利下一步机动歼敌。

会议对当前敌情进行了认真分析,认为国民党军的此次"围剿",不仅兵力更强,而且已经完成对根据地的筑碉包围;湘鄂川黔根据地的东面,有兵力较强的樊崧甫纵队和孙连仲纵队正步步逼近,同时在地形上受洞庭湖河网地带限制;另外三面有国民党军的碉堡封锁线,而且北边还有长江天堑,南有沅江和澧水,西面是崇山峻岭,红军的回旋余地十分有限。由于国民党军的严密封锁,根据地内经济十分困难,难以长时间支撑红军大部队的作战需要。特别是红四方面军已经退到西康和四川边界,红一方面军已渡江北上,红二、六军团在湘鄂川黔革命根据地的斗争已失去了此前三者互为支撑的战略格局,面临独木难支的困难境地。在这种情况下,如果继续在湘鄂川黔根据地内坚持作战,有被国民党军包围而失败的可能。若是转移到根据地附近活动,国民党军仍能凭借沿根据地周边修筑的碉堡阵地与红军作战;而失去根据地依托的红军,寻战于敌堡垒阵地之间,虽有可能获得局部的胜利,但难以取胜于全局。同时,长时间的作战消耗也可能招致最后的失败。

红二方面军长征路线图

军委分会经过慎重考虑决定,主力部队撤出苏区,坚决突围远征至湘黔边,向敌军防守薄弱的贵州石阡、镇远、黄平方向前进,以保存红军的有生力量,在广大无堡垒地区,寻求有利时机,创建新的根据地。

湘鄂川黔军委分会的布告

刘家坪会议,是一次历史性的重要会议,红二、六军团根据实际情况,正确制定了战略转移的方针,完成了从战略防御向战略转移的转变。正因为如此,红二、红六军团才得以最大限度地保存了有生力量,并最终能够与红一、红四方面军实现胜利会师。

会后,红二、六军团便开始部署战略转移行动。为了加强主力部队,新组建了红五师、红十六师共5个团:即红五师的十三团(由鄂川边独立团编成)、十五团(由龙桑独立团和龙山独立团合编),红十六师的四十六团、四十七团(由红十八师的五十二团、五十四团改编)、四十八团(由龙永独立团和永顺独立团合编)。同时,还由机关裁减部分人员补充了主力部队。新建部队均随主力行动。此外,为了保证部队主力的顺利转移,决定留下红十八师(辖五十三团和新组建的五十二团)在龙山、桑植、永顺地区开展游击战争,掩护主力部队的转移和地方组织的秘密工作。如果斗争条件确实不利或红二、红六军团主力继续西进,则可向黔东转移,与主力部队会合。

调整后红二、六军团的部队序列是:

红二军团:军团长贺龙,政治委员任弼时,副政治委员关向应,参谋长李达,政治部主任甘泗淇,下辖第四师、第五师和第六师。第四师:师长卢冬生,政治委员冼恒汉。第五师:师长贺炳炎,政治委员谭友林。第六师:师长郭鹏,政治委员廖汉生。

　　红六军团：军团长萧克，政治委员王震，参谋长谭家述，政治部主任夏曦。下辖第十六师、第十七师和第十八师。第十六师：师长周球保（即周仁杰），政治委员晏福生。第十七师：师长吴正卿，政治委员汤祥峰。第十八师：师长兼政治委员张振坤。

红六军团部分干部在湖南省新化县合影（左起前排：周仁杰、李铨、政治委员王震、政治部主任夏曦、军团长萧克；中排：6. 晏福生、7. 刘礼年；左起：王赤军、贺庆积、戴正华）。

　　面对敌人的四面包围，几道防线，要选准突破口，制定出切实可行的突围方案，谈何容易！按常理，部队向贵州转移应该向西走，况且西边敌人也比较薄弱。但贺龙认为，如果直奔贵州，后边跟着咬得很紧的十几万敌军，红军将处于十分被动的地位。因此，他建议从南边突围，先到湘中，威胁长沙，调动敌人大批兵力追往湘中，打乱敌人的"追剿"计划。在敌人重新部署追堵的时候，红军就有短暂的时间间隙可以利用，能够尽量避免部队减员。

　　贺龙的提议得到了军委分会各位领导成员的一致同意。大家研究决定，采取逐步向湘黔边转移的办法：第一步拟先进至湘中沅、资两水地区，进行补充、筹款，扩大抗日反蒋宣传，发动群众斗争。当敌尾追部队接近时，争取在广大无堡垒地区，集中力量先打击尾追之蒋系主力樊嵩甫纵队，尽可能避免进入桂粤边境。对此，11 月 14 日，贺龙、任弼时、关向应电告朱德、张国焘："我军因在慈石[1]以西不便击敌，现已回集桑植附近。原拟由西南突出封锁线外调动敌人，因敌严密防范，由这面突出已不可能。拟即向东南行动，详细另告。"[2] 17 日，朱德、张国焘复电中也说：如对敌不好打，"则转入通道、黎平击敌也可，但此在敌意料中，应为适当佯攻，使敌疑我向东南转移，以便达到转向通、黎之目的"。"这是建议，望参酌实况相机断行之。"[3]

根据上述部署，11月上、中旬，红二、六军团所属部队集中在桑植地区，在省委、军委分会的领导下，根据地党政机关、红二、六军团各部队，分别投入了战略转移前紧张的准备工作。

首先从党内到党外，从上到下进行广泛的政治动员，说明当前形势，提出以运动战打破敌人"围剿"的战斗任务，并进行革命战争特点的教育，坚定部队的胜利信心和决心，为实施广泛机动作好政治上、思想上的准备。

总指挥部还在刘家坪召开了各部队政治工作干部会议，分析部队的思想情况。转移前的思想工作做得非常细致。离开苏区，离开家乡，大家都有一种依依不舍之情。"特别是我们红二军团，从干部到战士，有许多人原本就是苏区子弟，不仅是新编的第五师，而且在四师、六师两个老部队中间除了洪湖籍外，湘鄂边的人也很多。为了保证这些战士在离开苏区后坚决地执行战略转移任务，各个党支部专门做了教育工作，除了讲抗日反蒋的斗争形势和任务之外，还引导大家放开眼界干革命，自觉破除乡土观念。认识提高后，许多苏区籍指战员主动向自家的亲属做解释工作。"[4]

此外，对部队中的老弱妇女儿童、重伤员、重病员以及医院、兵工厂等不便于长途行军的人员和单位都做了妥善安置。对于遣散回家或寄在适当地方的红军干部、战士，各师团需要精简的对象，都由所在单位领导送往军团部，由首长亲自谈话，做好思想动员工作。对坚决要求坚持当地斗争的，便转送玉龙山茨岩塘的省苏维埃政府机关，或补入红十八师，坚持当地游击战，牵制敌人，掩护主力。

鉴于过去部队搬家式转移的经验教训，总指挥部还采取了一系列保证部队轻装前进的措施，处置了部分不便于携带的装备及兵工厂设施，同时要求各部队坚决精简行装，每人只带3天口粮、两三双草鞋，以保证部队的机动能力。地方党政机关也协助部队筹集给养物资，布置苏区的秘密工作，进一步开展扩红运动，组织群众实行坚壁清野，等等。这一切，从政治上、军事上、组织上和物质上为突围长征作了必要准备。

为了配合红军主力的转移，总指挥部决定将红十八师留在湘鄂川黔根据地内活动，执行迷惑、钳制敌人的任务。在如此艰难的形势下，这个任务可想而知是相当艰巨的。在 11 月上旬,总指挥部召开的团以上干部会议上,贺龙总指挥对红十八师也寄予了殷切的希望,他深情地拉着师长张振坤的手说:"这回你们红十八师会更辛苦一些。你们要从龙山茨岩塘一带主动攻击敌人,要狠一点打,又要机动灵活地打,把敌人吸引住,掩护主力南下。"张振坤坚定地表示:"不管困难有多大,不管战斗有多么艰苦,我们一定完成任务!"[5]

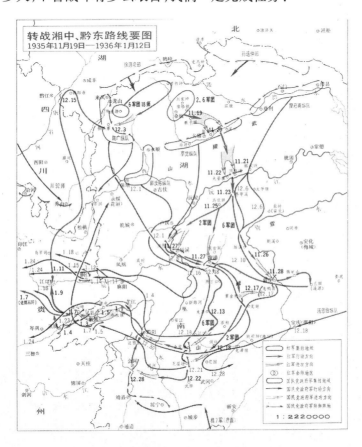

红二方面军转战湘中、黔东路线要图。

转移前,红六军团政治委员王震亲自到红十八师驻地,代表总指挥部看望了全师指战员,详细地布置了任务,指示他们待主力红军出发后,应向西佯攻,给敌人以我军向西突围的假象,并尽可能多地牵制敌人的兵力,使敌人一时难以弄清我军实行战略转移的突击方向和意图。王震还指示他们,如斗争对他们确实不利时,可放弃根据地,相机突围出去,以保存有生力量,寻找主力部队会合[6]。为了加强联络,总指挥部把一部珍贵的电台配给了红十八师,成立了电台队,派军团无线电报务员黎东汉任电台队长,以便与军团部及时取得联系,通报情况。

11月18日,在决定长征的前一天,贺龙在刘家坪红二军团长征动员会上讲话说:"现在我们二军团已经有了3个师8个团,六军团也建立了红十六师。我们两个军团已有1.7万人。比刚刚会师的时候,扩大了1倍还多。蒋介石搞来140多个团围攻我们。我们在根据地坚持了1年的斗争,人民支援红军尽了最大努力。可是,这里山多、田少,加上敌人烧杀抢掠,养不了我们这近两万人的红军喽! 所以,我们要从内线转到外线,打到敌人后方去。"[7]

苏区群众从苏维埃政府动员坚壁清野中知道红军要走了,很多人赶来看望自己的子弟。红二军团六师师部住在刘家坪旁边的一户独立人家,附近一位老太太的儿子就在师里当兵。六师还有很多家属都是熟人,她们从洪家关、樵子湾来了很多,直接到师部找到廖汉生,言辞恳切地说:"汉生,我这个儿子交给你了……""汉生,我的丈夫交给你了……"其言其情,感人至深。

"放心吧!"廖汉生扯开嗓门涩涩地喊:"放心吧! 我会照顾好他们的。有我廖汉生在,就有你们的儿子、丈夫在!"他一遍一遍地重复着这句话:"红军走了,白军来了,苏区人民要吃苦的,请多保重,不管我们走到哪里,一定会回来的!"[8]

红二、六军团长征出发地——湖南省桑植县刘家坪

1935年11月19日,贺龙代表军委分会下达突围命令,红二、六军团指战员按照总指挥贺龙的命令,分别在桑植县刘家坪的干田坝和水獭铺(今瑞塔铺)的枫树塔召开了突围转移的誓师大会。[9]

当天晚上,在贺龙、任弼时等的领导下,两万红军健儿怀着依依惜别、难舍难分的心情,又一次告别了患难与共、血肉相连的父老乡亲,撤离了用鲜血和生命创建起来的湘鄂川黔革命根据地,踏着月光,攀着湘西奇峰峻岭,渡过溪流沟壑,向湘中挺进,开始了伟大的战略转移——长征。送行的乡亲们扶老携幼,送到十里长亭之外,仍不肯离去。年轻女子们,低低地唱起了《十送红军》的歌儿:"一送红军下了山,秋风细雨缠绵绵,山里野猫声声叫,树树梧桐叶呀叶落完,红军啊! 几时人马再呀么再回山……"

　　红二、六军团从桑植出动,经湘中、湘西横贯贵州、云南,渡金沙江入西康,于1936年7月1日到达甘孜与红四方面军会合。对于红二方面军的长征,任弼时后来曾把它划分为四个时期:(1)由刘家坪至石阡、江口为第一时期;(2)由石阡、江口至黔西、大定(今大方)、毕节退出前为第二时期;(3)黔西、大定、毕节退出后至中甸为第三时期;(4)中甸以后为第四时期。[10]

————————

[1] 指慈利、石门。

[2] 中国人民解放军历史资料丛书编审委员会:《红军长征·文献》,解放军出版社1995年5月第1版,第984页。

[3] 力平、余熙山、殷子贤:《中国红军长征史》,中共党史出版社1996年8月第1版,第264页。

[4] 廖汉杰:《廖汉生回忆录》,八一出版社1993年8月第1版,第121页。

[5] 龚辉:《艰苦转战五十天》,见《红六军团征战记》(下),解放军出版社1994年6月第1版,第127页。

[6] 梅兴无:《红十八师留守根据地纪实》,见《红六军团征战记》(下),解放军出版社1994年6月第1版,第157页。

[7] 《当代中国人物传记》丛书编辑部:《贺龙传》,当代中国出版社1993年8月第1版,第185页。

[8] 廖汉杰:《廖汉生回忆录》,八一出版社1993年8月第1版,第122页。

[9] 力平、余熙山、殷子贤:《中国红军长征史》,中共党史出版社1996年8月第1版,第265页。

[10] 力平、余熙山、殷子贤:《中国红军长征史》,中共党史出版社1996年8月第1版,第265页。

第十三章
贺炳炎瓦屋塘痛失右臂

红五师从左翼加入战斗——东山激战——"一夫投命,足惧千夫"——贺炳炎右臂被炸断——贺炳炎被称为"小贺龙"——东山通道被红军刺刀打开——没有麻药的手术——看看共产党人的骨头有多硬

在红二、六军团中,有许多位传奇将领。其中有一位"独臂将军",他在长征中身先士卒,英勇战斗,失去了自己的右臂。1945 年 4 月,他到延安参加中共七大,举起左臂向毛泽东敬礼,毛泽东紧紧握住他的左手说:"你是独臂将军,今后就免掉这份礼吧。中国从古到今,有几个独臂将军?"这位独臂将军就是贺炳炎。

贺炳炎,湖北松滋人,他 16 岁就参加了红军。因为瘦小,贺龙就让他到宣传部提糨糊桶子。他不叫苦、不叫累、不怕死、不动摇,成长很快,并由提糨糊桶子到军部警卫班当警卫员、警卫班长,到红二、六军团长征时,他已成长为红五师师长。

红二、六军团突破澧水、沅水,进入湘中,实现了战略转移的第一步。红军在湘中打土豪劣绅,发动群众,筹粮筹款,扩大队伍,闹得红红火火。国民党军迅速做出反应,很快调整了作战部署,李觉、樊嵩甫、陶广、郭汝栋、汤恩伯五个纵队,从北、西、东三个方向,一起向湘中扑来。敌军来势汹汹,兵力雄厚,他们的如意算盘就是以攻守结合、步步推进来阻止我军重返湘鄂川黔苏区,把红军主力挤压在溆浦一带狭小地区,全歼红军于湘中地区。

针对敌人的意图,红二、六军团领导人一致认为推进湘中的战略任务已经完成,决定退出湘中,向贵州石阡、镇远、黄平等黔东地区转移。

继续向西转移的方针确立后,贺龙决定采用声东击西的战术,将敌人远远调开。1935 年 12 月 11 日,贺龙下令部队从溆浦出发,向东南急进,故作东渡资水重返湘赣根据地的姿态。贺龙的这一招,把敌人可搞懵了。汤恩伯纵队急忙赶来堵截,樊、李、陶、郭各部亦从后边紧紧追赶……贺龙见各路敌军都已上钩,突然下令部队掉头西进,一下子将樊、李、陶、

湖南澧水。红二、六军团 1935 年 11 月长征时突破的封锁线。

郭追击部队几万人甩在湘南高山深谷中了。

　　将大批敌人甩在湘南后,红二、六军团兼程急进,挺进黔东。12 月 22 日凌晨,红军在武岗与绥宁间侧击陶广纵队第六十二师,目的是打开入黔通路。

　　红二军团四师首先在瓦屋塘投入战斗,红十二团担任正面主攻,红十团从右翼佯攻。贺龙命红六军团绕道金屋塘,拟从后面对敌实施攻击。不料,红六军团在金屋塘被敌军截住,迂回行动受阻。这时,与敌交战的各部队进展困难,敌人炮火十分猛烈,部队伤亡不少,拖延下去于我不利。这时,贺龙同任弼时、关向应商量后,决定调红五师从左翼加入战斗。

　　红五师是在部队转移时,由鄂川边、龙桑、龙山 3 个独立团新组成的,干部战士大部分来自地方部队。师长贺炳炎接到命令后,立即率部赶往前沿,部署战斗。当红五师前卫十五团翻越瓦屋塘的东山、临近山顶时,忽然山上弹飞如雨,不少干部战士霎时倒在飞弹之中。原来山顶已被敌军抢先占领了。

　　这时,贺炳炎赶到前线,向团长李文清问明情况后,说:"这里我来指挥,你速去报告贺总,说遇到大批敌军阻击,请贺总放心,山头一定拿下。"随即向敌人发起冲锋。贺炳炎知道,指挥员的榜样,就是战士的力量,尤其对刚由地方武装升为正规红军的部队更是如此。李文清走后,贺炳炎当即集中了十几名机枪射手,给他们下命令说:"机枪掩护!"言罢,他不顾警卫员的劝阻,夺过战士手中的一挺机关枪,大声喊道;"同志们,跟我来!"说着,第一个冲了上去,与战士们一道向敌人发起了冲锋。"一夫投命,足惧千夫",指战员们见师长带头冲锋,顷刻间士气大振,纷纷高喊着"杀"冲了上去。

　　红军发起冲锋,敌人的枪声也"哒哒哒"地响得更凶,但被红军的机枪火力吸引,红军趁机冲到山根之下,敌机枪失去了作用。于是,贺炳炎带着部队,钻

进了树丛之中,向山顶迂回。不料此时,一串儿机枪子弹射来击中他的右臂,这子弹叫达姆弹,威力巨大。贺炳炎的断臂血如泉涌,当即昏倒在地。

"贺师长负伤了!"师参谋长王尚荣和警卫员冲上去,为他止血。急救包打开一个又一个,绷带缠了一条又一条,血还是止不住,无奈,王尚荣大喊:"快,担架!"大家刚把贺炳炎抬上担架,他清醒了,挣扎着想从担架上爬起来,但流血过多,力不从心,没等坐起又晕了过去。救护人员只得先将贺炳炎的伤口包好,用3块辅木裹着那半截断臂,将昏迷中的贺炳炎抬到救护所。

看到师长负伤,战士们悲愤不已。一时间,山上山下,枪炮齐鸣,杀声震天,烟尘蔽日。这场遭遇战从中午打到黄昏,双方均伤亡甚重。此时,红六军团绕过金屋塘,从敌人背后攻上来,敌遭我前后夹攻,立刻溃败下去。最后,陶广人马终于不支,狼狈逃窜,东山通道被红军刺刀打开。大队人马很快翻越了东山,向湘、黔边境的晃县进发。

当贺炳炎被抬到总指挥部卫生部时,已呈昏迷状态。以往,说来也神,他负伤虽多,好得却也快。往往刚包上绷带,他又照样冲锋。同志们风趣地说他的血好,可他却诙谐地说:"敌人的子弹没劲,打到身上,软不塌塌的,没有什么了不起。"[1]可这次却不同往常。卫生部长贺彪一看,创伤处骨头粉碎如泥,右臂只剩下一点皮连着。只见他的右手耷拉着,整条衣袖全被血沁湿透了,软拉拉的五指被鲜血涂得通红,一路上滴滴答答地血流不止。同时他还患了急性肺炎,呼吸困难,如果不立即截肢抢救,便有生命危险。此时贺炳炎负伤已有3个小时,他昏迷不醒,脸色苍白,呼吸微弱,几乎摸不到脉搏跳动,情况相当危急。贺彪先让护士用手压住他的动脉、静脉血管,准备实施手术抢救。

要做这么大的手术,可当时大部分医生携医药器械随攻击部队到前线抢救伤员去了。怎么办? 贺彪立即派人将情况飞报贺龙、任弼时、关向应,请求指示。总指挥部领导人得到消息后,急忙赶到卫生部。贺龙大步流星一进来,就急忙问道:"贺炳炎的伤怎么样了?"

贺彪心情沉重地说:"右胳膊完全打断了,看来是保不住了。"贺炳炎十几岁就跟着贺龙干革命,贺龙是看着他成长起来的。其战斗作风颇似贺龙,所以外人常将贺炳炎比为"小贺龙"。贺龙对贺炳炎十分爱惜,视其为左膀右臂,凡遇到险仗、恶仗,不论他是否在身边,不论他当时是团长还是师长,都会大喊一声:"贺炳炎,上!"现在贺炳炎断了一臂,贺龙心急如焚,对贺彪说:"贺炳炎的右臂怎么能锯掉呢? 你知不知道他这只右臂价值千金,抵得上我的一支部队?"但贺彪坚持说："我知道贺师长的右臂有多么重要,可伤到这种程度,神仙来了也没有办法,如果不赶紧截肢,他上半身的肌肉将沿着伤口迅速坏死,到时连命都保不住了。"贺龙伤感不已。他知道,这条胳膊对贺炳炎来说,该有多么重要啊,可不锯又不行,他最后还是尊重贺彪的意见,并与贺彪商定了手术方案。

手术必须马上做,可国民党军随时可能发起新的进攻,部队马上就要转移。于是,贺龙同任弼时商量决定:派出警戒部队,监视敌人的动静,部队推迟转移,立即为贺炳炎实施截肢手术。贺彪从当地木匠铺子里借来一把细齿锯,连条带弓放到锅里足足煮了半个时辰。护士们也忙碌起来,有的蒸煮器械消毒,有的把屋里的木炭火烧旺。缝缝伤口的羊肠线和缝合针转移时丢失了,护士们只好找来做衣裳的大针在炭火上烧红压弯,用棉线代替羊肠线。没有手术台,他们忙从老乡家找来两条长凳、两块门板,搭起一个临时手术台。贺炳炎一被抬上门板,又苏醒了,一看这阵势要给他截肢,便大声喊道:"不行,我不能没有右手打仗,谁锯掉我的胳膊,我就和谁拼了!"他这一声声声嘶力竭的大叫,使伤口顿时冒出鲜血。贺龙俯下身说:"你已经负伤了,是伤员就要听贺彪的话,该怎么治,就要怎么治。"贺彪接着说:"炳炎,为了给你手术,贺总下令部队停止转移,同志们正在拼死抵抗,为的就是给你争取抢救的时间。现在耽误一分钟,同志们就要多一分牺牲,你就多一分危险。"听了他们的话,贺炳炎不再大喊大叫了。

手术中,没有麻药,贺彪就给贺炳炎嘴里塞上一条毛巾,让他忍住疼痛。然后,又叫来4个力气大的战士,要他们按住贺炳炎的双腿、头部和左臂。贺炳炎把左手一摆,要4名战士靠边,对贺彪说:"放心吧,我挺得住。"

前边枪炮声不绝于耳,后边截肢手术紧张地进行。因为断端骨头短小,钳子钳不住,锯起来很困难,贺彪费了好大工夫才截去断肢,接着再用锉将断骨四周锉圆滑。听着"吱吱嘎嘎"的锯声,在场的人无不心惊胆战。

贺彪紧张得大汗淋漓,夹衣都湿透了。贺龙急得围着手术台团团转,焦急地不时看表。过了一会儿,贺龙耐不住,问贺彪:"还需要多长时间?""半小时。"贺龙果断地说:"通知各部队,做好转移准备。"

手术进行了约两个小时,臂骨被锯下来了,截面用钢锉锉平了,伤口缝合,包扎完毕,手术完成。贺炳炎身上就像被水淋过了一样,嘴里的毛巾,也咬烂了。贺彪让看护班长将贺炳炎浸血的湿衣裳脱下,穿上他的棉大衣,裹住贺炳炎的身子以防止受凉。手术刚一结束,贺龙马上命令撤下警戒部队,全军立即转移。贺龙还掏出一块手帕,小心翼翼地捡起几块碎骨,包起来揣进怀里。像泥一样瘫在门板上的贺炳炎不明白贺龙的用意，用虚弱的声音问道："总指挥，我整条右臂都被锯掉了，你还捡这些碎骨头有什么用？"贺龙说："我要把它们留起来，长征才刚刚开始，以后会遇到更大的困难，到时我要拿出来对大家说，这是贺炳炎的骨头，共产党人的骨头，你们看有多硬！"贺炳炎又说："总指挥，我没有右臂了，以后还能跟你打仗吗？"贺龙说："怎么不能，你还有一只手嘛！照样可以骑马、打枪嘛！"

转移途中，贺彪精心照顾贺炳炎的身体，每天都要检查他的伤势。除了按时服药外，贺彪还想方设法搞了点鸡肉、猪肝之类的东西给贺炳炎吃，以补他虚弱的身体。失去右臂后，贺炳炎情绪不太好，贺龙就时不时地来看望他，并对他进行开导。六天后，贺炳炎就从担架上迫不及待地滑下来，开始自己走路，自己骑马，自己处理失去右臂后必须应对的一切。同时还学着用那只总感到别扭的左手，开始从头练枪，练刀，练在严酷的战争中必须去重新适应的一切。

---

[1] 贺捷生：《贺炳炎的故事》，载《苦斗十年》（上），解放军出版社 1989 年 12 月第 1 版，第 462 页。

第十四章
打成平手的便水战斗

在长征途中,红军将士们打了一次又一次恶战,并不是每一次战斗都能大获全胜,都能够达到预期目标,便水战斗就是一次伏击战打成消耗战的战斗,与敌人打成了平手。所以,在军事指挥上,从来就没有什么神机妙算,战无不胜;只有脚踏实地,根据实际情况做对决策,并根据不断变化的情况对原计划及时修订,执行灵活机动的战略战术,才能够转危为安、化险为夷,这也就是红军拥有最顽强生命力的秘密所在。

1935 年 12 月 31 日,红二军团指战员到达芷江以西冷水铺地区,把追击的敌人远远甩开。贺龙下令人马于此休整,等待红六军团的到来。时值 1936 年元旦,红二、六军团于芷江会合。芷江是湘西一个美丽的侗族小城,历来有"黔滇门户""全楚咽喉"之称。这一带为富庶之地,战士们杀了许多土豪家的肥猪和鸡鸭,还举行了联欢会,指战员们高兴地在这里度过了元旦。

奉蒋介石之命参加追堵红二、六军团的湘军何键、刘建绪"怕红军留在湘西,希望能送出去为好,所以只是在红军后面堵"[1]。因此,红军取得了南下湘中后暂时的主动。红二、六军团领导人认为有必要对今后的行动进行研究,确立正确的指导方针。于是,在部队抓紧时间休整期间,1936 年 1 月 4 日,省委和军委分会领导人在冷水铺附近的龙溪口召开了会议。会议分析了形势,总结了突围转移一个多月来的政治工作,研究了下一步的行动计划,明确提出在湘黔边以决战的胜利建立新根据地的任务。

当时,追击红军的敌前敌总指挥刘建绪坐镇湘西南重镇洪江,正催动各路人马加紧追赶:敌樊嵩甫纵队先头部队已过榆树湾,即现在的怀化,而郭汝栋纵队主力尚远在麻阳附近,距离红军驻地冷水铺至少还有四天的路程;汤恩伯纵队进抵金屋塘后便停止前进,准备返回宝庆防范广西军阀。这时,离红军主力最近的是湘军李觉纵队和陶广纵队,特别是李觉,因为"守备不力"受了处分,所以这次格外卖力,其中以章亮基的第十六师最为积极,以 4 个团的兵力正孤军深入,单独从芷江向晃县前进。

这是一个有利的战机!为此,贺龙、任弼时、关向应决定组织便水战斗,予敌以重创,以打开创建湘黔边根据地的局面。按照龙溪口会议的决定,贺龙命令红五师进占玉屏、晃县,作为红军的临时后方;同时,派出少数部队向北活动,迷惑敌人,隐蔽红军的作战意图,主力部队隐蔽集结在晃县、龙溪口一带进行战前整训。

1 月 4 日,李觉派保安第十三团一个营首先渡过沅水,占领新店坪、便水地区后,即控制制高点,放出警戒,架设浮桥,构筑工事,为主力部队渡河做准备。第二天早晨 6 点 30 分,章亮基第十六师从岩田铺、裴家店地区开出,沿芷晃公路西进,企图经便水、波州向晃县追击我军主力。李觉亲率第十九师和第六十三师(各欠一个旅),同时由竹坪铺、芷江地区出发,在第十六师后边跟进,前后相距约一天的行程。

红二、六军团察觉到李觉纵队动向后,见时机成熟,决定集中主力,在运动中歼灭敌先头部队。计划将敌第十九、六十三两师隔绝在沅水以东,集中兵力打击渡过河来的章亮基第十六师。

1 月 5 日清晨,红六军团十六师、十七师在波洲桥头进行战前动员,战士们情绪激昂,摩拳擦掌,高喊"捉雀雀(即李觉)去"!旋即顺大路急返回晃县和芷江交界处,在高山密林中成"U"字形悄悄隐蔽下来。红二军团四师、六师沿江口顺河水而下,急速跑步前进,准备去切断便水渡口。

1 月 5 日下午两点,敌十六师杜道周的四七七旅先遣队走到伏击圈外半里路处停止前进。他得知红军设伏,疑惧中胡乱放了一阵枪,便龟缩不动,等待后援。

章亮基长途跋涉至此,满心指望截住红军后卫打个便宜仗,好争个头功。刚听到枪声时,他以为是地方土匪截击部队,抢夺枪械弹药。继而,枪声一阵紧似一阵,杜道周报告说是遇上了红军掩护部队。

　　章亮基禁不住一阵窃喜:看来,萧、贺红军急于进入贵州,截吃红军后卫的目的可以实现了。于是,他急忙催促第四十九旅的两个团从三里坪急速赶向前去。

　　此时,萧克、王震已经知道伏击计划完全落空,当即下令红十六、十七两师主力从伏击阵地迎头压下来:"压到开阔地去,吃掉他们!"

　　冬季的天,暮色来得早。杜道周一个团只看到满山影影绰绰的都是红军,他们勉强抵挡一阵,招架不住红军的猛烈冲击,只得一面求援,一面丢下一地死尸往回逃窜。好容易退到芷江牛屎垅一带。占据了五六个毗连的高地,就势一蹲,守护起来。而增援上来的何平四十九旅两个团也赶到杜道周的右翼抢占了两个高地。他们在各高地架起轻重机枪,凭借密集凶猛的火力,阻挡红军的凌厉攻势。

　　贺龙得知红六军团的进攻与敌军打成了胶着状态,立即改变部署:红四师侧击章亮基右翼的何平旅,威胁其后方并切断便水渡口,堵住其援兵,红六师则迂回穿插,与红六军团配合夹击敌四十九旅的九十三、九十六两团,准备速战速决。

　　此时,天色已经完全黑了下来,大雪飘飘而降。刺骨的寒风把一阵紧似一阵的枪声、手榴弹爆炸声搅和成震耳欲聋的乱响。红四师与先头到达的何平旅九十五团反复争夺拉锯……

　　国民党纵队司令兼十九师师长李觉收到雪片一般飞来的战报后,犹豫了好一阵。他认为,红军只要到达贵阳附近及其南北地区,驻扎贵阳的顾祝同行营指挥部及其驻贵州的中央军自然会接过追剿的任务,湘军自然也就脱身止步。此时,章亮基的十六师必定是追得太紧,红军不得不突然回头猛袭追兵,目的无非是迟滞尾追行动。不管打得多么凶猛,红军总是要撤,要退往贵州。要想萧、贺红军不敢回头入湘,一劳永逸的办法就是亏本打一恶仗,将红军驱离湘境。

　　考虑再三之后,李觉指挥他的十九师向章亮基部的左翼运动。同时,陈光中的六十三师作为掩护和预备队也向便水渡口前进。

　　1935年1月5日深夜,在红四师的强大攻势下,眼看章亮基的九十五团就要崩溃时,攻击部队突然被意料之外的强大敌军挡住——李觉十九师一个半旅抢过便水,接替了章亮基十六师九十五团的右翼防线。

　　在幽暗的雪光映照下,红四师反复攻击,师参谋长金承忠、十一团团长覃耀楚几乎同时阵亡。敌我双方形成了对峙局面。

红六师迂回到敌十六师九十三团右翼后,突然从它与敌九十五团的结合部强行楔入。可惜好景不长,红六师的行动很快就被红六军团西征时的老对手何平拼死抵住。

至此,红二、六军团各攻击部队均投入各处恶战,双方在冰天雪地中拼起了消耗。红军指战员们进行了一夜苦战,他们在大雪中艰难地在山路上行进。他们冒着枪林弹雨,一次次勇猛冲锋,夺下了不少高地。但敌人凭着武器优势,用重机枪疯狂扫射着,给红军带来很大的威胁。为了占领这些阵地,红军挑了多名战士,腰中挎着手榴弹,手中挥舞着大刀,从山后爬到山顶时用手榴弹偷袭了这个阵地,夺了敌军的机枪。与此同时,在正面的大刀队奋力拼杀,冲上了高地。紧接着红军攻占了一些阵地。

战况复杂,敌军李觉十九师、陈光中六十三师相继渡过便水,增援上来。

敌军力量骤然加强,但红军主攻部队并未示弱,1月6日午后,激战一昼夜的红六军团第五十一团再度进攻,一度突入敌军防守阵地纵深,击溃敌十九师一部,继而拦腰插入敌阵抄袭并包围部分敌军。红四、六师趁机从右翼夹击,吃掉网中的几百敌人。

李觉恐怕全线动摇,急令本师预备队不惜代价堵击红五十一团的进攻。双方残酷厮杀之时,敌军陈光中的六十三师一个团又奉命增援上来。

红五十一团伤亡惨重,不得不撤出战斗退回原阵地。这一仗,红五十一团牺牲的指战员中,有不少是从湘赣老根据地西征过来的老兵。

萧克、王震等考虑到吃掉章亮基的十六师再无可能,李觉纵队的3个师又全部投入战斗,再打下去于我不利。在这种情况下,萧克、王震被迫组织红六军团各部陆续撤回晃县波洲一带。贺龙、关向应指挥红二军团与李觉纵队相持到天黑,也相继撤出战斗退往晃县。

到黄昏时,李觉听到战场各处逐渐地沉寂下来,他先松了一口气:红军终于开始撤了。但是,风雪之夜,队伍又处在山高林密、地形生疏的地方,他不敢贸然追击。相反,为防万一,他万分谨慎地作了一番部署,通知部队准备第二天再战。

便水战斗之后,红二、六军团主团安全撤离晃县,向贵州玉屏、江口方向前进。

便水战斗是红二、六军团长征以来继瓦屋塘战斗之后的第二场恶战。指挥员中牺牲师、团参谋长、团长各一名,战士伤亡1000余人。敌军的伤亡与红军大致相当。

从战斗本身来看,伏击战打成了消耗战,各部队配合不力,战斗意图未能实现。便水战斗失利的原因是多方面的,但最主要的是战斗计划不周,没有估计到敌人正面3个师来得这样快,也没有预料到陶广纵队会向龙溪口方向迂回,原想只打敌一个师,结果发展成为打敌人3个师。再就是两军团动作不够协调,进入战斗和撤出战斗都缺少配合。此外,在整个战斗部署上,对翼侧保障没有充分给予重视,也给战斗带来了不利影响。[2]

但是,李觉、章亮基挨了红军的回马一枪,也立刻老实下来,再也不敢奢望"捞一把",只敢若即若离地跟在红军的身后,名为"穷追不舍",实则"监视送行"。而受了惊吓的六十三师陈光中部干脆以黔省路途崎岖难行、筹粮不易为由,电请何键批准回防。何键唯恐湘军倾巢而出,省内空虚之际为人所乘,所以,陈光中所部前锋刚到玉屏,便奉命回防。贺龙风趣地说:"人怕老虎,不知道老虎也怕人。"[3]任弼时说,"为适应我军在湘黔边创造所根据地之总目的,决心在晃县、芷江间反击尾追之敌,以求得新的有利局势之开展。便水战斗未能取得预期的胜利,仅给急追之敌以创伤(敌我均伤亡在一千左右),但表示我军有战斗能力与决心,使其不敢轻于猛进。"[4]

如此一来,红二、六军团的便水战斗虽因部队战线太长、兵力投入不集中与敌人打成了平手仗,但客观上止住了追兵的步伐,自己得以从容地进入贵州。

---

[1] 樊嵩甫:《率部追堵红二、六军团长征》,见《围追堵截红军长征亲历记》〔下〕,中国文史出版社1991年1月第1版,第137页。

[2] 中国工农红军第二方面军战史编辑委员会:《中国工农红军第二方面军战史》,解放军出版社1992年8月第1版,第457页。

[3] 贺龙:《回忆红二方面军》,《近代史研究》1981年第1期。转引自中共中央党史研究室第一研究部:《红军长征史》,辽宁人民出版社1996年9月第1版,第551页。

[4] 任弼时:《红二、六军团从湘鄂边到康东北长征经过》(1936年11月),载《任弼时选集》,人民出版社1987年9月第1版,第121页。

第十五章
打不垮的红十八师

具有光荣传统的红十八师——"游击专家"张振坤——发起佯攻——摆下竹签阵——突出重围——接到与主力部队会合命令——五十二团大部壮烈牺牲——刘凤团长死在贪财的歹徒手中——归还红六军团建制

　　1935 年 11 月,在红二、六军团主力向湘中突围的前夕,红十八师在师长兼政治委员张振坤的指挥下,担负起钳制敌人,掩护红军主力突围的重任。他们能否完成任务,关系着红二、六军团主力是否能顺利突围。而这支英雄的部队,不仅成功掩护主力突围,最终还在与敌人连续恶战、损失了一个团的兵力后,打不垮击不倒,历经千辛万苦,孤军突围,血战归队。

　　　贵州省江口县太平乡。留在湘鄂川黔苏区的红十八师,完成掩护主力突围的任务后,于 1936 年 1 月 11 日到达这里,与主力胜利会师。

红十八师是在湘赣斗争时期创建的一支具有光荣传统的部队,长期的革命斗争锻造了部队敢打硬仗、勇猛顽强的战斗作风。我军主力从湘鄂川黔苏区转移前,该师进行了整编,将师属第五十二、第五十四两个团拨归红十六师的建制,分别改为第四十六、第四十七团。十八师的主力仅有红五十三团,团长刘凤,政委余立金,苏鳌任参谋长,约1500余人。后来又以地方游击队700余人为基础重新组建了第五十二团,樊孝竹任团长,政委刘成达,参谋长魏成德。加上省委机关,师直机关和分队、后方医院等,全师约3000人。这中间,五十三团是支老部队,战斗力强,有战斗经验。五十二团则是由湘鄂边独立团和龙山、桑植县独立营以及大庸、永顺、保靖县区游击队新编而成,武器装备低劣,除了原湘鄂边独立团和龙桑独立营的干部战士全部有枪、并有3挺轻机枪外,其余各县区游击队及县区干部都没有什么枪支,大多数战士还在用梭镖大刀上阵杀敌。而且这部分战士也大多没打过仗,甚至没有用过枪,自然就谈不上战斗经验了。只有原独立团和独立营的战士是同敌人真刀真枪干过的。

张振坤,曾在中央根据地瑞金上过红军学校,在几次反"围剿"战斗中,逐步锻炼成为精明强悍的指挥员,特别擅长迂回包抄、以少胜多的游击战术,是湘赣斗争时期有名的"游击专家"。他跟随红六军团从江西出发,转移到湘鄂川黔边区与贺龙领导的红二军团会合后,为扩大和巩固根据地立了许多功劳。

长征开始时,红二、六军团的战略意图和红十八师的行动方针是保密的,但全师指战员从各单位首长的简要动员和实际接触中,已经知道面临的将是一场具有重要意义的恶仗。师政治部主任李信扎实开展了政治工作,在苏区干部战士保卫家乡的感情基础上,提出"四怕""四不怕"的政治口号,统一全师思想。"四怕"即"怕居功骄傲、怕不求进取、怕违反纪律、怕脱离群众";"四不怕"即"不怕强大的敌人、不怕险恶的环境、不怕艰难困苦、不怕流血牺牲"[1],这成为十八师全体指战员克敌制胜的精神支撑。另外还布置了群众工作。政治部门宣传了红军主力转移的原因,并发动原根据地的党团员和赤卫队、少先队,晚上袭扰敌人,让敌人吃不香、睡不熟,没有办法安身。十八师全体官兵一致表示,要在各级首长指挥下,依靠根据地人民群众的支援,群策群力,坚决完成上级交给的战斗任务。

11月上旬,红二、六军团突围前夕,张振坤和五十二团团长樊孝竹即分别率红五十三团和红五十二团各一部,打着"二军团某师""六军团某师"的番号,从龙山茨岩塘、兴隆街一带出发,向西南保靖县方向发起佯攻。由于红军主力转移前夕严密封锁消息,敌人对红十八师的佯攻不知虚实,纷纷撤向酉水沿岸,蛰伏于主要城镇中,据隘口凭险固守。

11月19日,红二、六军团主力向东南方向转移时,红十八师又突然掉头向西北方向猛攻,摆出要攻打湘鄂边龙山、来凤两城的架势,弄得敌人一时摸不清我军的虚实和意图。鄂敌徐源泉部和国民党孙连仲第二十六路军,正欲追赶红军主力,闻讯之后,急忙调整兵力,一面固守龙山、来凤两座城池,同时调兵遣将,向茨岩塘的茅坪、兴隆街一带进逼。徐源泉部第二十四师、独立第二十八旅,陶广纵队第六十二师,李觉纵队第十九师,陈渠珍第三十四师两个旅,以及大批国民党杂牌部队趁红军主力转移之后,向根据地蜂拥而来。[2]

茨岩塘与兴隆街一带,是根据地的中心,张振坤率部队离开此地时,便作了安排,留下了小部人马凭险守卫。就在张、樊率领部队南北驰骋,牵着敌人鼻子转的时候,红五十三团第二、三营及五十二团一部,在龙山茅坪开展了积极防御战,拿出保卫根据地的架势,以拖住敌人。

茅坪,是当时湘鄂川黔根据地的中心地带,又是湖南龙山和湖北来凤的交通要冲,海拔千米以上,崇山峻岭,树高林密,地势险要,易守难攻。红军战士从当地群众中了解到,当年太平天国军队曾在这里守住山坳,用竹子削成竹签,摆下竹签阵,使龙山、来凤的清兵寸步难行。团首长高兴地说:"这是个好办法。"迅即布置机关、部队赶制竹签,周围群众闻讯后,也主动协助制作。几天之后,指战员们将制作好的大量竹签,利用黑夜巧妙地插在半山腰的主要阵地前沿,静待敌人前来就范。

11月21日上午,敌纠集了十几个团的兵力,在重机枪、迫击炮的掩护下,向红十八师五十三团扼守的茅坪、兴隆街一带发起进攻。敌人先派飞机进行侦察,接着对茅坪红军防地实行狂轰滥炸。只见树木横飞,泥石乱崩,但红军损失不大。下午4时许,300多敌人,在迫击炮,机关枪掩护下,向红军阵地左翼迂回进攻。红军战士凭借高山险地,依托壕沟工事,沉着冷静地待敌前来。当敌人进至竹签阵中心地段时,只听一声令下,战士们用步、机枪、麻尾手榴弹和大小石头,一阵突然猛打,敌人吓得四处逃窜,恰好陷入我竹签阵,跑也不行,爬也不行……敌兵败下阵后,红军战士们跳出工事收缴敌人丢下的武器时,发现敌人除被枪弹毙伤的以外,有的被竹签穿破了肚子,有的戳瞎了眼睛,有的半死不活地插在竹签上求饶命。经此一役,敌军被迫退往龙山城内,几日不敢出动。

红十八师在原有根据地内坚持斗争,不但吸引了大量敌军,而且使敌人产生了一个错觉:红军主力在此之前,曾两度离开基本根据地,西出湖北,东指津市、澧州,战后都返回了原有的根据地;红军主力这次南下湘中时,还在原地派了个留守师,估计红军不久就会回来的。这就为红军主力胜利地突出敌人封锁线,顺利地实行战略转移,提供了有利的条件。

11 月下旬到 12 月初,十八师不断收到无线电波传来的捷报:主力突破澧水封锁线,突破沅江封锁线,占领沅陵、桃源、辰溪、泸溪等重镇,进至溆浦、安化、新化、蓝田、锡矿山等湘中地带。主力部队的这一系列胜利,进一步鼓舞了全师指战员的士气。

12 月初,敌新编第三十四师周燮卿等部,避开红十八师坚守的茅坪一带阵地,从兴隆街、望乡台、水沙坪一线向茨岩塘进攻。面对敌人疯狂的进攻,师长张振坤镇定自若,运用游击斗争经验,率领全师,以灵活多变的游击战术,在龙山、永顺、桑植边境的深山密林之中和敌人兜圈子,使敌人始终没能占领根据地的茨岩塘中心区。但是,敌我态势的发展越来越不利于我,敌军四面压境,根据地日渐缩小,斗争越来越艰苦。从 12 月 4 日到 7 日,红十八师指战员利用熟悉的地形山势和敌人在指挥上不统一的弱点,经过四天四夜的浴血奋战,终于从茨岩塘东北方向突出重围。

突围之后,张振坤和师政治部主任李信等进行了研究,打算北上经桑植去湖北鹤峰开辟新的根据地。鹤峰曾是贺龙领导创建的湘鄂边革命根据地的中心区域,有比较好的群众基础。按照计划,部队向东北方向转移,于 12 日抵桑植城以北的鹿耳口宿营。据侦察,在十八师前方驻有一个团的敌军。师部决定把这个团端掉。13 日天刚麻麻亮,张振坤把机关、野战医院及电台队安置在鹿耳口附近的一个山头上,奠定临时作战后方,然后率领主力进攻敌人。上午 9 时许,在苦竹坪与敌军接火,一场激战,消灭敌人百余,缴枪一百多条。不料敌方的枪声越响越密,敌人越打越多。原来他们遇上了孙连仲第二十六路军的主力,有 6 个团。于是,张振坤带领部队边打边撤,直到黄昏前才脱离敌人,又撤至鹿耳口。这时,又听到鹿耳口南面的山头上不断传来枪声。原来,当十八师主力开往苦竹坪时,约莫一个营的敌军,尾随上来,想抄后路,这一情况被正在南山上察看情况的黎东汉发现,他马上带着电台队和机关里能够作战的人员共约一个排的兵力,在山头上选择了有利地势,阻击敌人,直到十八师主力撤回鹿耳口以后才把敌人打退。此时,去鹤峰的路上驻有大量敌军,堵断了前进的通道,北上已不可能了。鉴于这种情况,师部决定放弃去鹤峰建立新根据地的计划,挥师南指,另谋发展。[3]这一天,红十八师虚晃一枪,又掉头南下,重新回到桑植县境内。15日,两个团在沙塔坪、陈家河会合。

12月15日晚,军团部贺龙、任弼时电告张振坤:湘鄂川黔军委分会已经决定红二、六军团向贵州的石阡、镇远、黄平地区转移,红十八师已经完成了钳制敌人的任务,在情况许可的条件下相机突围,与主力部队会合。张振坤接到命令之后,即对红十八师进行了休整,召开了动员大会。张振坤在大会上说:"一个多月以来,几十倍于我的敌人对我们十八师进行了疯狂的'围剿',我们边走边打边'扩红',部队虽然减员千把人,但我们越打越坚强了。现在,贺(龙)萧(克)首长决定去贵州,我们必须马上迂回西出去贵州同主力会合。要多打几双草鞋,同敌人比比脚板劲。不过敌人是不愿乖乖地让路的。我们要用我们的计谋和手中的枪杆子打出一条路来,用我们的铁脚板踩出一条路来。"[4]

部队在陈家河做了一天准备工作之后,于12月16日在陈家河渡河。不料,当地匪首王必轩勾结大批国民党正规军和地主团防部队尾随上来,向十八师展开了扇形攻势。在险恶的形势面前,张振坤沉着镇静,一面派一部前去阻挡敌人的进攻,一面指挥主力强行渡河。当地群众和船工给了子弟兵以极大支持,他们冒着枪林弹雨,以最快的速度,把子弟兵一船船地送到对岸。当敌人号叫着赶到河边时,船工们已经将渡船撑走,敌兵只能望河兴叹。红十八师甩开敌人,向莫家塔开进。在行进中,将苦竹坪、陈家河两次大的战斗的情况电告了军团部。当晚,十八师抵莫家塔宿营。12月17日,部队从莫家塔出发经长岭岗折向永顺县境,途中在盘龙与敌人稍有接触,下午抵龙家寨宿营。

贺龙、任弼时、关向应等红二、六军团领导人对红十八师的处境极为关注,不断用电台指示方向,通报主力部队的战绩,鼓励他们坚定必胜的信心,冲破敌人的围追堵截,早日同主力会师。在敌人层层封锁的情况下,张振坤率领部队利用夜间行军,以减小目标,通过敌人的封锁线。21日凌晨,部队踏着月色继续前进,很快到达招头寨以北的马鬃岭附近。

马鬃岭是通向湖北的交通要道,形势十分险要,难以逾越。敌周燮卿旅已在山上修筑了许多碉堡,布置好人马,配备好火力,并堆设了几道鹿砦,上面系着牛铃。敌人就凭着有利地形和暗设警铃,自吹"白天观四方,晚间听铃响"。

若要突围,仅此一条通道,别无他路可行。张振坤暗暗传令,命部队从敌眼皮底下悄悄通过。干部战士都晓得此刻之险境,都将骒马上了嚼子,一个个屏气提胆,小心翼翼,唯恐出一点声响,惊动了敌人。很快,红五十三团和师部乘夜疾行,顺利地从敌碉堡下通过,敌人毫无觉察。可是,走在后面的五十二团等部队,沿着崎岖山路行进时,把先头部队用树枝、石头设置的路标踩得模糊不清,致使后面的部队误入敌人警戒区,碰响了鹿砦上的牛铃,惊动了敌人。附近的一座敌堡首先开枪,紧接着枪声大作,敌人封锁了所有的交通要道,控制了制高点。五十二团大部和电台队、野战医院等部被隔断了。这时,驻在招头寨的敌军也闻声蜂拥而至,战斗空前激烈。天已经亮了,被隔断的队伍腹背受敌,加之五十二团是由游击队改编不久的部队,武器装备不好,新兵多、缺乏战斗经验,尽管他们在强敌面前十分勇敢,毫不屈服,但终因敌我力量悬殊太大,除掩护少数地方干部和医务人员突出重围外,大部分人壮烈牺牲。

电台是十八师和主力联系的纽带,至关重要。张振坤特地派警卫连保护电台。电台队和警卫连被隔在封锁线内以后,一百多人隐蔽在山脚下的荆棘丛中。待枪声稍稍稀疏后,便迂回到马鬃岭侧后的开阔地区。开阔地有几百米宽,近千米长。没有砍伐的枯黄的苞谷林在朔风中沙沙作响。敌人以为只有傻子才敢从这裸露的开阔地冒险通过,所以把注意力集中在大路上,放松了对开阔地的戒备。警卫连和电台队估计到了这一点,准备拼死一冲。经过一番周密合计,预计跑得快只要三四分钟,就能全部通过敌火力控制区。警卫连长说:"我们连分成6个小组,不排队伍,1到5组每组10个人,10个人保你们1个电台兵,死到第11个人才是报务员。其他人保电台,大家拼死一冲,冲过去多少算多少!"兵家铤而走险总是不得已而为之,冲击之前,黎东汉把报务员江天生、曾纪砚、康元芳、刘智能4人叫到一起说:"你们4个人,只要有谁活着,就要负责把电台背到张师长身边去!"做好准备,所有的人都以跃进姿势预备在起跑线上,警卫连长轻声喊了声"出发",一百多名战士如突起的旋风般刮过苞谷林。当他们将要跑到对面山脚下时,敌人的机枪才掉过头来。战士们敏捷地隐蔽在岩石后面,开心地听着敌人在胡乱地消耗机枪子弹。很快,电台队和警卫连赶上了主力部队。张振坤正为五十二团的不幸和电台队的失踪而忧心如焚,看到黎东汉和警卫连长带着100多个战士追上来了,不由得悲喜交加。

突出重围的部队在张振坤带领下渡过酉水,进入湖北来凤县境内。12月23日下午,红十八师同敌周燮卿旅某团在来凤县的卯洞遭遇。部队的前卫已同敌人接上火,右侧山头也被敌人控制,山上的敌军正在气势汹汹地朝山下俯冲,情况相当紧急。唯一的出路只有抢占右侧的山头,打开一个缺口。参谋长兼五十三团团长刘风率部执行这一任务。他和团政委余立金带着两个营向山上冲去，一阵猛冲猛打，迅速占领了山头上敌人的三个前哨阵地，掩护部队迅速翻过山梁，脱离了险境。然而，刘风在战斗中负了重伤，右腿被打断。在部队日夜行军的情况下，不但治疗困难，而且坐担架随军行动也很困难，有许多陡坡，前边战士要爬着行，后边战士用脑袋顶，给部队的行军作战带来了很大不便。后来，在刘风的一再要求下，经张振坤的同意，部队行至湖北来凤和咸丰两县交界的向家寨时，便把刘风安置在一个叫盛德付的农民家里休养。张振坤亲自派了警卫员许冲、卫生员文玉安照顾他，还留下了一些银圆。不幸的是主力部队转移不久，盛德付为了谋取刘风的养伤费用，勾结几个歹徒，谋害了刘风和警卫员，只有卫生员侥幸逃出虎口。刘风[5]这位优秀的指挥员，没有牺牲在浴血奋战的战场上，却死在一群贪财的歹徒手中，令人十分痛心！

12月25日，突出重围的红十八师进至咸丰境内的忠堡附近，这里曾是贺龙率红三军艰苦转战的根据地，又是不久前红二、六军团鏖战忠堡、活捉敌司令张振汉的战场。红十八师到达漫水后，当地群众给了子弟兵以热情的支持。两个月来的艰苦征战，战士们在饥寒交迫、枪林弹雨中冲杀，体力消耗很大。为此，部队进行了短暂的休整，并进行了整编：撤销了红五十二团的建制，将其余部连同省委机关警卫营合编为师部警卫营，以原红五十二团团长樊孝竹接任红五十三团团长。部队稍事休整后，经上洞坪、龙坪进入宣恩县境内。在晓关附近，部队又遭到敌樊嵩甫一个团的阻击。樊孝竹亲自率领一个营阻击敌人，掩护主力部队向东南方向撤退。激战中，樊孝竹不幸阵亡，全营干部战士高呼着"为樊团长报仇"的口号，同敌人展开了肉搏，鏖战数小时，胜利完成了掩护任务。[6]

宣恩突围之后，红十八师经咸丰进入黔江县境内，兼程南下。此时，红十八师可以说走进了陌生地带。人地生疏，突围中又把地图搞丢了，每天的行军只能靠军团部用无线电指引。1936年1月1日，红十八师在唐岩河再次遭敌阻击。部队到达唐岩河时天还没大亮，河上一只船都没有，透过河上泛起的乳白色的水雾，可以隐约看到对岸上的镇子。部队开始叫船，才一喊，镇子上的敌军就慌慌张张跑出来了，原来他们已经先赶到了。突然的情况使红十八师陷入困境，背后有彭水的强敌追兵，左有咸丰、右有黔江敌人的钳击，出路只有冲过河去。河水很深，部队顺着河边向下走不到一里地，选了一个水宽较浅的地方开始徒涉。敌人一发现红军过河，机枪就雨点般地打过来。师长张振坤亲自指挥几挺重机枪压制敌人火力，部队以连排为单位，手拉手结成一条线冲进河心，寒冬的河水一直漫过胸膛淹齐脖子。敌人越打越疯狂,除了机枪之外,一队一队的敌兵还站在山上用排子枪向红军俯射,子弹带着尖厉的啸声扫过头顶,周围掀起一排又一排的水柱,夹着硝烟高高腾起在空中,又撒落在过河的红军头上,他们就像游动在沸腾的开水锅里,许多人被打中了,像吃醉酒一样,身子一晃荡,倒在水里就牺牲了,烈士们的鲜血染红了河水。红十八师官兵们都深知此时没有退路,眼前只有一个字:"冲!"

红十八师终于勇敢地冲过来了。一上岸,部队又爬上一座大山,山上完全没有路。官兵们从水里钻出来一身水淋淋的,一路走,水顺着两只脚直往下流,走过的地方都成了一条烂泥沟,又泞又滑。上山没多远,几匹过河没有卸鞍的骡子全身发抖,腿一软,连着驮的东西倒在地上就不动弹了。师长张振坤像个铁人一样,和大家一样穿着草鞋走路,没有丝毫疲倦的样子,上到半山腰又亲自扛着重机枪在后面掩护,自己走在最后面。重机枪射手已经牺牲了,机枪扛不走,师长张振坤硬是自己背起枪座,警卫员扛上子弹箱,把一挺重机枪完好无损地带出来了。

大部队转移到咸丰、黔江交界的沙子场地区宿营。在这儿,张振坤命令电台马上与红二、六军团部联系。电台队的战士打开机器一看,发现电台被摔坏了!收报机的4个真空管碎了2个,弹簧灯座也破成了两半,工具、备件、波长表都丢了,剩下的只有队长黎东汉包里的备份真空管和一把小刀。[7]原来,在唐岩河时,张振坤率先头部队同敌周燮卿部遭遇,张振坤为掩护电台的战士转移、突围,亲自与敌人赤手搏斗,在打翻冲上来的敌人后,张振坤和警卫员、电台的战士顺着大雪覆盖的山坡向下滑去,虽然脱离了险境,但电台被摔坏了。

失去同总指挥部的联系,大家都很着急。因为电台坏了就与上级失去了联系。失去了联系,部队就简直成了聋子、瞎子。电台队的战士是我军的第一代通信兵,由于没有经过正规的训练,一般只会用不会修。为了胜利,就得尽快地同上级取得联系,就非得修好电台不可。师政治部主任李信亲自督阵,鼓励他们大胆干、细心干。黎东汉壮着胆子打开电台的外壳,四根电子管全摔碎了,幸亏还有备用的,可灯座子摔碎了,怎么办呢?他正在无计可施的当儿,一眼瞥见墙上挂着一把麻,便灵机一动,把破成两半的灯座残片用麻丝缠起来,固定好,然后插上真空管,安装完毕接通电源一试,好了,有信号了!张振坤高兴地说:"我说你们能修好吧!看,这不是修好了吗?多观察研究嘛!"[8]

电台很快就与红二、六军团部取得了联系,得知红二、六军团已由湘中移到湘黔边区的芷江、新晃、玉屏一带，还知道了四川酉阳、秀山一带无大的敌军驻防。师部决定迅速南下寻找主力会师。由四川黔江进入酉阳，在川黔边的南腰界即当年红二、六军团召开胜利会师大会的地方，休息了一天，又继续前进，战胜了敌人的多次堵截，于1936年1月9日赶到江口，归还了红六军团建制。

1936年1月11日一大早，红十八师指战员整理好行装，缀好红五角星帽徽和红领章，排着整齐的队列，喜气洋洋地向江口县城迈进。中午，部队抵东太平场，与前来迎接的红十六师四十六团三营会合。张振坤师长兴致勃勃地走在队伍的最前面。彩纸欢迎标语，贴满街道两旁。兄弟部队夹道欢呼："欢迎英勇善战的红十八师！""欢迎顽强果敢、艰苦奋斗的红十八师！""欢迎转战湘鄂川黔的红十八师！"……看着战友们亲切的面孔，听着战友们热情的声音，红十八师官兵们喉咙不觉都哽住了，心里激动得喘不过气来。几个月来，他们到处遭受敌人的包围袭击，昼夜行军，苦战、血战一个连着一个，全师3000人马此时只剩下六七百人。现在就像是受够了委屈的孩子回到了母亲的怀抱，话没出口眼泪就先流了。两小时后，部队赶到江口县城，红六军团军团长萧克、政委王震、政治部主任张子意等领导同志和几百名干部战士一道，出城几里地，在大路两旁夹道欢迎英雄的红十八师的到来。

战友重逢，分外激动。虽然才分别短短的两个月时间，彼此间就仿佛离别了好多年似的，一个个眼里噙着热泪，久久地握手，热烈地拥抱，欢乐地跳跃，沉浸在一片胜利的欢乐之中。当王震入场时，张振坤热泪涔涔地迎上去与他握手。王震满面笑容，作了即席讲话，他说："你们辛苦了，你们出色地完成了掩护主力部队突围的任务，全军感谢你们！我代表军团首长和领导机关来欢迎、看望大家。希望你们再接再厉，发扬突围中英勇奋战，坚决顽强，克服困难，艰苦奋斗的精神，将革命进行到底！"

江口县城很小，军团首长为让红十八师进驻县城休整，特意指示十七师师直和五十一团搬到城外驻扎。部队刚住下，军团部立即发给每连半头猪肉，每人5角银币（补发元旦过节费）。第二天，军团首长还请来当地最有名的厨师炒菜，设宴招待营以上干部，并给全师所有人员，加发菜金，改善伙食，以示慰问。同时，正式宣布红十八师归还红六军团建制。

几天之后，总指挥部在石阡县城召开了师以上干部会议，贺龙总指挥一走进会场，就问："我们的游击专家张振坤到了吗？"张师长立即站起身来，响亮地回答："到！"这时，任弼时、关向应、萧克、王震、谭家述、夏曦、李达、甘泗淇等首长都笑了起来,全场热烈鼓掌。贺龙在会上对红十八师师长张振坤说:"你们是有功劳的,你们的行动牵制了敌人,使主力行动没有后顾之忧。你们胜利地完成了总指挥部交给的光荣而又艰巨的任务。虽然你们的人数不多了,但是,能从敌人的心脏里打出来,表明了你们的坚强、勇敢! 红军是打不垮的,同志们,你们了不起啊!"[9]

萧克在回忆这段斗争历程时曾说:

红二、六军团退出湘鄂川黔根据地,是主动地、有计划地进行的,不是流寇式地单纯军事行动,也不是搬家式的消极逃跑。我们吸取中央红军及红六军团自己的经验教训,退出时行李简化,只带一两天米,轻装前进。只要是有胜利的把握,就坚决勇敢地打仗。打好仗,就可以休整(多则十天半月,少则也三两天),就可以扩大红军。

我们的运动方向是向西。为了迷惑敌人,则故意向东南,也就是古代兵法讲的"声东击西"。我们从桑植出发走两天到大庸县城东30里之毛兴隆街地区,乘夜突破了由敌十九师李觉部防守的澧水防线。再向南急行军两天,到沅江北岸之洞庭溪,突破了沅江防线,全歼敌1个营。继续向东南猛进,一下子插进湘中很富裕、人口很稠密的地区新化、锡厂山、辰溪、溆浦。经过十多天工作,才真向西走到芷江、晃县之间的便水,与追敌十六师、十九师全部及六十三师之一部大战一场。这一仗虽然是个消耗战,但制止了敌人的急追,取得了在江口和石阡的短时休整,并迎回了我主力由湘鄂川黔苏区出发时留在革命根据地坚持斗争的部队——六军团第十八师之五十三团及地方武装。他们在强敌围攻下,不能立足,由师长张振坤同志(抗战时在新四军皖南事变中牺牲)率领,从苏区西面,采取迂回曲折、避实就虚的战术,突破敌人的重重包围,几经艰苦,经招头寨、黔江、酉阳、秀山、松桃一带,到江口与主力会合。全军为之庆幸。

[1] 龚辉:《转战五十天》,见《红六军团征战记》(下),解放军出版社1994年6月第1版,第128页。

[2] 贺彪:《红二方面军从湘鄂边到陕北长征纪实》,华夏出版社1990年3月第1版,第172页。

[3] 梅兴无:《红十八师留守根据地纪实》,《红六军团征战记》(下),解放军出版社1994年6

月第 1 版,第 160 ~ 161 页。

［4］梅兴无:《红十八师留守根据地纪实》,《红六军团征战记》(下),解放军出版社 1994 年 6 月第 1 版,第 161 ~ 162 页。

［5］刘风(1905—1935),江西永新人。牺牲时年仅 31 岁。

［6］贺彪:《红二方面军从湘鄂边到陕北长征纪实》,华夏出版社 1990 年 3 月第 1 版,第 175 页。

［7］黎东汉:《长征时的红十八师电台》,《苦斗十年》(下),解放军出版社 1989 年 12 月第 1 版,第 434 页。

［8］黎东汉:《长征时的红十八师》,《苦斗十年》(下),解放军出版社 1989 年 12 月第 1 版,第 434 页。

［9］刘成达:《转战湘鄂川黔边》,《红六军团征战记》(下),解放军出版社,1994 年 6 月第 1 版,第 126 页。

第十六章
突破乌江天险

乌江，贵州第一大江，古称黔江，以流急、滩多、谷狭而闻名，自古以来就被称为"天险"。这条水流湍急、岸壁陡峭的大江，是进入贵州西部必经的要道。能否顺利突破乌江天险，也成了红二、六军团能否继续西进的决定性因素。红二、六军团的将士们，在这里总结经验教训，与敌人进行了智慧与勇气的较量，跨越天险，胜利向黔西推进。

1935年末，任弼时接到由红四方面军转来的长电，内容是《中共中央关于目前形势和党的策略决议案》的摘要，分析了全国抗日反蒋的新形势，制定了十项行动纲领。这是全党工作从苏维埃革命向抗日民族统一战线转折的开始。当时部队正在由湘入黔的转移途中，没有时间召开会议传达讨论。

1936年1月12日，贺龙、任弼时、关向应率部进入黔东的山城石阡，总指挥部设在天主堂里。这时，任弼时又从缴获的报刊上得知：日本帝国主义正在积极推动所谓"华北自治"运动，实质是"以华治华"。蒋介石在国民党第五次代表大会上声称："和平未到完全绝望时期，决不放弃和平；牺牲未到最后关头，亦决不轻言牺牲。"北平的学生高呼"停止内战，一致抗日"的口号，发动了震惊中外的"一二·九"示威运动。全国的形势正如中共中央来电所说："更有利于中国革命的胜利"。

进入石阡后，为了总结前一段的经验教训，认清当前形势，确定目前行动方针，两个军团政治部召开了党的活动分子会议，任弼时在会上做了重要报告。

这天，在石阡天主教的福音堂里，头戴八角红星帽、为民族和国家利益而战斗的两军团干部济济一堂，连长、指导员、支书以上的军政干部大都参加了会议，会议对当时全国政治形势以及中国苏维埃运动和民族革命形势作了一个简单分析；对远征的意义及胜利作了一个估计；提出了当前的任务是加紧准备战斗，以战斗

贵州省石阡县天主教堂。长征时红二军团军团部曾驻在这里。

的胜利创造新的根据地；加紧扩大红军的动员，以充实部队等；对部队中的政治思想和士气作了一次系统的检查，对不正确的倾向予以了坚决的纠正。[1]

这时，蒋介石判断红二、六军团在石阡一带，只是作短暂停留，其目标要么是伺机返回原来的根据地，要么是步中央红军后尘北渡乌江。因此，敌人追到贵州后并没有和红军纠缠，而是拼命抢到红军前面布防。蒋介石派其"重庆行营"主任顾祝同到贵阳坐镇代他指挥，任命樊嵩甫为第一纵队指挥官，万耀煌为第二纵队指挥官，从云南调孙渡到贵州任第三纵队指挥官，李觉为第四纵队指挥官；还将第九十九师由贵州镇远调到岑巩地区会同李觉纵队对红二、六军团跟踪尾追；令由湘入黔之敌樊嵩甫、郭汝栋两纵队与新八师、第九十三师在思南方向截击；陶广纵队和九十二师、新三十四师在沿河、秀山、永绥、保靖地区布防，阻止红军北进；调郝梦龄纵队进到后坪、思南地区，沿乌江西岸布防；令滇军孙渡纵队在威宁地区布防；第二十三师则固守余庆、龙溪地区，掩护贵阳方向。

敌人此举的目的，是想趁红军向北运动之际，围歼其于乌江以东、松桃以西地区。如果此计不能得逞，则将红军南压至广西境内，妄图迫使红军与对蒋介石怀有敌意的广西军阀李宗仁、白崇禧部队作战，来个"鹬蚌相争，渔翁得利"。而李宗仁、白崇禧为预防这种情况发生，则先将部队向黔桂边集结，其前锋已进至贵州独山地区，企图将红军抵御于其广西之外。

按照原定计划，红二、六军团向石阡、镇远、黄平地区转移，目的在于争取在

石阡城内的湖南会馆。红二、六军团长征时曾在此宣传群众和扩大红军。

这里创建新的根据地,以继续发展革命形势。但是,由于便水之战打成了消耗战,部队伤亡较大,没有能够创造出有利的局面;以石阡、江口为中心的地区居民稀少,经济落后,粮食十分困难,不利于大部队久留;从地形看,这里山河纵横,机动不便,也不适于进行运动战;而敌人又以 15 个师的兵力围拢上来,1 月 15 日,敌樊嵩甫纵队已追至铜仁,李觉纵队追至江口、凯德旁、洪家冲一线,郭汝栋纵队也兼程向江口推进,形势对红军非常不利。当时,敌人的报纸一齐叫喊"贺龙孤军势必就歼""贺龙走投无路""江南赤患削平有日"[2],真可谓忘乎所以,狂妄至极。

红二、六军团自离开桑植后,近两个月内,行军数千里,且战且走,到石阡后部队才得到一次大休息,在瓦窑堡会议重要精神鼓舞下,部队情绪饱满。此前,在 1 月 7 日,朱德、张国焘来电指示:"(甲)蒋现组织清一色的亲日政府,现反蒋军阀企图以两广为基干拥胡[3]反蒋。(乙)南京公开出卖华北,抗日反蒋运动在继续发展。(丙)二、六军可在黔滇湘一带广大地区活动,在敌力较弱之处行动,寻求各个消灭敌人之机。(丁)根据历次长征经验,不宜常采直径行进,在未给敌严重打击时不宜久停一处,有时急行军夺取要点,有时行军勿过快,离敌策源处较远的地方活动,但勿入太荒野地。敌力虽多,我能进退自如,主动在我。(戊)敌横的封锁线易袭破或穿过,勿硬攻纵深雕[碉]堡线。(己)乌江下游障碍大,上游障碍较小。黔南、黔西均少大河障碍,给养亦不难。(庚)桂军只有十七团,能作山地战,不取远出;滇军只有廿一团,战斗力亦不甚强。滇东有广大地区亦可行动,但不可接近滇越铁路。川南只有达凤岗和穆肃中两旅兵力。(辛)通过苗人地区必设法争取苗人,严紧政治纪律。(壬)经常进行政治工作,广大宣传自觉的艰苦战斗,必能最终获得胜利。"[4]

在这种情况下,敌人的部署既然改了,红军的计划应当怎样变呢?两军团领导人贺龙、任弼时、关向应、萧克、王震、甘泗淇、夏曦等,于 1 月 19 日在石阡召开了军委分会会议,检讨了突围以来的战斗行动,总结了便水战斗的经验教训,分析了当前的形势,决定放弃在石阡、江口地区建立根据地的计划,继续西进。会议认为:"一、因便水反击敌人,未能给敌以有决定意义之打击,开展新的有利战斗局势。二、敌依据原有碉堡线(已成碉堡网地区),已成包围逼近形势,我军处在狭小地区,渐成被动局势。三、以石阡为中心地带内,粮食缺乏,居民稀少,地形不利进行运动战。四、军委指示:'在未给敌以严重打击时不宜久停一处','乌江下游障碍大,上游障碍较小,黔南黔西均少大河障碍,给养亦不困难',同意西打驻黔蒋军,但须取进攻姿势。根据上述情况及军委指示,乃决定继续西移,寻求在广大地区进行运动战,并拟在黔省西部争取创立根据地。"[5]为此,红二、六军团决定继续转移,争取在长江以南、乌江以北的贵州西北地区创建新的根据地。这是红二、六军团撤离湘鄂川黔苏区后第二次确定的战略目标。

石阡会议结束后,按照总指挥部的指示,各部队进行了紧张的准备工作。贺龙、任弼时、关向应等领导人深入营、连,检查工作,慰问伤病员。当晚,部队分别在驻地召开了联欢会和聚餐会,欢迎在石阡地区入伍的800多名新战士。

石阡会议旧址。1936年1月19日,红二、六军团领导人在此开会,决定红军西渡乌江,争取在黔西、大定、毕节建立苏区。

从石阡到黔西,最主要的问题是能不能顺利地渡过乌江。1936年1月20日,贺龙、任弼时、关向应等率部由石阡出发,开始了抢渡乌江的战役。为了迷惑国民党追堵军,保证红二、六军团顺利渡过乌江,出发后,部队经过白沙、河坝场进入余庆县境。21 日进抵余庆的龙溪封附近,随即对敌郭思演纵队李必藩第 23 师设防于此的封锁线发起进攻,顺利突破了龙溪封锁线。

之后,红二、六军团迅速改变行军方向,转向瓮安方向南进。22 日,追敌樊嵩甫纵队董钊之第二十八师和陈安宝之第七十九师分别至合水、印江之线和木黄、桃子坪之线,邹洪之第四十三师、孔令恂之第九十七师分别进抵乌罗司、寨英之线。同日,国民党军事委员会委员长重庆行营发现红二、六军团改向南进后,于 23 日立即部署在瓮安地区"围剿"红二、六军团的计划:令郭思演纵队主力"兼程趋平越,转向瓮安拦击或腰击,如堵截不及,即以全力追击";令"刘建绪部李(觉)、郭(汝栋)两纵队,由江口分向石阡、余庆以南地区兜剿,樊纵队由塘头向石阡、余庆跟进";令郭思演纵队第九十三师"全部移驻贵阳";令万耀煌纵队第十三师"由綦江开遵义,川军许绍宗部由龚滩开南川、綦江",第二十军杨森部"由洪雅开赤水待命"。[6]同一天,蒋介石还命令蒋在珍的新编第八师抽一部留守铜仁、江口,主力归入郭汝栋纵队。

就在国民党重新部署围剿红二、六军团的当日,贺龙、任弼时、关向应收到朱德关于佯攻贵阳速转黔西、大定、毕节地区的电示:"(壹)据情报你们已过余庆线,应以佯攻贵阳姿势,速转黔西、大达[定][7]、毕节地区,群众、地形均可作暂时根据地。(贰)杨森大败后现调川南,系你们的好对象,内极为动摇。(叁)万耀煌调基[綦]江,已在途中,长途行军后战斗力亦大大削弱。(肆)追你的敌军,李、樊、郭[8]各纵均不大积极,打追敌恐不如[9],黔敌各部战斗力均甚弱。以袭击阻我之敌,可收各个击破之利,并可占广[大]地区,扩大红军。速占有利阵地,再击追来之敌,仍以运动战迎击之。(伍)现时情况望告。"[10]

根据朱德这一指示,为了迷惑敌人,红二、六军团于 24 日继续向南直下,经猴场、克瓮安、下牛场,逼近平越。25 日,在牛场,贺龙、任弼时、关向应就红二、六军团行动情况及建议红一、四方面军配合行动致电朱德、张国焘:"(1)依照前电,我军于 20 日由石仟[阡]西移,21 晚开始通过河坝场、玉龙溪之封锁线,23 日下午方全部过完。通过时方知该地带是敌三十里纵深封锁线,碉有敌约两团分守,后由余庆又增两团,因此我军伤亡二百余人。(2)24 日我军占瓮安城,本 25 日进至牛场地区,明日拟进平越[11]城休息一天再继[续]西移。(3)据情报,李、樊、郭等敌仍将西追,除黔敌外,杨森、万辉[耀]皇[煌]等亦入黔,蒋敌似仍继续以大力进攻二、六军团。我们建议:一、四方面军此时应以较大的行动吸引川敌及蒋敌之一部,以配合我们的行动。(4)我军二月余行军中,沿途伤亡两千余人,落伍寄群众家者约一千四百左右,逃亡四五百人(多系沿途扩大的),叛变二十余人,现有人数比桑植出发时约少四五百人,连十八师原数相等。政治情绪尚好,惟干部损伤颇大。"[12]

此时,红二、六军团的前锋已直逼贵阳。这时,国民党军主力大部分在红二、六军团的东面和北面,贵阳及其东南地区兵力比较薄弱。所以,国民党军急忙向贵阳收缩,加强防守。这样一来,国民党军在乌江的防守就相对减弱,给红二、六军团西渡乌江带来有利时机。但与此同时,遵义方面的国民党军约3个师的兵力,却开始行动,企图南渡乌江对红二、六军团进行截击。红二、六军团为了把这部分敌人滞留在乌江北岸,突然来了个大转弯,从北面绕过贵阳,向西北急进,造成经息烽北渡乌江的态势。国民党军怕红二、六军团走中央红军的老路,渡江北取遵义,让他们吃第二次亏,连忙在乌江北岸加紧布防,并命令两个师向遵义集中。

鸭池河战斗遗址

红二、六军团见敌人上当,解除了右翼的顾虑,于是再次改变方向,星夜向西秘密急进,直取贵阳以西的乌江渡口鸭池河。鸭池河是黔西北数县通往贵阳的主要渡口,1936年2月1日,红二、六军团抓住有利战机,以红六师为先导,迅速奔袭,抢占鸭池河渡口。同时,从各师抽调120多名侦察员,组成较强的侦察队担任先锋,连夜急进,于2月2日凌晨到达茶店,歼灭了小股守敌。天明,红

二、六军团主力也相继赶到,当即以猛烈的火力压制对岸敌军,并迅速夺取船只,开始渡江。当日下午,红二、六军团全部胜利地渡过了乌江,至傍晚,国民党军第二十三师和九十九师才赶到乌江东岸,而这时红军已经占领了黔西。

---

[1] 任弼时:《二、六军团长征的政治工作总结报告》,1936 年 12 月 19 日。转引自贺彪:《红二方面军从湘鄂边到陕北长征纪实》,华夏出版社 1990 年 3 月第 1 版,第 186 页。

[2] 左齐:《八千里路云和月》,《星火燎原》(3),人民文学出版社 1959 年 12 月第 1 版,第 267 页。

[3] "拥胡",另种文本档案原稿为"拉胡";胡,指胡汉民。

[4] 中国人民解放军历史资料丛书编审委员会:《红军长征·文献》,解放军出版社 1995 年 5 月第 1 版,第 990 页。

[5] 任弼时:《红二、六军团从湘鄂边到康东北长征经过》(1936 年 11 月),载《任弼时选集》,人民出版社 1987 年 9 月第 1 版,第 122 页。

[6]《重庆行营关于在瓮安地区"围剿"红二、六军团的部署》,载《红军长征·参考资料》,解放军出版社 1992 年版,第 859 页。

[7] 据本电另种文本档案原稿订正。大定,即今贵州省大方县。

[8] 李、樊、郭,指李觉、樊嵩甫、郭汝栋。

[9] "不如",疑有误,本电另种文本档案原稿为"不易"。

[10] 中国人民解放军历史资料丛书编审委员会:《红军长征·文献》,解放军出版社 1995 年 5 月第 1 版,第 995 页。

[11] 贵州省属旧县名,即今福泉县。

[12] 中国人民解放军历史资料丛书编审委员会:《红军长征·文献》,解放军出版社 1995 年 5 月第 1 版,第 996 页。

第十七章
红旗卷过黔大毕

黔西会议——分兵三路——红五师开进大定县城——密信——红军不费一枪一弹占领了毕节城——王震和14位苗族群众的谈话——扩红一千只要一天，扩红一万只要一转——长征路上的"黄金时代"

1936 年 2 月初,红二、六军团到达黔西地区时,无论是开展武装斗争,还是发展壮大红军力量,各方面的条件都非常有利,以至于红二、六军团的将士们,把 1936 年那个寒气袭人的 2 月,称为长征路上的"黄金时代"。

黔西、大定、毕节地区,是云、贵、川三省要冲,毕节居西,与云南省东北部毗邻,向北可通往川南,是黔西北政治、经济、文化中心;黔西居东,是黔西北的东大门,鸭池河附近的烂泥沟,设有四川省盐务局,管理八大盐号,存盐数十万斤,是川盐的集散地;大定(今大方县)在黔西和毕节中间。一年以前,毛泽东、朱德率中央红军入黔经过这一带时,播下了革命的火种。共产党的抗日救国主张和红军的"三大纪律八项注意",对广大群众有良好的影响。当时中央批准建立中共贵州省工委,指示积极开展武装斗争,争取建立背靠云南,面向遵义、重庆的根据地。这个地区少数民族的自卫武装很多,去年蒋介石利用"追剿"中央红军的机会,"假途灭虢",收拾了王家烈的黔军第二十五军,即以其亲信吴忠信主持黔政。吴忠信上台后,极力排挤以至消灭地方实力派,加深了敌人内部的矛盾和分裂,王家烈流入山林的残部也在这一带活动。中央红军走后,省工委负责军运工作的邓止戈在毕节建立党支部,了解社会情况,搜集军事情报,在反蒋的少数民族武装和黔军残部中开展工作,这对红二、六军团深入黔西北提供了有利的条件。

为了贯彻朱德、张国焘 1 月 28 日的电报指示精神,确定红二、六军团进入黔西后的工作方针,2月5日上午,中共湘鄂川黔省委及军委分会在黔西县城召开会议,任弼时主持。经过讨论,认为黔、大、毕在地形、群众、粮食与敌我力量对比等方面均于我有利,在全国革命形势激烈开展的条件下,红二、六军团应继续在长江以南活动,在该地区创建新的根据地。因此,红二、六军团占领黔西县城后,即分兵三路实施战略展开:红五和十六师继续西进,夺取大定、毕节;第四、第六、第十七这三个师集中起来,向东北方向出击,迎击从东面袭来的敌万耀煌纵队;红十八师则留守黔西,钳制鸭池河东岸之敌。

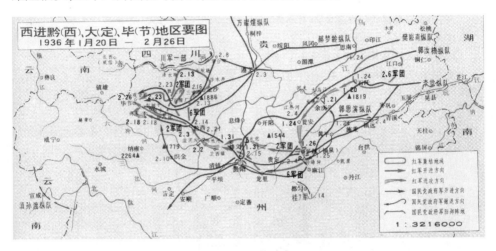

西进黔(西)、毕(节)地区要图

当红二、六军团进入贵州西部地区后,蒋介石立即于2月5日做出在黔西地区追堵红军的部署:令万耀煌、郝梦龄两纵队取捷径跟"匪"追剿;李觉、樊嵩甫两纵队分向织金、仁怀拦击;郭汝栋纵队向菡沙集结,为预备队;许绍宗纵队开四川叙永;杨森部开四川高县、珙县防堵;刘湘派队布防四川宜宾、屏山、雷波一线江防和横江、滩头防线;李家钰部大部开往四川西昌、会理,兼顾金沙江西岸防务;孙渡纵队主力至威宁,一部至盘县,联络堵击;甘丽初之第九十三师巩固贵阳,傅仲芳之第九十九师和杨其昌部肃清湘黔公路两侧之红军。[1]同时,滇军一部进至云南昭通、宣威一线,防止红军北渡长江和西进云南。

红二、六军团在贺龙等指挥下,各师于5日下午按计划行动。担任继续西进,占领大定、毕节任务的红五师和红十六师分别西进。红五师沿黔(西)大(定)公路急进,经狗场进军大定。他们行至黔西、大定两县交界处的西溪河边时,与"宋马刀"的保安旅交火。"宋马刀"是国民党第二十五军第二混成旅旅长宋醒的外号,他是前来协助黔西县长林雁峰镇守黔西的。只经过半小时激战,红五师就击溃"宋马刀"两个营,夺取了重要通道西溪河桥。当晚部队宿营于离大定县60华里的甘荫棠。第二天,部队继续向大定县城推进。赶到大定城南门外时,远远地有100多人,挥舞着标语、小旗朝队伍蜂拥而来。原来,当我军从黔西向大定急驰时,大定县长早已闻讯而逃。曾受过地下党影响的开明士绅彭新民,当即串联了各阶层人士组成欢迎队伍,热情欢迎红军进城。他们手持用彩色纸制成的小旗,上写"欢迎红军入城!""红军是干人(方言:穷人)的队伍!""大定民众拥护红军"[2]等口号。

上午10时,红五师在群众的簇拥下排成四路纵队,威武雄壮地开进了大定县城。红十六师随后跟进,于8日进入大定。

贵州省大定县拥护红军委员会,欢迎红二、六军团的布告。

毕节地处黔西北,是云贵川三省交界处。这里山高水险,地僻壤偏,又是少数民族杂居的地方,那"夜郎自大"成语中所说的夜郎国,就在这里。由于交通不便,人们多以背柴、背盐巴为生,生活非常贫困,经常是六七岁的孩子没尝过盐的味道,十七八岁的大姑娘没有裤子穿。这里的地主豪绅还强迫农民种植罂粟,借以剥削穷人,结果弄得人民不但衣食无着,而且吸毒残害身体。

红军解放大定之后,当时在毕节的中共贵州省工委委员邓止戈即派地下党员到大定与红军联系。这天,红六军团先头部队指挥员、军团参谋长谭家述,按照预定计划攻下了大定。正要宿营,战士们领着一个穿长衫的青年人过来。见了谭家述,那青年上下仔细打量一番说:"我有封密信要交给红军的长官!"

谭家述接过信拆开一看,不禁皱起了眉头。只见信上写着:"刘祖玉:我是小开派来找你们的。现在我们有部分地方武装配合你们攻打毕节专署,请即开到毕节来……"[3]"刘祖玉是谁?"谭家述问。那青年说:"我也不晓得。但写信人说,只要把信交给最高长官,就晓得了。"

谭家述立即将信转报给随六军团行动的任弼时。任弼时一见信,好不兴奋。原来"刘祖玉"和"小开"是党中央规定地下党组织与红军联络的暗语。信中说,毕节地区由地下党掌握的或和地下党有联系的地方武装共有三支,一支是川滇黔边游击纵队的毕节支队,由阮俊臣领导,人数达2000;一支是席大明领导的彝族人民反蒋自卫武装;另一支是周质夫领导的川黔边团队武装,他们已控制了毕节周围的要塞,正等待红军到来。任弼时当即与王震、夏曦商定,马不停蹄,进攻毕节!

红二、六军团部分干部在长征途中于贵州省大定县城合影。

原来,1935 年 4 月,中央红军将离贵州之际,向贵州省委传达了中共中央的指示,要贵州省委在川滇黔边建立武装,迎接后面的红军。根据这一指示,贵州省委就派了分管军事工作的工委成员邓止戈到黔西北,组织游击队。

邓止戈开展工作之际,适逢蒋介石免去了王家烈的贵州省主席职务,只留军职,而把吴忠信推到了贵州省主席的宝座上。蒋介石力图把贵州作为他统治西南的根据地,提出"贵州中央化"的口号,推行保甲制度和"新生活运动"。随后,他又免去了王家烈二十五军军长职务,调任军事参议院中将参议,接着又改编黔军,将二十五军的原 2 个师、5 个旅、15 个团,改编为 2 个师,每师 3 个团。

如此一来,蒋介石就是要把贵州置于自己的卵翼之下,自然引起了贵州人民的不满。这时,贵州军队反蒋情绪高涨,在改编前就有周方仁率两个团起义反蒋,拒绝改编;改编后的编余官兵在两广军阀的暗中支持下,在贵州各地开展"新黔军"活动。但这些反蒋的军人大多数是跟陈济棠、李宗仁走的,他们想搞西南政府,采取反蒋反共的立场,不和我们合作。邓止戈见策反黔军已无希望,便带着游击队到了叙永一带,与余泽洪取得联络。自此,两支游击队合为一体,在川滇黔边活动起来。

当时许多反蒋军人为了拉队伍,都纷纷回到各自的地方去搞团队武装,发展自己的势力。曾在二十五军当过营、团长的席大明也在编余遣散之列,他特地到水城找中共地下党员黄大陆帮助,黄要席回家去搞武装,并给他两支手枪和几百发子弹。席大明回到家乡赫章后,组织了一支队伍,活跃于滇黔边境。原在二十五军任少校参谋的周质夫,被编遣后回到家乡毕节县海子街,也以区长、联保主任等职务作掩护,组织了一支数百人的武装,反蒋情绪很高。

当时国民党已在毕节设有专员公署。专员莫雄原是江西省吉安专区的专员。在1935 年 4 月间,正当毛泽东指挥中央红军在贵州赤水与国民党军斗法之际,蒋介石于百忙之中专门接见了莫雄。蒋介石告诉莫雄,共产党在贵州赤水河时留下约七八千人的游击队,要莫雄把吉安专署"富有经验"的原班人马搬到贵州毕节负责"剿办"。于是,1935 年 5 月,江西吉安专署摇身一变,正式成为贵州毕节专署,管辖着黔(西)、大(定)、毕(节)、威(宁)、水(城)5 个县。

莫雄是同情红军的开明人士,曾帮助中央红军获得蒋介石的"铁桶计划",此番到黔,也并不真心为蒋介石卖命。他到黔赴任后,便按照上峰要求下令限期收缴民间私藏枪支。可是在毕节收缴民枪,除非你手中有重兵,否则,可不是那么容易的事。席大明是彝族人,他的队伍同云南边境镇雄安家彝族军常打冤家,双方都发展到 1000 多支枪,势均力敌。席大明的枪是用来械斗保家的,因此拒绝收缴。莫雄便派兵"进剿"。

土生土长的席大明,手下的兵多是本地农民,人熟地熟,进退自如。而莫雄的官兵是外乡人,人地生疏。几个回合下来,莫雄并不占优势,所谓的"进剿"毫无进展。莫雄见席大明部久攻未下,很是焦急。就在这时,红二、六军团正向黔西北发展的消息传来。

毕节专署的官员和当地豪绅,听到红军渡过鸭池河的消息后,纷纷向莫雄献策:"红军一来,暂且先不打席大明了,主要抗住红军。席大明是本地人,他不是声称'所据人枪,保卫地方'吗?不如趁这个机会,把席大明招纳过来,让他好好尽一尽保乡守土的责任。这样,可以收到以敌攻敌,一箭双雕之效!等把红军赶走之后,再来解决席大明。"莫雄觉得在理,当即派出 8 位豪绅作代表,找席大明谈判。这些说客随身带着一份金灿灿的委任状,委任席大明为毕节专区黔、大、毕、威、水 5 县的"清乡"总司令,命他立即率部到大定抗击红军。

席大明连夜差人把消息报告了邓止戈,请他想办法出主意。邓止戈考虑了红军向黔大毕挺进的形势,再说,莫雄手头可直接调度的兵力与席大明的人枪也旗鼓相当,所以,估计莫雄此时不敢主动攻打席大明。于是,他给席大明复信说:"红军来了,莫雄可能采取一箭双雕之计,但我们可以将计就计,同红军会师来消灭他。现在你可答应接受他的委任,但要提出:打红军要子弹,要钱粮,要莫雄送 10 箱子弹、1000 元银圆来,部队才能开拔。"[4] 席大明如法炮制,答应了来人。

于是,莫雄当即传令:答应席大明的全部条件。但有一点,必须等到席大明的队伍开进毕节后,才如数发给子弹和现大洋!席大明按照莫雄的要求,立即将部队带进了毕节城。果然,莫雄没有食言,将 10 箱子弹和 1000 块现大洋痛痛快快地交给了席大明,并要席大明立即开赴前线,阻击红军。

席大明领了子弹和银圆,按邓止戈的指示,片刻也不停留。火速沿毕节往大定的大路一路布兵,将所有军事要地一个不漏地占领了,使莫雄的保安团没有插足的地方。红六军团的部队一到,驻守在要塞头步桥的席大明,站在高处,披上彝族同胞的红披毡,双方对空鸣枪。之后,席大明红彤彤地走出防地,来到红军的行军队列里,跟指战员们亲切地拉手,队伍也汇成一处往回撤。当红军将领们巡视毕节阵地时,不由得暗自庆幸。这里河流湍急、两山对峙、峭壁耸立,悬崖上修筑了坚固的碉堡,真乃一夫当关、万夫莫开之处！难怪当年太平天国翼王石达开率部进攻毕节,在这里严重受阻,久攻月余而不下。如果要硬打,必然是一场艰苦的硬仗,而今兵不血刃、一枪不发地占领毕节,不能不说是党的地下工作者的功劳。

红军不费一枪一弹占领了毕节城,进而控制了整个黔、大、毕地区。红军进城后,邓止戈亲率席大明等会见了王震和夏曦等同志。随后,阮俊臣、周质夫等部也陆续开进了城。至此,贵州省工委执行中央关于在川滇黔边搞武装,迎接红二、六军团的任务初步完成。

"红军来了！"

毕节城内的百花山礼拜堂。红二、六军团在此成立了川、滇、黔革命委员会。

2月9日,喜讯传遍山城,人民群众像过节一样,走上街头,欢迎自己的队伍。当年轻的红军指战员们头戴红五星,英姿勃勃地走在街头的时候,老人们流下了热泪。二、六军团进入毕节,给人民带来希望。在红军入城的当天下午,就开展了声势浩大的宣传活动。二、六军团直属队和各师、团政治部人员全部出动,上街搞讲演,贴标语,和群众拉家常,摆"龙门阵",访贫问苦,组织宣传队唱歌、演戏、跳舞。还举行了一次别开生面的聚餐大会,慰问劳苦群众。参加聚餐会的人自备碗筷,人们笑逐颜开地吃着鸡肉、猪肉、大米饭。经过几天的宣传活动,广大劳苦群众的革命热情激发起来了,整个山城到处呈现着春意盎然的景象。

红二、红六军团占领整个黔、大、毕地区后，立即抓紧开展建设根据地的各项工作，相继建立了大定县毕节县革命委员会，还建立了8个区苏维埃临时政权，95个乡、村苏维埃政权，95个地方游击团队。各级政权建立之后，领导人民群众广泛开展了打土豪、分浮财运动。据不完全统计，在黔西县打土豪140余家；在大定县打土豪500余家；在毕节打土豪近百家。没收的财产、粮食、盐巴等，多数分给了当地群众，少部分留作红军的粮饷。

毕节城内的福音堂。红六军团政治部长征时曾驻此处。

对于民族工商业，苏维埃临时政权采取了保护政策，只要工商业者遵守苏维埃政府的法令，就让他们大胆做生意。同时，还欢迎外地商人到苏区做买卖。由于红军纪律严明，买卖公平，苏区的各个商号纷纷开门营业，市场很快恢复和繁荣起来。

红军还派出许多宣传队，开展抗日救国的宣传工作。黔、大、毕地区，为少数民族群居之处，尤以彝人为最。任弼时令军团政治部印刷了布告，四处张贴。这布告本是一方面军去年行军途中留下的，任弼时发现后，稍加修改，布告写道：

> 中国工农红军，解放弱小民族。
>
> 无论民族大小，都是兄弟骨肉。
>
> 可恨川黔军阀，压迫彝人太毒。
>
> 苛捐杂税重重，又复妄加杀戮。
>
> 红军万里长征，所向势如破竹。
>
> 今已来到黔西，尊重各族风俗。
>
> 军纪十分严明，不动一丝一粟。
>
> 粮食公平购买，价钱交付十足。
>
> 凡我各族群众，切莫怀疑畏缩。
>
> 赶快团结起来，共把军阀驱逐。
>
> 设立人民政府，共同管理事务。
>
> 真正平等自由，再不受人欺侮。

希望努力宣传,播至家家户户。

在毕节,红十六师政治部主任李铨和各团副政委,分别率师、团抗日宣传队,与毕节地下党领导的以学校的进步师生等组成的"毕节草原艺术研究社"群众宣传队一起,在街头巷尾张贴苏维埃政府布告,书写革命标语、口号,用唱歌、演戏、演讲等多种形式,宣传共产党的主张、红军的宗旨、苏维埃政府的纲领等。门板、墙壁、竹片当成标语牌;锅灰、木炭成了墨汁的代用品。经过红军的宣传,人民群众奔走相告,都知道红军是穷人的队伍,是专打蒋介石和抗日的。原先受到国民党反动派欺骗宣传躲入深山老林的群众,也都纷纷返回家园,积极参加群众斗争。红军爱人民,人民拥护红军的事迹到处涌现。有一次,红五师的一名司务长,带一名战士去归还借用的老百姓的炊具,不巧部队紧急集合转移,这两位同志被当地反动武装捕获。敌人毒刑拷打这两位同志,但他俩坚贞不屈。敌人恼羞成怒,企图秘密杀害。在这紧要关头,当地农民赵兴周、陈顺清见义勇为,冒着生命危险将司务长和战士救了出来,并亲自将他俩护送到总指挥部。贺龙得知这个情况后,热情地接见了他们,对赵兴周、陈顺清热爱红军的行动给予很高评价,并亲手发给他们每人一块银圆,表示对他们的奖励。在大定县,为了帮助我军赶制被装,100多名缝纫工人携带十几台缝纫机日夜苦干,在很短的时间内即赶制了1000多套军装、100多条棉被和一大批子弹袋。我军后来转移时,一些裁缝自愿携带机器随军行动,边转移行军,边为我军赶制服装。

黔西北是少数民族聚居的地区,红军在这里十分注意对少数民族的工作。红六军团政委王震亲自和14位苗族群众谈话,对他们说:"我们这个队伍里有很多人都是被地主老财逼得走投无路才出来当红军的,我们红军是为天下受苦受难的穷苦百姓求解放的队伍。"还说:"你们苗族有土司,我们汉族有地主,他们都是靠吸我们穷人血汗养肥的。虽然我们的民族不同,但天下的受苦人都是一家人,地主、土司才是我们共同的敌人。"王震的话,深入浅出,说得苗族群众连连点头:"过去,在我们的眼里,汉人中是没有好人的。现在看来,汉人中的穷人也是和我们苗家一样苦。……真是苗山的树林根连根,苗汉穷人心连心啊!"中午,王震特地叫炊事员加了几个菜,陪他们吃了饭,还从县城请来照相的师傅,在他住的屋子外边的天井里,和那14位苗族群众合了影。苗族群众离开时,王震还让人送他们30支步枪和两支手枪,叮嘱他们尽快武装起来,同国民党反动派做斗争。由于红军坚决贯彻党的民族政策,少数民族的广大贫苦群众同红军产生了深厚的感情,革命的种子在他们的心中深深扎下了根。

1936 年 2 月，王震（前排左 1）在贵州省与苗族群众合影。

　　由于宣传工作做得好，扩红工作进展也很顺利。在短短的 20 多天里，红二、六军团在黔、大、毕地区就扩大红军 5000 余人。说起"扩红"，当年在湖南桑植跟着贺龙参加红军、时任红六军团十六师政治处青年干事的萧瑞林，还清晰地记着当时"扩红"的情景，他说：在贵州有个顺口溜："扩红一千只要一天，扩红一万只要一转。"贵州的黔西、毕节、大定地区，是个山高皇帝远的赤贫之地，一家人穷得只有一条裤子穿的比比皆是，当地老乡们都说："羊毛拼毡子，洋芋野菜过日子，要吃苞谷饭，除非老婆坐月子，要吃白米饭，除非还有二辈子。"萧瑞林直到今天还记得扩红时唱的歌：

　　　　　　当兵就要当红军，处处工农来欢迎，
　　　　　　打倒土豪分田地，要耕田来有田耕。
　　　　　　当兵就要当红军，处处工农来欢迎，
　　　　　　红军上下都一样，没有哪个压迫人。
　　　　　　当兵就要当红军，处处工农来欢迎，
　　　　　　买办豪绅反动派，杀他一个不留情。

　　"这么一说一唱，一转身的工夫，就有七八个人跟着我来了。有时遇到青年小伙子，我就拍着他的肩膀说：'参加红军吧，红军里头有饱饭吃。'许多青年在家吃了上顿没下顿，国民党军队来了还得躲东藏西，不如跟红军走。就这样，不少青年参加了红军。"

后来，萧瑞林和战友们学聪明了，采取了更高级的"扩红"方法。当地的社会名流有很多并不买蒋介石的账，红军找到名气比较大的又稍微开明一点的人，跟他们讲起革命大道理显得轻松得多。这些人只要有几个被说通了，就能带动一大批人参加红军。最多的一次，一个社会名流带来了一个连的队伍。

在黔、大、毕那段日子，在萧瑞林印象中，是他们在长征路上经历过的最辉煌时期。是啊，红二、六军团从桑植长征到黔、大、毕，行程3050多公里，敌人围追堵截，红军伤亡惨重，可是经过黔、大、毕"扩红"，红二、六军团不但没有减员，反而增加了3000多人，这真是一个奇迹！所以也有老红军说，红旗卷过黔、大、毕，红二、六军团在此度过了长征路上的"黄金时代"。

---

［1］《蒋介石关于红二、六军团攻占黔西城后的追堵部署给龙云电》，《红军长征·参考资料》，解放军出版社1992年版，第867页。

［2］谭友林：《红旗卷过黔大毕》，见《苦斗十年》（下），解放军出版社1989年12月第1版，第210页。

［3］邓止戈：《长征路上建新军》，见《苦斗十年》（下），解放军出版社1989年12月第1版，第224页。

［4］邓止戈：《长征路上建新军》，见《苦斗十年》（下），解放军出版社1989年12月第1版，第224页。

第十八章
开明绅士周素园

　　颇有影响的名流——拒绝逃走——没有多少家产，却有相当多的书——"我研究马克思的学说足足有十年"——周素园出山从政——给云南的龙云、孙渡写信——"我周素园就是死也要死在红军里！"

统一战线是党领导全国人民取得革命胜利的重要法宝之一，根据党的民族统一战线政策，红二、六军团在黔西、大定、毕节地区广泛开展了统一战线工作，产生了深刻的影响，收到很好的效果。有很多对祖国怀有深厚感情的仁人志士，在党的统一战线影响下，思想不断进步，成长为共产主义者。在毕节，知名爱国民主人士周素园先生，就是其中的杰出代表。

周素园是前清末年的贡生，后中了秀才。早年参加过反对清朝的斗争，在贵阳主办《黔报》以求唤起民众，是贵州辛亥革命领导人之一。周老先生担任过贵州军政府行政总理，在北洋军阀政府任过高级官员，又曾是军阀袁祖铭云贵川总司令部的秘书长。[1]辛亥革命失败后，因不满军阀混战，他游走于四川，1925 年后又辗转回到贵州，于毕节赋闲在家，从此闭门读书。周素园闲居之时，在毕节一家进步书店购得了《资本论》《共产党宣言》等进步书籍，读到兴奋之处，不禁拍案叫绝。自此，周素园对共产党的革命开始有了认识。九一八事变后，老人对日本帝国主义的侵略行径十分痛恨，深感报国无门，在家书中写道："眼看祖国危亡迫在目前，真是一百二十个的惭愧"[2]。1936 年，时年 57 岁的周素园，在西南地区享有很高的声望，是颇有影响的名流。2 月 9 日，红军迫近毕节时，国民党专员莫雄专程拜访周素园，劝其跟他一起逃走，遭到周素园的断然拒绝："我没有多少家当，不必走。要走，你就撤走算了，不要跟红军为难。何况，你们也打不赢红军。贺龙是一员虎将，你莫去拿鸡蛋往石头上碰。"

红六军团占领毕节后,政治部的同志到周素园家里去拜见。出乎意料的是,这位当过大官的人,真的没有多少家产,却有相当多的书。他们惊奇地发现,在众多的书中,还有不少国民党明令禁止的宣传马克思主义的书籍,有的已被这位老先生批注得密密麻麻。就问他:"你这地主是做什么的?"周素园指着书说,"你们看,我在研究这个。"由于石阡休整时,任弼时在党的积极分子大会上作过统战报告,红军在长征途中很注意统战工作,因此,有关同志立即将这一情况报告王震、夏曦。王震听后,立即决定前去拜会这位"古怪"的老先生。

寒暄之后,王震问道:"周老先生,你当过大官呐,红军来了,你为什么不走?"

周素园回答说:"我当过大官,又没发过不义之财,没得什么家产,两袖清风,何必跑呢!"

王震又问他:"你怕不怕红军呢?"周素园微微一笑,回答说:"我没有鱼肉乡民,没有做伤天害理的事,我怕什么?"王震又问:"你为什么要看马克思主义的书呀?"

"孙中山先生革命失败了,如今的中国乱成了这个样子,我总该寻找救国救民的真理吧?"周素园真挚地回答说:"你大概不相信吧? 我研究马克思的学说足足有十年了。我觉得马克思讲得对,我相信他的理论。可惜人老了,只能是纸上谈兵喽!"夏曦道:"您虽不从政,仍关心国事,研究马克思主义,真是难能可贵。现在我们共产党的政策是抗日反蒋,不知老先生赞成不赞成?"周素园明确地说:"共产党抗日救国乃民族之大幸,这个政策好,我赞成,完全赞成。"大家越谈越投机,非常亲热。

黔、大、毕一带由于国民党强迫农民种大烟,因此抽大烟的人极多,不少人抽得骨瘦如柴。红军在这里掀起禁烟运动。周素园还帮助红军写了《劝戒烟》诗,抄写后四处张贴。那诗写道:"一灯如豆暗无天,两手握枪床上眠,大土三钱频频吸,还有那——四时水果味新鲜,五色糖果佐消遣,六安茶还用那泉水煎,七月暑天也不怕蚊虫咬,八面威风乐陶然,九天更不觉深霄冷,十分舒服似神仙。只吸得,家事十桩九不管;只吸得,八方债务逼眉尖;只吸得,门开七日无着落;只吸得,六亲断绝少周旋;只吸得,五官不正鬼模样;只吸得,四体不仁疾病缠。倘若是,三日未足鸦片瘾,两泪双流鼻涕涟。一生志气消磨尽,百业无成实可怜。只落得,万千痛苦对谁言。"

此时,贵州地下党领导的革命武装于2月9日与红军在毕节会师后,因席大明、周质夫、阮俊臣各部都陆续到毕节集中了,邓止戈便请示王震用什么名义来统一编制? 王震说:"贺老总的意见:现在是困难时期,抗日救国是全党全国的重要任务,为贯彻执行党的抗日民族统一战线政策,就以地下党领导的武装为基础,成立贵州抗日救国军好了。"但是对于司令员的人选,还没有最后确定。

在跟周素园接触后,王震、夏曦都十分感动,立即把他的情况向贺龙、任弼时等做了汇报。大家一致决定请周素园来担任抗日救国军的司令员。周老先生激动地说:"我已近花甲之年,退出政界也已多年,承蒙贵党邀请,使我在有生之年能为民族、为民众尽力,这是我的光荣。"周素园出山从政的消息一传开,在黔西北震动很大,许多人都讲:"共产党了不起,连周素园都跟共产党走了。"周老先生接受我党邀请后,四方奔走宣传我党反蒋抗日主张,2月12日,成立了以他为首的"毕节抗日救国会",成为毕节地区各阶级、各阶层的抗日反蒋联合力量。[3]

1936年2月14日,地下党领导的各种武装齐集毕节县小校场开会,正式宣布成立贵州抗日救国军。由周素园任司令员,邓止戈任参谋长,还宣布了各支队领导人员。第一支队司令员席大明,第二支队司令员周质夫,第三支队司令员阮俊臣。为加强领导,红二、六军团决定派出红六军团民运部长李光清、第十八师政治部组织科长廖明及团政治处主任欧阳崇庭分别担任一、二、三支队的政治委员。抗日救国军成立后,办公地点就设在周老先生的家,毕节城内十字街上的周宅门口挂出了牌子。抗日救国军配合红军担负城防等工作,支援红军在毕节地区休整和作战。以周素园先生在地方上的威望,各方奔走,积极宣传抗日反蒋政策,筹措粮款,扩大武装,工作很有成效,在共产党和红军的帮助下,一时间,黔西地区的反蒋抗日武装纷纷前来归附,抗日救国军很快就发展到1000多人。

因为周素园和云南的龙云、孙渡等上层人物相识,为了能在黔、大、毕地区站住脚,红二、六军团领导人贺龙、任弼时请他给云南的龙云、孙渡写信,晓喻大义,言明利害,先生欣然同意。他在信中把共产党和红军的政治主张向他们作了详细说明,并说:"蒋介石派中央嫡系万耀煌、樊崧甫等进入云南贵州来打红军,也叫你打红军,红军是不好打的。退一步说,即便你把红军打掉了,也是两败俱伤。万、樊挟天子以令诸侯,人多势大,那时的云南还是你的? '假道灭虢',史有明鉴。"[4]由于龙云当时的处境及周素园给孙渡写的信很有说服力,结果正如萧克所说:"孙渡在威宁、昭通按兵不动,固然出于利害考虑,但其中也有周的影响。这种态势,有利于我们集中主力对付正面来的敌人,在毕节地区停留20天,休整补充。后来我们从乌蒙山向宣威进军时,也以军队的名义给龙云、孙渡写信,晓以利害,并提出缔结抗日停战协定。虽然估计不会有什么效果,但至少可以使龙云增加对蒋军入滇的戒心,加深其矛盾。后来事实证明确是如此。"[5]

就在周素园与红军携手共建抗日反蒋根据地时,国民党政府非常恼火,为替自己遮丑,军令部长何应钦急电贵阳顾祝同和吴忠信:"乡人周培艺君,字素园。近在毕节被匪掳去,请查明设法营救为祷。"[6]

后来,红军要离开黔、大、毕,转战乌蒙山区,生活相当艰苦。贺龙同志指示,让邓止戈向周素园做工作:"周素园年纪大了,57岁的人啦,身体也不好,跟我们一道长征,此去路途遥远,他是受不了的。这位先生为人刚正,影响又大、让他留在毕节也不合适。可以给他一批黄金和银洋,送他到香港去寓居,为我们党做些统战工作,发挥他的长处嘛。"周素园知道后,感慨万端:"我在黑暗社会里摸索了将近60年,到处碰壁,现在参加红军,才找到了光明。请告诉几位首长,我周素园就是死也要死在红军里!"贺龙听了,对周老先生的革命热忱十分赞赏:"好啊!有骨气,我佩服,我赞成这样的人。就是拿出18个人不去打仗,专门照顾他,我也要抬着他长征。我要同他同生死,共患难喽!"[7]

周素园先生旧居。红二、六军团在贵州省毕节地区团结与争取了曾任北洋政府秘书长的知名人士周素园先生,由他出面,团结毕节各界人士筹建了以周先生为司令的贵州抗日救国军。随后,周先生参加了红军长征。

在长征的艰苦环境中,周素园这位年近花甲的老先生始终和红二、六军团的同志们在一起,爬雪山,过草地,最后到达陕北。其间,在四川甘孜,他还利用电台进行广播谈话,揭露蒋介石投降卖国的罪行,呼吁各省起来抗日。在陕北,毛泽东、周恩来都亲自接见了他,毛泽东称赞他是"我们的一个十分亲切而又可敬的朋友与革命的同志","一个奋斗的人"[8]。抗日战争爆发后,周素园曾任八路军高级参议,1938 年返回原籍。新中国成立后曾任贵州省人民政府副主席、贵州省副省长。

[1] 谭友林:《红旗卷过黔大毕》,见《苦斗十年》(下),解放军出版社 1989 年 12 月第 1 版,第 214 页。

[2] 章学新:《任弼时传》(修订本),中央文献出版社 2000 年 1 月第 1 版,第 419 页。

[3] 张铚秀、颜金生:《长征途中创建的苏维埃政权》,见《红六军团征战记》(下),解放军出版社 1994 年 6 月第 1 版,第 265 页。

[4]《萧克回忆录》,解放军出版社 1997 年 6 月第 1 版,第 232 ~ 233 页。

[5]《萧克回忆录》,解放军出版社 1997 年 6 月第 1 版,第 233 页。

[6] 张铚秀、颜金生:《长征途中创建的苏维埃政权》,见《红六军团征战记》(下),解放军出版社 1994 年 6 月第 1 版,第 266 页。

[7] 水工:《中国元帅·贺龙》,中共中央出版社 1995 年版,第 182 页。

[8] 毛泽东:《毛泽东书信选集》,人民出版社 1983 年版,第 108 页。

第十九章
将军山伏击战

蒋介石亲自飞抵贵阳——敌人向大定扑来——伏击万耀煌部——打蛇要打七寸——捷报频传——打破了万耀煌纵队神话——成功的歼灭战和防御战

贵州省大定县的将军山。红六军团曾在此歼灭万耀煌纵队先头部队1000余人。

红二、六军团在黔西、大定、毕节地区创建根据地之时，国民党军正加紧调集兵力，准备对红军发动新的进攻。面对汹汹逼近的敌人，红二、六军团在将军山给予了他们迎头痛击，打了一个漂亮的伏击战。

蒋介石对于未能按计划围歼红二、六军团十分恼火。他于1月底亲自飞抵贵阳，命令正在四川与红四方面军作战的万耀煌纵队由汉中急速入黔，参加对红二、六军团的"追剿";调重庆"行营"主任顾祝同到贵阳,统一指挥万耀煌纵队、樊裕甫纵队、郝梦龄纵队、李觉纵队和郭汝栋纵队担负进攻任务;命郭思演纵队、孙渡纵队从东西两面进行防堵;命川军杨森部、李家钰部沿长江布防,企图将红军围歼于黔西地区。在蒋介石的严令下,各路国民党军加紧了进攻的步伐。就在红二、六军团占领黔西时,万耀煌部已经占领了黔西县北面的打鼓新场(今金沙县),其先头部队进至三重堰要地。郝梦龄部紧随其后,郭思演纵队的第九十九、第二十三师也向鸭池河靠拢过来。

面对国民党军的进攻,红二、六军团根据 2 月 5 日黔西会议的部署,集中第四、第六、第十七师向三重堰方向迎击万耀煌纵队;留第十八师驻守黔西并将郭思演纵队阻止于鸭池河东岸。2 月 6 日,万耀煌部本队到达三重堰后,红军判断敌人可能南移,便以第四、第十七师在樱桃坪以北地区设伏,准备歼敌于运动之中。但万耀煌部却停止于三重堰未动,红军未能打成。为了调动敌人,创造歼敌之机,红十七师于 2 月 10 日深入敌后,夺回了打鼓新场。战斗中,红十七师师长吴正卿牺牲。之后,红军主力绕到三重堰以北,准备乘三重堰之敌回援打鼓新场时,在三重堰东北地区截歼之。但是,万耀煌部并没有因打鼓新场的丢失而回返,而是利用红军主力集结在东北方面、黔西县城内兵力薄弱之机,于 2 月 14 日袭占了黔西县城,并将被红十八师阻隔于鸭池河东岸的郭思演纵队两个师接应过来。18 日,万耀煌、郝梦龄两纵队又向大定扑来。当日黄昏,红六师在黄家坝给郝梦龄部先头第五十四师以重创,但未能阻止住敌人的进攻,大定为敌所占。

这时,红十七师在萧克率领下从打鼓新场撤到了大定的六龙场。军委分会电告萧克,要其在大定以西适当地点伏击万耀煌部,阻止敌人攻击行动,以掩护毕节方面。2 月 19 日凌晨,红十七师踩着月光从六龙场出发,在向导的带领下,于拂晓时进抵将军山。

只见朝霞染红了东方,瑰丽的色彩装点着早春的云贵高原,丘陵起伏,山外有山,湍急的溪水在山涧奔流,报晓的晨雀在山林中发出清脆的叫声。将军山在大定以西 20 余里,位于六龙山南麓。山势由南而北,巍峨高耸,群峰挺拔,宛若巨蟒横卧,形成一道天险屏障。将军山在逶迤的群峰中最为雄伟,乃群峰之首。清镇通往毕节的公路绕将军山脚下蜿蜒而过,是大定通往毕节的门户。附近是一片丘陵,由此向南依次排列着王家大披、杨梅坡、胶泥坡、雷打树坡、松林坡等丘陵和高地。山坡和高地上,古木参天,密林苍茫,隐天蔽日。公路两侧则灌林遍野,荆棘丛生。这将军山就像一扇巨大的石门,卡在大定通往毕节的山路上,是一个打伏击战的好地方! 这里既便于隐蔽部队,奇兵袭击敌人,又便于居高临下,发扬红军的火力。

萧克当即命令第五十团及第五十一团从公路东侧攻击运动之敌。前卫第四十九团则从公路西侧插了过去,左翼部队也有一部穿过公路,对敌形成强大压力。

这是一个万里无云的晴天,但山风吹来,仍使人微感寒意。战士们依树傍石一遍遍地擦拭着武器,有的和衣就地休息。15 岁的小司号员雷于堡蹲在十七师师长刘转连身边,不时摆弄一下手中的大砍刀,悄声对他说:"师长,这回我一定要用它换一支驳壳枪!"刘转连赞许地点点头,接过刀看了看,锋利的刀刃闪着寒光,不由得说:"真是一把好刀! 有了枪,我们也不能丢了它,这是我们的传家宝,贺龙同志不也是两把菜刀起家吗?"小司号员低下头笑了。[1]

一个钟头、两个钟头过去了,敌人仍未见冒头,刘转连的心中不禁有些着急。直到上午 9 点左右,空中突然出现了两架敌机,怪叫着在头顶盘旋了几圈后就飞过去了。紧跟着,前面的侦察员报告,敌人万耀煌第十三师先头部队已接近红军阵地。用望远镜向大定方向望去,只见公路上扬起一片尘土,敌人像一条游蛇,在烟雾中,沿公路缓缓蠕动。10 里、5 里、3 里……距离红军布置的埋伏圈越来越近了。战士们摩拳擦掌,注视着敌人的行动,早已忘记了一夜急行军的疲劳、寒冷和饥饿。小雷紧张而兴奋地说:"快吹冲锋号吧! 师长!""等等!"刘转连摆摆手,"打蛇要打七寸,不能操之过急,让他们再靠近一点。敌人不到位、过早地开火,会惊动他们。要沉得住气,让敌人进入伏击圈内,越深入越好。"

等到敌先头部队已进入红五十团正面阵地时,突然,四周的冲锋号吹响了,顿时手榴弹的爆炸声和步枪、机枪、迫击炮声响成一片,团团硝烟夹着碎石、土块、树枝,伴着敌人的惨叫声腾空而起。敌军受到这意外的打击,惊慌失措,前拥后挤,首尾不能相顾,队伍乱作一团。红军战士同仇敌忾,高喊着冲下山来,把敌人压制在公路两旁。

战斗打响后,捷报频频传入指挥所,有的团抓到了俘虏,有的团缴获了大量武器。只有四十九团陈冬尧政委带着一个步兵营和一个 82 迫击炮连仍在师指挥所待命。战士们听着战场上的枪炮声,看着兄弟连队胜利的捷报,一个个都快急得跳起来了,恨不得马上冲下山去,与敌人拼个你死我活。贺云生营长也急红了眼,三番五次地在刘转连身边吵着:"师长,你再不叫我们上去,我们可就捞不到仗打了。"刘转连说:"不要怕打不上仗,现在不就在战场嘛!"有个调皮的小战士也挤过来说:"我们是想亲手抓几个俘虏,缴获几条子弹带,换上一条新马枪,再挂上一支驳壳枪,神气神气,气死老蒋!"刘转连对战士们说:"你们二梯队营,是指挥所的小拳头,只要大家沉得住气,准备好了,会有你们用武之地的!"

很快,部分敌人就清醒过来了,他们仗着武器好,依据树木、土丘,做垂死的挣扎。这时,十几个冲在前面的红军战士中弹倒下,刘转连立即命令部队火力掩护,自己则带着二梯队营冲下山坡,靠着茂密树林的掩护,很快就接近了敌人。

部队距敌人越近,敌人的火力就越猛,狡猾的敌人利用地势高、树林密,在奇形怪状的山石间挖了一条条战壕,抵抗得很顽固。但这一切都挡不住红军战士的勇敢智慧和英勇杀敌的献身精神。战士们带着对敌人的无比仇恨,如猛虎下山一样冲上山坡公路,与敌人短兵相接展开肉搏,长枪、大刀、匕首各显神通,直杀得敌人血肉横飞,抱头鼠窜。

将军山伏击战打的干净利落,速战速决,激战一个半小时,就将万耀煌苦心经营的敢死队6个连全部歼灭,毙敌100余人,俘敌300余人,缴获步枪300余支,轻机枪9挺,打破了万耀煌纵队吹嘘的"声威显赫,连克数城"的神话。

战斗结束后,萧克和红十七师师长刘转连登上将军山,看到远处敌人正在大定城外集结。考虑到这次遭遇战虽然把敌十三师的前锋打掉,但其主力还没有受到打击。这个师是国民党的中央军,装备好,战斗力强,不会就此偃旗息鼓,善罢甘休,很可能会卷土重来。于是,当即命令红十七师占领将军山,构筑工事,转入防御。

敢死队被歼后,万耀煌纵队便龟缩于大定城不敢冒进,红军凭险据守将军山达七天之久。直到25日,郝梦龄纵队进至锅厂,威胁红十七师将军山阵地北侧,万耀煌纵队才向将军山反扑。先以轻重火器向红十七师阵地射击,然后以多路队形发起攻击。红军居高临下,隐伏战壕,待敌进至预定距离时,才一齐开火,发起冲击,一直把进攻之敌赶到山脚下。如此反复数次,终使敌人进攻企图未能得逞。红十七师控制将军山,形成了在毕节、大定地区建设游击根据他的东面屏障。26日,敌人又向将军山大举进攻,此时红十七师完成阻击任务后,正逐步向毕节撤退。当撤到离将军山20里的响水河西岸时,萧克发现河对面公路上敌人正向响水开进，便命令第五十一团迅速出击，一举歼灭了敌人的先头部队，将敌阻滞于响水河东岸。次日黄昏，红军撤出战斗向毕节转移。

就在国民党军大军逼近、"黑云压城城欲摧"的严重时刻，红二、六军团与毕节群众于2月26日晚在城内的小教场举行了万人提灯大会。川滇黔省革命委员会主席贺龙向大家发表了讲话，号召黔大毕各族人民为挽救民族危亡，坚持抗日反蒋斗争。会场上群情振奋，大家手中的灯笼、火把，将小小的毕节城照得如同白昼。会后，军民共同举行了提灯游行，气氛十分热烈，表现了"敌军围困万千重，我自岿然不动"的大无畏气概。

第二天，中共川滇黔省委和军委分会在毕节召开联席会议，共同研究敌情。会议认为，近120个团的国民党军在黔西、大定、毕节周围的包围圈已经形成，红军继续留在这一地区活动处境十分不利。根据全国抗日救亡运动发展的新形势和朱德、张国焘来电的精神，本着争取建立新根据地的方针，会议决定，放弃黔西会议制定的在这一地区建立根据地的计划，红二、六军团继续转移，先到黔南的安顺地区，争取在那里创建临时根据地，准备在时局发生大变动时，再东进至湘黔边地区。当天，红二、六军团撤出了毕节城。

将军山之战先是对敌的歼灭战，后又进行了成功的防御战，最后在撤退过程中突然实施反击，也连续取得胜利，对于保住毕节，赢得时间，保证部队从容转移起到了一定的作用。

---

[1] 刘转连：《将军山战斗前后》，《红六军团征战记》（下），解放军出版社1994年6月第1版，第245～246页。

第二十章
意外的损失

　　"三方夹击"——席大明的队伍开不动——夏曦溺水牺牲——红二、六军团牺牲的最高级别指挥员——夏曦对自己的错误有了较深刻的认识——"两头好，中间错"

红二、六军团牺牲的将士中,有一位是毛泽东在湖南第一师范的同学,也是红二、六军团牺牲的最高级别的指挥员。在他牺牲后,毛泽东曾给其父亲写信:"东与曼伯,少同砚讨,长共驱驰,曼伯未完之事,亦东之责也。"这个人就是红六军团政治部主任夏曦。他参加过新民学会、南昌起义,1921年入党,是一名老布尔什维克。后来,他执行"左"倾路线,大搞肃反扩大化,给根据地和红军造成重大损失。之后他对自己的错误有了深刻认识,并积极改正。对他的历史功过,自有后人评说。

1936年2月27日,红二、六军团在贺龙、任弼时、关向应等的指挥下,按照预定计划撤离毕节地区。当时的敌情是:尾追的万耀煌纵队于当天下午进占毕节城,樊嵩甫、郝梦龄两个纵队也紧跟万纵队之后尾追;滇军孙渡纵队在前面防堵,分驻云南昭通、贵州威宁、水城三处;李觉、郭汝栋两个纵队分别由织金、大定向水城、威宁拦截;加上川军在川南堵截。这样,顾祝同的企图是集结各路纵队在毕节、威宁以北地区"三方夹击"[1]红二、六军团。

为此,顾祝同特别致电龙云,认为这是围歼红军于上述地区的"唯一良机","除严令各部队不顾一切,努力急追外",唯担心"威宁方面兵力嫌单,如只能保守县城,不能阻匪通过,则匪之活动范围甚大,聚歼之效难收",要求龙云速"设法派队增防"[2]。龙云接电后,立即增调一个旅加强了威宁的防守力量。

贵州省野马川地区的七星关。原中共湘鄂西分局书记、红六军团政治部主任夏曦在此牺牲。

　　2 月 29 日,红二、六军团经杨家湾、七星关、朱昌、五股等地,分别进入野马川、平山堡一线,跨入了气势磅礴的乌蒙山区。乌蒙山,位于黔西北和滇东之间,方圆数千里,其范围包括云南省昭通、镇雄、彝良、宣威和贵州省赫章、威宁等十多个县的广大地区,是金沙江和南北盘江的分水岭。这里群山连绵,由三列东北——西南走向的山脉组成,地势东北低而西南高,平均海拔 2400 米左右。整个山区重峦叠嶂,高耸险峻,峡谷深陷。气候条件也十分恶劣,变化无常,冬春之间,山岭多为冰雪覆盖,朔风怒吼,寒气刺骨,山区终日细雨蒙蒙,浓雾笼罩。当地交通不便,地瘠人贫,人烟稀少。长期以来,国民党政府的统治,彝族等少数民族奴隶主、土司、领主敲骨吸髓般的压榨、剥削,使汉、回、彝、苗、仡佬等族人民群众生活在无边的苦海中,他们世世代代过着"野菜三分粮,辣椒当衣裳"的苦日子[3]。这些都为红军的行军作战和筹粮筹款带来了很大困难。

任弼时、贺龙率部过了七星关后,一个不幸的消息传来,红六军团政治部主任夏曦溺水牺牲了。这是红二、六军团从湘鄂川黔突围转移以来,牺牲的最高级别指挥员。

原来,当红六军团行抵七星关时,抗日救国军第一支队的政委李国斌向夏曦报告:席大明的队伍开不动,请夏曦前去说服动员。

席大明原是毕节、赫章一带彝族中的山大王,不甘官府压迫,拖枪千余支,占山为王。蒋介石统治了黔政之后四下贴告示,不准民间私藏枪支,凡有枪支的要一律上缴,否则将以反叛罪论。贵阳还派了人到毕节山中,向席大明送了告示。席大明见了不但不缴枪,还把省府派去送告示的人的耳朵割了下来。这下惹恼了省府,于是派毕节专区的专员莫雄进剿席大明。席大明虽然不为共产党领导,却与中共贵州省委负责军事工作的邓止戈有来往。在邓止戈的帮助下,席大明对莫雄的招抚将计就计,占领毕节。后席大明的军队被编入红军队伍。周素园分析道:席大明的枪支是当地彝家几千户农民出钱买来保家的,如果不离开黔西,他们是红军的同盟军;红军远去,他们要保家乡了。夏曦便和邓止戈、李国斌一起过河,准备再去说服。过河以后,才得知席大明已经带着队伍远去,临走托人捎话:"对不起贺老总,我不能离开地方。"夏曦便让邓、李前去追赶,自己返回河对岸等候消息。

过河时,警卫员扶着不会游泳的夏曦,准备慢慢趟过去。黔西二三月间,乍暖还寒,加上连日阴雨,气温骤降,河水冰冷。进军黔大毕以来,部队行军作战,开展群众工作,作为红六军团政治部主任,夏曦连日劳累,身体很疲劳。当时他身穿一件棉衣,蹚水不便,在河中摇摇晃晃,向河岸走来。不料一阵激流突然冲来,夏曦同警卫员猝不及防,霎时淹没在激流中,被卷进旋涡里,不幸溺水牺牲,时年35岁。

夏曦1901年出生于湖南省益阳县桃江镇。五四运动期间,他积极投身斗争洪流,并加入了毛泽东、蔡和森、何叔衡创办的新民学会。1921年,夏曦加入中国共产党。毛泽东称他和李维汉、蔡和森、何叔衡等人是"参加新民学会的较为知名的共产党人"。入党后,他在湖南和毛泽东、李维汉、郭亮等一起从事革命活动,他还是湖南的社会主义青年团(后改称共产主义青年团)骨干和主要领导人之一。北伐战争期间,夏曦作为中共湖南省委的主要负责人之一,积极组织工农群众支援北伐军作战。党召开"二大"时当选为候补中央执行委员。

1927 年 8 月夏曦参加了南昌起义。起义失败后，被党派往苏联莫斯科中山大学学习。1928 年在莫斯科参加中共六大，1930 年回国。在中共六届四中全会时增补为中央委员，后来在任中共湘鄂西中央分局书记时，执行了王明"左"倾路线，特别是大搞肃反扩大化和推行"左"倾军事战略，给根据地和红军造成重大的损失。1934 年 10 月，红二、六军团会师后，在丁家溶会议上对他的错误进行了严肃的批评，让他改做地方工作，后担任红六军团政治部主任。

随着斗争的发展和任弼时、贺龙的批评、帮助，特别是 1935 年 1 月大庸丁家溶会议后，夏曦对自己的错误有了较深刻的认识。在谈及湘鄂西苏区肃反问题时，他曾沉痛地说："我一想起来就感到内疚，这是我还不了的账啊！既有负于党，也有负于人民。"[4] 1935 年 3 月 31 日，党中央致电任弼时并转湘鄂川黔省委，指出："关于夏曦同志的错误，中央在你们同二军团会合后，曾明确指出，但并未说这种错已发展到取消主义，这种说法是夸大了他的错误；反倾向斗争的主要目的，是在教育犯错误的同志及全党同志，而并不是在处罚这一同志；在苏区内经常发生的'左'的极端与惩办主义必须防止，尤其在开展纠正错误的肃反路线之后；在一个极端困难的环境，领导机关内的团结与一致，比什么都重要；夏曦同志必须继续留在领导机关内工作，以同志的态度，在实际工作中说服与纠正他的错误……"[5] 省委认真执行了这一指示，将夏曦又增补为中共湘鄂川黔省委委员。其实，在中央来电之前，军分会已经将夏曦任命为红六军团政治部主任，并担任湘鄂川黔省革命委员会副主席和湘鄂川黔军委分会委员。此后，据两军团领导反映，夏曦能接受批评，改正错误也是比较快的，而且在实际行动中拥护遵义会议精神，拥护毛泽东为首的党中央的正确路线和领导。他在受到批评后和担任六军团政治部主任期间，做政治工作和统战工作埋头苦干，积极负责。[6]

贺龙后来在评价夏曦时公正地说："夏曦，是两头小，中间大。他原在湖南搞过学生运动，牺牲前在六军团也做过一些工作，但中间很长的时间，他的错误是极其严重的。"[7] 萧克的评价与此相近：夏曦"两头好，中间错"；"到六军团担任政治部主任，工作很好，我同王震同志都很尊重他，一直到他牺牲时，他的表现都好。就说中间错吧，是执行六届四中全会错误路线，尤其犯了肃反扩大化的错误，但这段时期也不能一概否定，如枫香溪会议后建立了黔东特区也有他的一份功劳。肃反问题，在中央批评了湘鄂西分局以后，他就改正了。"[8]

夏曦虽然犯过严重错误，给党的事业造成了很大的损失，但在认识到自己的错误后，还是努力改正错误的，在最后一段时间里，为党做了一些有益的工作。他的牺牲，从军团的领导到政治部的同志，都非常难过。夏曦的牺牲，是红二、六军团意外的损失。3 月 2 日，任弼时以"深痛惜"的心情向中共中央报告经过。次日，在云贵交界地区的一个山坡上，红六军团指战员为夏曦举行了追悼会，军团政治委员王震沉痛地致了悼词，追述了夏曦的革命经历。追悼会后，夏曦被安葬于七星关的山坡上。夏曦牺牲后，张子意继任红六军团政治部主任。

至于席大明，贺龙颇感惋惜地说：花了那么多光洋队伍仍拉不走，要不是党的政策，我就对他不客气。任弼时劝道："人家说对不起嘛！后会有期。"[9] 红二、六军团继续长征后，席大明坚持与国民党军战斗，抗战初，被四川军阀杨森诱杀。

---

[1]《顾祝同关于向威宁方面对红二、六军团实施三方夹击给龙云电》，载《红军长征 参考资料》，解放军出版社 1992 年版，第 885—886 页。

[2]《顾祝同关于向威宁方面对红二、六军团实施三方夹击给龙云电》，载《红军长征 参考资料》，解放军出版社 1992 年版，第 885—886 页。

[3]《红军长征过云南》编写组：《红军长征过云南》，云南人民出版社 1985 年 8 月第 1 版，第 136 页。

[4] 饶兴：《我见到的夏曦同志牺牲经过》，载文史资料出版社《革命史料》第 5 辑。转引自贺彪：《红二方面军从湘鄂边到陕北长征纪实》，华夏出版社 1990 年 3 月第 1 版，第 202 页。

[5] 1935 年 3 月 31 日党中央致任弼时并湘鄂川黔省委的电报。转引自贺彪：《红二方面军从湘鄂边到陕北长征纪实》，华夏出版社 1990 年 3 月第 1 版，第 202 页。

[6] 黄新元：《对湘鄂西肃反扩大化的回忆》，载《湖南党史资料通讯》1982 年第 9 期。

[7] 贺龙：《回忆红二方面军》，载《近代史研究》1981 年第 1 期。

[8]《萧克谈红军在贵州的几个问题》，《红军在黔西北》，第 145 页。载章学新：《任弼时传》（修订本），中央文献出版社 2000 年 1 月第 1 版，第 421～422 页。

[9] 访问何辉纪录，1988 年 4 月 28 日。载章学新：《任弼时传》（修订本），中央文献出版社 2000 年 1 月第 1 版，第 422 页。

第二十一章
乌蒙山回旋战

乌蒙山南北走向，纵越云贵两省，海拔 2300 多米，是金沙江和南北盘江的分水岭。山高谷深，四处可见悬崖绝壁。山中人烟稀少，气候恶劣，终日被细雨和浓雾所笼罩，且多瘴疫。冬春之际，山岭多为冰雪覆盖，难见天日。红二、六军团一万多人，就是在这样的环境中，以高昂的政治热情和旺盛的战斗意志，进行了辗转千里的回旋作战，这是军事指挥上的神来之笔，与四渡赤水有异曲同工之妙，被毛泽东称为"了不起的奇迹"。

红军进入乌蒙山后，顾祝同在蒋介石的督令下，急忙赶到贵阳督战。顾祝同是蒋介石的心腹干将，当时以江西绥靖主任的身份，兼任重庆行营主任和贵州绥靖主任，拥有调动川滇黔等国民党军队的大权。顾祝同到贵阳后，调兵遣将，阴谋以优势兵力围歼红军于金沙江东岸、毕威大道以北地区；以万耀煌、郝梦龄、樊嵩甫的三个纵队，沿毕威大道两侧平行追击，向威宁方向合围；以李觉纵队由织金、郭汝栋纵队由大定，共同向水城、威宁方向截击，以阻止红军南出。滇军龙云惧怕红军进入云南，又害怕蒋介石排除异己，重演"假途灭虢"的故技，所以他力图自保云南，将孙渡纵队全部部署于昭通、威宁地区，这样，既可防止红军入滇，同时可与蒋系追击部队造成两路夹击之势，迫红军北走四川。川军的意图亦是自保地盘，深恐红军渡过金沙江，与红四方面军会合后共图川西，因而将杨森、李家钰等部约十余个团的兵力分别在川南重镇和沿金沙江布防，以阻止红二、六军团渡江入川。在追堵红军的各路敌军中，蒋的嫡系樊嵩甫纵队最为卖力,其两个主力师第二十八师、第七十九师更是邀功心切,沿毕威大道紧追不舍,企图赶到红军前头,与李觉、郭汝栋两个纵队在威宁、水城、织金形成包围圈,将红二、六军团围歼于川滇黔边境地区。其他各派系军阀,皆从自己的利害出发,各怀鬼胎,并不急于追击。顾祝同的意图很清楚,就是想利用滇军、川军严密防堵的形势,以万耀煌、樊嵩甫、郝梦龄、李觉、郭汝栋5个纵队的庞大兵力,从东、南两个方向,将红军二、六军团压迫在金沙江以东滇、川、黔边境的狭小地区,然后进行"围剿"。

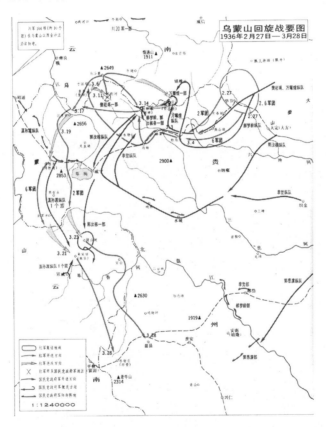

乌蒙山回旋战要图

红二、六军团原来准备到"黔之腹,滇之喉"的安顺地区,但敌情的变化,使红军不得不改变原来的行军计划,改从野马川地区继续西进,准备从这里转道向南。当二、六军团于1936年3月2日进至贵州赫章县野马川时,敌李觉、郭汝栋、郝梦龄三个纵队,都转到二、六军团的东南方向,截断了红军南进去安顺地区的道路,于是二、六军团各部,停留在野马川一带休息待命。

野马川是赫章县境东部的一个集镇,位于毕威大道上,是黔西北商旅必经之地。自从红军进驻到这里以后,这个冷清的小集镇一下子热闹起来。野马川的彝、汉各族群众,都忙着帮红军背柴、挑水,或涌向街头听红军宣传,小镇上呈现出一派欢乐的景象。

在红军到达野马川的当天,贺龙、任弼时、关向应、萧克、王震等军团总指挥部的领导干部举行了重要会议——野马川会议。他们分析形势,确定部队下一步的行动方针。会议认为:因敌情变化,原定沿毕威大道西进,然后转向东南去安顺的计划已无法实施。根据贺龙的建议,决定部队继续西进,进入威宁以东的妈姑地区,然后折向南行,经威宁与水城之间的狗店子,争取赶到南面敌军之前,进入滇黔边境的南、北盘江地区,尔后相机绕道去安顺地区。

野马川会议旧址。军委分会曾在这里开会,研究粉碎国民党政府军重兵追堵的计划。

野马川会议以后,红二、六军团加速西进,于3月4日进抵妈姑、回水塘一线。然而,此时敌情又有新的变化:西面,全力设防于昭通、威宁一线的孙渡纵队挡住西进道路;南面,已严密设防于威宁、水城一线的李觉、郭汝栋两个纵队又堵住了南进的去路;东面,又有樊嵩甫、万耀煌、郝梦龄三个纵队正在急追,已经逼近红军的后卫,而敌樊嵩甫纵队先头部队竟已到达红军左前方朱歪地区,对二、六军团形成了包围的态势。此时,只有西北边的云南镇雄、彝良一带设防的敌军较为薄弱。

停留下来就有完全被敌军合围的危险。在这敌情险恶,军情紧急的情势下，红二、六军团总指挥部经过慎重的考虑，决定采取回旋打圈子的战术，来对付尾追的敌军重兵。相机应变，改向西北方向的云南的奎香、彝良一带转进，利用乌蒙大山，与敌人周旋，尽力将追围的敌军向北面调动，以敞开南面或东面的通路，再乘虚摆脱敌人，南进滇东地区。于是，红军改变原定路线，决定暂时向西北方向——滇东北的奎香、彝良方向前进。

乌蒙山区的初春，天气仍然十分寒冷，常有雨雾风雪，道路泥泞。在毕节通往威宁的古驿道上，红军队伍浩浩荡荡地由西向东行进着。红旗迎风飘扬，战士们精神抖擞，高唱着歌曲，迈着大步行进。

3月6日，红二军团进抵奎香地区的寸田坝和坪地一带（军团部驻寸田坝伪县长杨竹铭家）。7日，红六军团十六师进至板底，军团部和十七师进驻奎香镇。红军进入奎香地区，迅速发动群众，首先镇压了民愤极大的恶霸地主，接着由各族群众推举代表，成立粮食评借委员会，没收了伪县长、伪区团长等家的粮食和财物，赈济穷苦百姓，很快扩大了红军在乌蒙山区的影响。

红军突然掉头北上，引起敌人的极大恐慌。龙云十分惊慌，急电蒋介石的行营主任顾祝同："肖贺两股，现已窜入滇黔之交，山峦层叠，交通梗阻"，侦察红军行踪，"非赖得飞机，不克收效。刻间正谋截击，为便利军事计，拟请派遣飞机，多则两队，少或一队，迅速来滇，以便应用……"此时，蒋介石判断红军要从彝良、盐津取道，北渡金沙江，与红四方面军会合。于是连连电示龙云："为侦炸便利计，已饬空军第三队即派达机三架飞驻昆明，归兄指挥助剿。"[1]

红军的行动也造成了敌人的错觉。顾祝同认为红军将经过彝良、盐津北渡金沙江入川。于是，他命令万耀煌、樊嵩甫、郝梦龄三个纵队急忙掉头转向西北方向，疯狂地衔尾紧追，命令李觉、郭汝栋两个纵队经威宁迅速北进，同时调川军第一二三师渡过金沙江南下，进至川、滇边境的白水江岸布防，在牛街一带挡住去路，阻止红军渡江。这时，蒋系樊嵩甫更为嚣张，他自恃装备精良，企图抢占有利地形，合围歼灭红军于金沙江畔，好向蒋介石邀取头功。跑在最前边的樊纵队第二十八师邀功心切，步步紧逼，与红军殿后的红十六师不断接火，给红军主力的转移造成很大威胁。红二、六军团总指挥部分析了敌情，决定杀一个回马枪，在运动中选择有利战机，打击尾追敌人的嚣张气焰，缓阻跟追敌军的行动，以保障红军主力安全转移。

3月7日，在奎香镇，二、六军团总指挥部给在以则河担任阻击敌军任务的二军团四师和六军团十六师、十七师下达命令，要他们迅速南返50里，在以则河、法冲以北山地设伏，阻击追敌樊嵩甫部，同时以五师到恒底游击，钳制樊纵队第七十九师。3月8日，贺龙、任弼时、关向应关于红二、六军团已进至镇雄、彝良间准备反击追敌致朱德、张国焘电，报告了作战计划："我军4日由妈姑向威宁以南可渡河[2]方向前进，因在途探息狗店子驻有滇军，李[3]纵队由化子、板桥向威宁道上急进截堵，估计威宁与可渡河间地形、道路条件限制，故决折回向北转进。本日我军进至镇雄、彝良间，准备反击追敌。"[4]

以则河位于乌蒙山北部山区，流经贵州省赫章县境内。地理上东临财神塘、安尔洞，南近回水塘，西接奎香，北抵镇雄县的牛场。3月7日晚，夜幕降临，在奎香、寸田坝集结的四师、十六师、十七师在夜色的掩护下，向南进发。云贵高原的初春之夜，云雾密布，昏暗得什么也看不清，两旁是连绵不断的山峦，脚下是潺潺流水的小河，加之寒气袭人，这种夜行军，实在艰苦。走了约20余里，前锋的侦察员捉到了敌军两个逃兵，得知尾追红军的敌人的当晚宿营地和次日的前进路线。根据这一情况判断，明天这一仗是非打不可了。于是宣传鼓动组的同志们站在路边，告诉大家，缩小距离、不要掉队、准备打仗。指战员们听说要打仗，劲头就来了，疲劳、瞌睡都忘了，三步并做两步走，摔倒了爬起来继续赶路。大家一口气赶了50里，来到以则河、法冲一带。

到达以则河后，天还没有亮。由于夜行军急促、紧张，指战员们满身是汗，反复蹚河过沟，草鞋、绑带及衣服都湿透了，突然停下来后，又冷得全身发抖，大家不约而同地站起来原地踏步取暖。可是，为避免暴露目标，指挥员又下令不准踏步，大家二话没说，坐下后不再乱动，只希望早些歼灭敌人。

师、团领导察看了地形，部署伏击敌人的兵力安排。按照预定方案，红四师埋伏于以则河东侧，红十六师、十七师埋伏于以则河南侧、西侧，等待敌第二十八师进入伏击圈。红军指战员不顾长途急行军的疲劳，立即按计划进入集结地域，在两侧高地构筑工事，依托有利地形，等候着疯狂进逼的敌军。

3月8日凌晨，天亮后，以则河地区浓雾弥漫，50米以外就看不清目标。只有站在两岸山顶才能看清下面河谷的一些事物。8时左右，敌第二十八师先头部队一个侦察连沿以则河河谷侦察前进，一个步兵连沿以则河东侧向法冲搜索前进，进入红军的伏击圈。然而，他们进到以则河后就停止前进了，又看不到敌人的后续主力部队，因此，红军指挥官并没有立即下令开火。不料，正在红军考虑这么少的敌人打与不打时，敌搜索队与红十七师的一线伏兵遭遇，战斗突然打响了。指挥员当即命令司号员吹起了冲锋号。霎时间，静候多时的红四师、红十六师、十七师从四面八方一齐压向敌人，步枪、机枪等各种武器同时开火，手榴弹也飞向敌群，在山沟里炸开了花。敌军遭到突然打击，失魂落魄，乱成一团。还想回头夺路逃跑，但是已经陷入天罗地网之中，无路可逃了。将近中午时分，战斗胜利结束。敌先头两个连，死的死，降的降，无一漏网，红军打了一个漂亮的伏击战。此战俘敌数十人，缴获长短枪 100 余支。[5]第二十八师后续部队得知先头部队遭伏击时，惧怕被歼，也不敢贸然追击，而是就地构筑工事准备抵抗红军的进攻。

以则河伏击，虽未能重创敌二十八师，但获得了全歼敌两个连的胜利，狠狠打击了樊纵队的嚣张气焰。樊嵩甫遭到这次当头一击，再不敢衔尾直追，从此与红军始终保持着一定的距离。在敌人中也传说着：要当心红军的"回马枪"。

红军在阵地上等不来敌人，决定部队撤出以则河往回走。由于初战的胜利，指战员们情绪高昂，边走边议论这次战斗的胜利。

3 月 8 日下午，红军在以则河乐依沟严惩追敌的胜利消息，迅速传遍奎香附近一带山村，老百姓也兴高采烈地传述着："红军打大胜仗了！""红军是打中央军的！""红军是穷苦百姓的队伍！"附近村寨的各族百姓喜笑颜开，纷纷赶来欢迎红军胜利归来。当红军战士们押着俘虏，带着战利品回到奎香的时候，从四面八方赶来的群众，挤满了街头村口，有的还挑了茶水在村口等候，要战士们喝口水再走。在奎香街上，形成了老百姓给红军祝捷的热烈场面。乌蒙山区的百姓，多少年来被土司、地主、国民党反动派压迫得抬不起头来，今天，红军惩罚了国民党的中央军，为乌蒙劳苦百姓出了一口气，奎香的老百姓沉浸在欢乐之中，和红军一道庆贺着以则河战斗的胜利。

3 月 8 日，以则河伏击结束后，追敌被调向西北方向，红军又狠狠打击了尾追的近敌樊嵩甫部的嚣张气焰，紧迫的形势有所缓和。于是，红二、六军团急速返回寸铁坝、奎香地区，经乌沙寨、放马坝以东向镇雄前进，至牛场以后又转入深山，沿着山中崎岖的小路向东南方向绕行，拟从镇雄以南脱出敌人包围圈，经杨家湾穿过毕威大道去安顺。

在镇雄县西南的万山之中，有道重要的关隘，名为广德关。关的北面是深谷里的五德河，峡谷激流，浪拍石壁，惊心动魄；西面是乱石林立的深沟，叫石笋沟，长达十里；南面是险峻的桶山和包谷山，悬崖壁立，似刀劈斧凿。崎岖鸟道从山中穿过，有"一夫当关，万夫莫开"的气势。广德关是镇雄西南之要塞，是昭通通向镇雄的重要孔道，地势险要，易守难攻，被称之为天险。因此，国民党军对这道关隘十分重视,苦心经营。

1935 年中央红军进入云南时,镇雄伪县长奉龙云的旨意,令第七区乡绅和反动民团,加派民伕,在分水岭山梁上开挖战壕,在沟门口、黄泥坡等地修筑碉楼工事,训练民团,企图配合国民党中央军堵击红军。1936 年 2 月底,红二、六军团退出毕节进入赫章地区时,镇雄县府又加强了广德关的防守,区长、恶霸地主的安问石和区团副长陇确佐等人,纠结了当地的第五、六民团武装,调集乡保民团和抽派壮丁,共 600 余人,分兵把守。他们以分水岭为第一道防线,派花山乡长带兵扼守;广德关为第二道防线,由民团主力扼守,指挥部设在关内的黄泥坡;乡保民团和壮丁分驻四山高地,并加固沟门口、马保树等处的垛口,配足兵力。这批反动的土豪劣绅,在广德关上布好阵势以后,自以为有险可守,暗忖红军"就是有翅也难飞过来"。

当红二、六军团向镇雄方向转移时,敌人认为红军"已入死地",四处张贴《龙云悬赏》布告:"奉蒋委员长筑行致电……如能生擒贺龙、萧克者赏洋八万元,斩获首级五万元,生擒伪军分会委员或伪师长一名者赏洋一万元,斩获首级者五千元,生擒伪团长一名赏洋三千元,斩获首级二千元……"[6]

在前有天险和堵敌,后有追敌,天上有飞机侦炸的情况下,红二、六军团指战员,以压倒一切敌人的英雄气概,勇往直前。3 月 9 日下午,红二军团四师先头部队,出敌不意直入镇雄花山,一举击溃分水岭第一道防线之敌。不堪一击的敌人被吓破了胆,连枪也不敢放就四散逃窜了。红军趁势进入放马坝。这时,红军侦察小分队已摸清了广德关敌人的布防情况,并得到敌人认为红军不会走石笋沟这条死路,因而沟内戒备不严的情报。于是红二军团先头部队,决定当晚借夜色掩护,迅速穿过石笋沟,直捣广德关。果然,红军先头部队没费多大力气就控制了通往镇雄、以萨的关隘,保证了主力部队安全转移。红军在广德关下面的南天门一带集结,整顿了队伍,又继续向镇雄、以萨一带推进。

红军进入镇雄西南大山后,这时,坐镇贵阳的顾祝同狂妄地认为,在他指挥的大量军队的追堵截击之下,进入乌蒙山区的红二、六军团已经被追得筋疲力尽、走投无路,开始瞎闯了。敌人的报纸也在吹嘘"国军"的"成绩",声称红军已被他们打得溃不成军,叫嚣要迅速消灭红二、六军团于镇雄西南的大山之中。

3 月 11 日,红二军团部和四师,进抵离镇雄县城 20 里处的以萨沟,先头十二团到达坝柳。红六师进至李家寨和大坪子地区。红六军团紧随红二军团之后,进至确佐、牛场一带。此时,敌郝梦龄纵队的四十七师、五十四师和万耀煌纵队的第九十九师,从红军前进方向的右侧先期到达镇雄城,万耀煌纵队的后梯队第十三师正经得章坝向镇雄前进。

得章坝位于镇雄和赫章两县交界处,属赫章县境,距镇雄县城只有50里。3月12日,红二、六军团拟经得章坝向杨家湾前进,红四师已在驻地集合。此时,红二军团先头团进入坝柳时,俘虏了万耀煌部的两名逃兵。经审问获知:万耀煌正亲自率领第十三师经得章坝向镇雄前进。贺龙、任弼时看到了俘虏,了解了情况,当机立断,决定改变原定计划,伏击这部分敌人,以突破敌包围,打通南进道路。令红四师第十一团在左,第十二团在右,速向得章坝方向迎敌;红六师在第十一团左侧平行前进,准备侧击来敌。

得章坝战斗示意图

这天凌晨,天上正好下着雨,这对红军战士来说,正是打胜仗的好机会。红四师、红六师分两路轻装前进,由当地群众作向导,抄近路越过坝柳,于清晨到达指定位置设好埋伏。万耀煌部自恃人多械精,一路耀武扬威。此时,第十三师先头部队刚进入坝谷,趾高气扬的纵队司令兼第十三师师长万耀煌也在卫兵保护下,浑然不觉地进入了红军的伏击圈。严阵以待的红军指战员根据贺龙总指挥"打得猛,打得狠,把敌人打乱"的要求,趁其不备,突然以猛烈的火力向敌人压过去。战斗一开始便进入白热化程度:左面第十一团二营突进了敌人的警戒阵地,消灭了敌人两个连;右面第十二团冲进了敌人的司令部,位于第十一团左侧的红六师也对敌进行了顽强攻击。

正在行进中的敌人因毫无察觉,被红军迎头痛击,首尾不能相顾,顿时乱作一团,四处溃散。万耀煌一听枪响,慌忙连滚带爬地窜下山坡,然后在几名卫兵的保护下策马狂奔,只身逃走,若不是"身先士卒"跑得快,险些作了红军的俘虏。

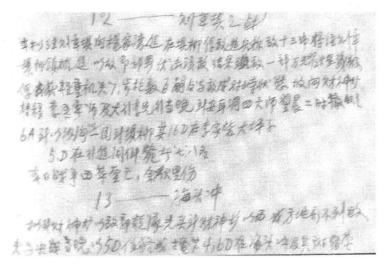

关向应日记中有关则(得)章坝之战的记载

得章坝战斗前后持续了约一个小时。由于进至镇雄的敌郝梦龄纵队和万耀煌纵队的第九十九师迅速回援,加之郭汝栋纵队和李觉纵队北调,沿毕(节)威(宁)大道寻堵,因此,红军未能突破敌人的包围、消灭更多的敌人,经得章坝南进的计划也未能实现。形势有变,红军不能恋战,贺龙下令红四、六师撤出战斗,立即向财神塘方向转移。于是红二、六军团即北返以萨沟,决定继续向西转移。红五师及大行李先行,当晚至安尔洞,后卫部队逐步撤出战斗。

红二、六军团进入乌蒙山区,在万山之中,与敌回旋转战十余天,屡战皆捷。敌人虽迭遭沉重打击,但自恃人多枪良,仍然全力围追堵截红军。

红军各部在乌蒙山区回旋运动,并相机打击追敌,战果显著。但是,这种整天有上百个团跟在后面的大回旋战,是一种在被动中求主动的仗,打起来异常艰苦。得章坝战斗虽然给万耀煌纵队以沉重打击,但是打算从镇雄东南面越过毕威大道,南去安顺的道路,这时尚未打通,部队仍然处在敌人的重兵包围之中。红二、六军团总指挥部根据回旋打圈子的战术,又指挥部队掉头西进,沿镇雄、赫章之间的山区向西南转移。红军在向西转移中，3月13日凌晨，部队进到赫章县北部的财神塘时，又遭到敌郭汝栋纵队优势兵力的堵截。红二军团前卫部队充分发挥了红军擅打夜战的特长，用刺刀、手榴弹杀出了一条血路，并俘敌30余人。红军且战且走，以红六师警戒，掩护主力前进。与此同时，东面之敌郝梦龄、万耀煌纵队也已尾追红军至镇雄西南的安尔洞地区，与红六军团时有接触；南面之敌李觉纵队在水塘堡和赫章地区，与红军相距很近，双方随时有可能发生激战；北面，惧红军杀回马枪之敌樊嵩甫纵队也在红二、六军团来路上寻踪，准备迎击红军。郭、郝、万、李、樊等五个纵队，近十万之众，从东南西北四面向红军逼近，敌人越聚越多，包围圈也越来越紧，红军被围困在镇雄与赫章间纵横约30里的狭小地区内。

不仅敌情严重，而且环境也十分险恶。这一地区位于乌蒙山深处，群山起伏，山外有山，峰上有峰，峭壁悬岩，如刀切斧削，千沟万壑，纵横交错，道路艰险，人迹罕至；气候恶劣，经常雨雪交加，寒冷刺骨；这里地瘠民贫，人烟稀少，给养十分困难。买不到粮食，各单位只好自己想办法，到山里摘野果、挖野菜充饥。正是初春时节，树上的果子所剩无几，好在有一些青叶、树枝可以食用。当然，比较起来还是蕨根最好，淀粉含量高。就这样，红军战士们就用茶缸、脸盆、饭盒等煮野菜充饥。这种条件不仅不便于红军迂回运动，而且极易被敌人封锁包围在这深山峡谷之间。此外，红军转进乌蒙山区不停息地运动作战已近半月，长期的连续行军作战使红二、六军团的干部战士都非常疲劳，加之给养困难，饥寒交迫，机动能力受到影响，部队不断减员，处境十分险恶。贺龙的脚底板上裂了一寸多长的口子，露出渗血的嫩肉，每迈一步，都疼得全身发抖。一到休息的时候，他就坐在山坡石头上，给伤裂的脚板抹些油，用火来烤伤口。这种特殊的治伤方法痛得他脸色发白，满头大汗，但他紧咬牙关，一声不响。后来，油用完了，他就直接去烧伤口。这是红二、六军团从湘、鄂、川、黔边根据地转移、进行长征以来最艰苦、最困难的时期，也是最危险的时刻。

连续作战和强行军，部队干部战士非常疲劳，病号、掉队者日渐增多，战斗情绪受到很大影响。为此，任弼时要求各部队政治机关、政治干部加强行军作战中的政治思想工作，充分发挥党、团员的先锋模范作用，特别是做好重点任务的工作。总指挥部还要求政治机关从实际出发，有针对性地做好政治思想工作。部队这时候给养是比以前更加困难，荞巴、苞谷几乎一星期未见；山高路远、气候较寒，部队亦感觉相当疲劳。为此，政治部专门印发宣传材料，对干部战士进行教育,鼓励大家在困难时候要看到光明,团结战斗,战胜敌人。同时,各级政治工作干部不断深入部队开展思想教育工作,向战士们说明,敌我力量对比和革命形势发展的现状决定了国内革命战争的运动性和游击性,要求红军或前进,或后退,或攻占某地又机动转移,在运动战中消灭敌人。这就必然要求红军发扬刻苦耐劳、连续奋战的顽强精神,保持高度的机动灵活。特别是当前,我们并没有摆脱国民党军数万大军的围追堵截,要对付强大的敌人,又要保存有生力量,只有采取边走边打的战法,与敌人进行回旋,寻找有利的战机。

新战士对连续行军很不适应,军事技术也较差,有些人枪也不知道怎样打,提高军事技术成了非常迫切的任务。在连续的急行军和长行军中,政工部门协同军事机关开展了提高军事技术的运动,《战斗报》上也印发有专号,不少的连队及团、营长充分利用出发集合时(后卫部队),或利用宿营较早时(前卫部队)进行军事训练,以及在围炉烤火或行军遇障碍停止时,教新战士认标尺,解答回答,举办简单的军事比赛晚会。这些办法短时间内对提高新战士的军事技术是收到了部分实效。[7]

为了减少和杜绝行军掉队现象,政治工作人员在开展思想教育工作的同时,还协助军事指挥员做好具体细致的行军准备工作。每个连队的指导员在出发前,都要检查战士们脚上的草鞋是否还能穿,有无备用的草鞋;摸清本连中哪些同志身体较弱,安排好党团员帮助他们。在行军路上,及时开展宣传鼓动和竞赛活动,以激励士气;安排人员做好收容工作,帮助实在走不动的战士扛枪和背背包;到达宿营地后,督促战士们烧开水烫脚,以保证第二天的行军。这些细致具体的工作,对保证部队行军、减少非战斗减员起了重要的作用。

在这紧急关头,贺龙、任弼时、关向应等军团领导沉着冷静,大胆决策。为便于机动作战,部队减掉了一些驮担和重装备,轻装前进。战场上逐渐出现了有利于红军的根本变化。

3月13日夜,贺龙、任弼时、关向应等两军团领导人在海头充召开了会议。大家冷静地、全面地分析了目前的形势。两军团虽然陷入极为严重的被动局面,给养匮乏,部队疲惫。但是,在困难中也看到了有利条件:一是红军虽然疲劳,但敌人更加疲劳,已被红军拖得狼狈不堪,疲劳之极,红军达到了转入乌蒙山回旋的第一个目的。二是敌主力已被红军大踏步地回旋作战吸引到了北面和东面,敌在红军南面的防守却比较薄弱,为红军进入滇东北创造了有利条件,达到了红军转战乌蒙山区的第二个主要目的。三是山高险峻,虽然困难,但也是有利条件,敌人哪里围堵得住,在西南方向之敌郭汝栋纵队和北面之敌樊嵩甫纵队之间就有隙可乘。

贺龙精辟地分析道:"我们的情况不妙啊!后面的郝梦龄、万耀煌跟得很紧,南面的李觉也赶了过来,北面的樊嵩甫正在向这边靠拢。在乌蒙,敌人越聚越多,包围圈越来越紧。我们的部队已经非常疲劳,不过,敌人的情况更不妙。他们从湖南、湖北、四川过来,让我们拖着跑,罪受得比我们多。他们又不只听顾祝同一人的,行动常常不一致。包围圈虽然缩小了,现在敌人主力大部分被调动到我们的北面和东面去了。顾祝同还以为我们快垮了,有些骄傲了。我看,现在是时候了,应当从敌人的空隙中钻出去了。要迅雷不及掩耳,跳出包围圈,把他们留在乌蒙山。我们尽快进入云南,捅一捅龙云这个马蜂窝。"

大家认为贺龙的分析很有道理,经过讨论,决定从郭汝栋和樊嵩甫两个纵队的结合部向西北方向突围。贺龙强调,他们的结合部虽是个薄弱点,但也要十分小心,秘密突围。根据贺龙的命令,3月14日,红二、六军团果断采取了敌进我进的战略战术。在布设好疑兵,置稻草人于前沿阵地,插红旗于林木深处之后,迎着敌人的来路,偃旗息鼓,马裹蹄,人悄悄地走,隐蔽地从郭、樊两纵队的夹缝中钻了过去,向北突进。到达安耳洞后,又突然西进,穿插到樊嵩甫纵队之后和郭汝栋纵队外侧,胜利地跳出了敌人的包围圈,第三次进到奎香地区。"红军又回来了!"奎香地区的人民群众无不欢欣鼓舞。红军突围两天后,敌人才知道中了贺龙、任弼时的"空城计"。

顾祝同得知红二、六军团再次进入奎香地区后,急忙调兵遣将,妄图在镇雄、威宁、昭通地区围歼红军,其部署为:孙渡纵队"主力集结威宁附近,堵匪南窜";郭汝栋纵队"调至大河边、小河口、阿箕革一带,阻匪南窜";樊嵩甫纵队"推进至居路、朱歪、新店之线,阻匪南窜";郝梦龄纵队"至以沙沟、头道河、镇雄之线,阻匪东南窜";万耀煌纵队"主力控制镇雄","一团推进至五眼洞","阻匪东北窜";李觉纵队"在高山铺、长春铺一带集结待命";"各纵队应于指定防线内构筑碉堡,严密防堵,但仍须集结主力,联系左右翼友军,如匪来犯,即行夹击,以收歼灭之效"[8]。蒋介石对红二、六军团再次进入奎香地区以后的战略方向,判断为将北渡金沙江,所以,立即下令封锁金沙江,将所有沿江船只及渡河材料搜集于左岸,交川军负责。

云贵两省边界的云贵桥。红二、六军团长征曾在此战斗过。

红二、六军团主力进至奎香地区后,便乘敌调整兵力部署未完成之机,于3月17日立即兼程向西南方向行动,3月17日、18日两天又连续向南急进,从云南的昭通、贵州的威宁间穿过滇军孙渡纵队设下的防线,进入云南的者海、会泽地区。尔后,红军改向东南方向行进,于3月22日,直趋滇东,进入云南宣威境内的徐屯、来宾铺地区,把追堵的国民党中央军四个纵队和湘军一个纵队甩在乌蒙山区,也把滇军孙渡纵队甩在威宁地区。

3月28~29日,红二、六军团先后占领滇黔边境的盘县、亦资孔地区,进至南、北盘江流域之间。由于国民党军主力大部已被调至东面,原定的前往黔南安顺的计划已无实现可能,红二、六军团领导决定,在南、北盘江流域地区建立新的根据地。至此,红二、六军团结束了历时近一个月,转战上千里的乌蒙山区回旋战。

"乌蒙磅礴走泥丸",红二、六军团指战员们把乌蒙山踩在脚下,穿插行进于敌阵之中,硬是把顾祝同指挥的几个纵队,拖得精疲力竭,疲惫不堪,减员很大,士气低落,一无所获。红军在一路上还留下了这样的宣传标语:"踢死黔军,踩死川军,打死滇军,拖死中央军",将苦追而终不得的国民党军气了个半死。

红二、六军团这次历时近一个月、辗转数百里的大回旋战,是在云贵高原之乌蒙山中进行的。这里人烟稀少,是一个多民族杂居且少数民族居多的地方。他们在一年前共产党及中央红军的影响下,对红军有一定的认识。红二、六军团到达该地时,部队严格执行民族政策,得到少数民族的支持和帮助。因此,虽然当地群众生活贫困,红军还能在公平买卖的前提下,取得最低限度的给养,保持部队的基本生活和机动能力。

乌蒙山。红二、六军团长征曾在这个山区转战千里,开展了有名的回旋战。

乌蒙山回旋战,战场条件差,部队供给困难,作战对象大都是装备精良的蒋系部队,是红二、六军团离开湘鄂川黔根据地以来处境最危险的一次。但是,处于十倍于我之敌的围追截堵中,红二、六军团在贺龙、任弼时、关向应、萧克、王震等出神入化的指挥下,采取声东击西的疑兵战术,边走边打,走打结合,在大踏步地运动中调动敌人,疲惫敌人,将十几万紧追不舍的敌人远远地甩开,化险为夷,依然保持着二、六军团的完整性,写下了红军作战史上光辉绚丽的篇章,无怪乎毛泽东对这一"奇迹"要大加赞赏,他在陕西保安会见红二、四方面军部分领导人时,曾十分高兴地说:"二、六军团在乌蒙山打转转,不要说敌人,连我们也被你们转昏了头,硬是转出来了嘛!出贵州、过乌江,我们付了大代价,二、六军团讨了巧,就没有吃亏。你们出发是一万人,走过来还是一万人,没有蚀本,是个了不起的奇迹,是一个大经验,要总结,要大家学。"

---

[1] 云南省军区党史资料征集办公室编:《红二六军团长征过云南》,云南人民出版社1986年9月第1版,第65页。

[2] 地名,属云南省宣威县,位于滇黔两省边境。

[3] 指李觉。

[4] 中国人民解放军历史资料丛书编审委员会:《红军长征·文献》,解放军出版社 1995 年 5 月第 1 版,第 1010 页。

[5] 中国工农红军第二方面军战史编辑委员会:《中国工农红军第二方面军战史》,解放军出版社 1992 年 8 月第 1 版,第 471 页。

[6] 云南省军区党史资料征集办公室编:《红二六军团长征过云南》,云南人民出版社 1986 年 9 月第 1 版,第 69 页。

[7]《二、六军团长征的政治工作总结报告》,1936 年 12 月 19 日。转引自贺彪:《红二方面军从湘鄂边到陕北长征纪实》,华夏出版社 1990 年 3 月第 1 版,第 211 页。

[8]《顾祝同关于在镇雄、威宁、昭通地区消灭红二、六军团给龙云电》,《红军长征·参考资料》,解放军出版社 1992 年版,第 896~897 页。

第二十二章
余秋里痛失左臂

　　十八团政治委员余秋里——敌军残部拼死突围——左臂被子弹打穿——冷水止痛——医务人员惊呆了——简陋的手术器具——又一位独臂将军

长征途中,红十八师师长贺炳炎在战斗中失去了右臂。其后,红十八团政治委员也失去了左臂。有人曾回忆过一段趣闻:抗日战争时期,贺炳炎上任一二○师三支队司令员,政治委员余秋里疾步相迎,伸其右手与贺之左手相握,一对空袖管随风飘飘,见此情景,两人都哈哈大笑,旁观者亦忍俊不禁,故时人称三支队为"一把手"部队。那么,余秋里是怎样失去左臂的呢?

余秋里,江西吉安人。1929年吉安农民暴动时任赤卫大队分队长、中队长。后任湘赣红军学校第四分校连政治指导员。1934年8月任红六军团政治保卫队队长,参加了湘赣革命根据地各次反"围剿"作战及西征,战功卓著。红二、六军团会师后进行干部交流,他又担任红二军团六师十八团政治委员。

1936年3月12日,红六军团十七师在得章坝与敌激战时,红二军团第十八团也奉贺龙命令配合主力部队打援敌。就是在这次战斗中,余秋里左臂负重伤。

十八团是一支能征善战的部队,是红二军团的"拳头"部队。1935年5月,在著名的忠堡战斗中,十八团在团长贺炳炎、政委余秋里的指挥下,奋勇杀敌,以少胜多,打败了国民党军张振汉的部队,受到了红二、六军团总指挥贺龙的高度赞扬。后来贺炳炎升为师长,转战湘中亲临前线,右臂负重伤,成为红二军团第一位独臂将军。这次在得章坝战斗中,十八团在余秋里和新任团长成本新(后改名成钧)的率领下,奉命进入干沟梁子一带设伏待敌。这天午时,敌纵队司令万耀煌率十三师师部进入伏击圈,成本新和余秋里指挥部队猛烈开火,打得敌人狼狈逃窜。

首次伏击战结束后,十八团又转移到离阵地不远的另一座山头设伏,师政治委员廖汉生也跟随十八团行动。红军刚摆开阵势撒下网,刚刚遭到打击的敌军残部就钻了进来。红军开火后,敌军赶忙一面以强大的火力压制红军进攻,一面收缩兵力,拼死突围。就在这时,十八团冲锋号声响起,团长成本新纵身跃出堑壕,要率部冲击。余秋里听到子弹"噢噢"的飞叫声,凭经验,大喊了一声"危险",同时迅速伸出左臂一把将成本新拉回工事。也就在这一刹那间,敌军的子弹扫了过来,成本新安然脱险,余秋里的左臂却被子弹打穿,当即垂落下来,血流不止。廖汉生和成本新急忙扶住余秋里。"老余,老余啊!"成本新扶着血染征衣的搭档,哽咽不已。廖汉生急忙让卫生员给余秋里进行简易包扎。包扎好后,余秋里又继续指挥部队战斗,消灭了沟底的敌人。

很快第四师和六师等部队赶来投入了战斗,给敌人以沉重打击后,总指挥部命令红军撤出战斗。为了掩护主力转移,必须消灭对面山坡对红军颇具威胁的敌人,余秋里和团长带领部队迂回到对面山坡侧,消灭了大部分敌人,占领了大半个山坡,在战斗中,还缴了几十支驳壳枪和几挺机枪。就在余秋里和团长指挥部队将要占领全部山坡时,躲在树丛中的敌人射出一梭机枪子弹,余秋里已负伤的左臂再一次负伤,打断了的骨头露在皮外,有两根筋也露了出来,有些微微颤动。余秋里并没有感到太痛,只感觉麻木。因战斗到了关键时刻,胜负就在坚持中,余秋里不顾自己再一次负伤,继续指挥作战,一直坚持打到天黑部队全部安全转移,他才突然感到伤口剧痛。师政委廖汉生赶来看望,发现余秋里伤势很重,立即派人把他抬下阵地,送往军团卫生部。

当时,红二、六军团正在乌蒙山区回旋作战,战争环境异常艰苦,缺医少药,根本没有条件及时做手术,所以只好采取保护性治疗,致使余秋里的伤臂迟迟不能痊愈,左手手指只有一指能动,其余4指全然失去了知觉。伤臂给余秋里造成了极大的痛苦,但他强忍着,有人喊他一声,或用手指动他一些,他都会感到伤口剧痛。他不敢张嘴说话,吃饭只能慢慢嚼咽,稍一不慎,伤口就钻心地痛。到后来,负伤的左臂已肿得明晃晃的,疼痛常使他辗转不能入睡。他痛得实在受不了时,就咬紧牙关,用力死按住伤口以减轻疼痛。有时疼痛难忍,他不是将伤臂浸泡在水里,就是叫勤务员打来冷水,往伤臂上浇冷水,以冷却来止痛。赶上行军走路,连浸泡和浇冷水都没条件,就只好用浸过冷水的毛巾敷在伤口上镇痛了。

这样到 4 月下旬部队过金沙江时,他的胳膊还包扎着。一次不慎,从担架上翻入水中,几乎丧命。部队到达甘孜后,医务人员打开他的绷带一看都惊呆了:伤口上爬满了白蛆。他们赶忙用抗生素给他清洗伤口,换上新绷带。由于伤口感染,他发起高烧,且迟迟不退,不得不躺在担架上,让人抬着翻越雪山草地。9 月末,部队到达甘肃省徽县,医生见他的伤势越来越重,左手五指已经肿胀坏死,如不施行手术就会危及生命,于是只得决定截肢。

这时部队进行休整,环境也比较安定了,恰在这时,部队与敌三十七军毛炳文部作战取胜,缴获了一些医疗器械和消毒棉和纱布,二方面军的总卫生部部长侯政,这位瑞金卫校第四期外科优秀生,决定亲自给余秋里做手术。侯政先给贺龙、任弼时打了个报告。贺龙、任弼时把侯政找去详细询问了一遍做手术的利弊,不做行不行,成功的把握有多大。当得知再不做手术就有生命危险后,又跑去看望,征求余秋里的意见。余秋里要求立即手术。经过贺龙、任弼时批准,侯政开始进行准备。但缴获的医疗器械中恰恰没有手术锯。卫生部同志只好在县城各处寻找,费了九牛二虎之力总算找到了一条小锯条,却没有与之配套的锯弓,好不容易找到一把锯弓,也因太短跟锯条合不拢,最后又只好把锯条截去一截,凿了个眼,才勉强装上。

准备好简陋得令人难以置信的手术器具后,侯政着手给余秋里做手术。手术安排在小镇的一户居民家中进行,因为屋里到处是灰土和烟尘,怕伤口感染,于是用白布做了一顶帐子,手术放在帐内进行。手术前,侯政给余秋里讲手术程序和注意事项时,余秋里很坦然地笑着说:"既然交给你们做,就一切交给你们全权处理好了。"侯政先给余秋里注射了一针从敌人那里缴获来的镇痛剂。由于不知道该镇痛剂的使用剂量,结果一针下去使余秋里陷入了昏迷状态。接着,侯政用一把日本剃刀割掉腐肉,用锯子锯断了骨头。经过紧张抢救,余秋里才慢慢苏醒。当他醒过来后,只觉得头晕目眩。余秋里习惯地用右手去摸左手时,空荡荡的,这时,他才意识到手术已经做完了,顿时感到如释重负,又若有所失。余秋里开玩笑地对侯政说:"侯部长,这是我负伤 5 个多月以来,睡得最安稳的一觉。"5 个多月,就是 167 个日日夜夜,而这期间,正是红军最艰难的阶段,余秋里拖着一只断臂爬雪山过草地进行长征,其中痛苦可想而知。

新中国成立后,余秋里被授予中将军衔,成为红二、六军团又一位独臂将军。在 20 世纪 60 年代初我国经济困难时期,他曾任国家石油工业部部长。他就是以一只胳膊,带着千万石油工人在东北黑龙江的冰天雪地里建设起闻名于世的大庆油田,为扭转我国石油工业长期落后的面貌,做出了杰出的贡献。

第二十三章
激战来宾铺

红军进入云南东部——龙云慌了手脚——诱敌的主战场——
宣威城门户——骄狂的刘正富——虎头山激战——初战告捷——
"盆底游鱼"——孙渡驰援——撤出战斗，连夜转移

　　红军二、六军团在乌蒙山区进行了艰险的回旋战,突出重围,从昭通、威宁之间穿过滇军孙渡纵队的防线,浩浩荡荡,长驱直入滇东宣威县境。3月22日,红二军团直属部队进驻宣威徐屯,四师到核桃园,五师到新天。红六军团到达观音堂、来宾铺一带宿营。在这里,红二、六军团与国民党军队进行了一场激战,这是红军入滇后的第一次大规模作战,也是历时一个多月的乌蒙山回旋战的收官之战。

　　红军迅速进入云南东部的行动,使一直力图阻止红军进入云南的龙云慌了手脚。刘正富旅是滇军第一旅,号称云南王牌军,原来驻防在大理,龙云为了在滇黔边境堵截红军,特意把刘正富旅从二线调往会泽一带。当红军突破孙渡防线,进入宣威后,龙云又急令刘正富旅赶往宣威堵截红军,守住城池。同时,龙云还电令孙渡纵队向宣威靠拢,并电催中央军郭汝栋纵队加快速度,追击红军。刘正富受命后,即率所属第一、第二团和补充第三大队(相当于团),以及配属的保安第一、第二团和个旧独立营,连夜赶至宣威城。

　　红军进入宣威县境后,由于在乌蒙山区征战20余天,历尽千辛万苦,已经相当疲劳,急需有一个休整的机会。宣威县位于滇黔之交的乌蒙山区南部边缘,地处威(宁)宣(威)大道要衢。县城在一个比较大的坝子里。这里地势平坦,人口众多,物产丰富,还出产闻名于世的宣威火腿。若能打开县城,在这里进行休整补充是比较理想的。鉴于敌我双方所处的形势,驻距宣威县城较近的红六军团领导连夜做出了诱歼滇军第一旅的方案,并得到红二、六军团军分会的同意。诱敌的主战场就设在来宾铺地区。

红二、六军团到达宣威城东北地区,红二军团直属队驻徐屯,3个师分驻在徐屯西南的核桃园和徐屯以北的新田;红六军团直属队驻来宾铺,红十七师驻来宾铺南的观音堂,红十八师驻龙潭田以南地区,后卫红十六师驻龙潭。在这里,两军团领导人贺龙、任弼时、关向应、萧克、王震等根据部队经过乌蒙回旋,确实疲劳、需要休息的实际和追敌主力尚远的情况,确定以六军团为主,二军团配合,在滇军未赶到前,攻占宣威。为了实现在来宾铺地区诱击刘正富旅的计划,贺龙与任弼时、关向应等商量后作如下部署:红六军团担任主要歼敌任务,红十七部师署在堰塘一带,红十六师部署于大坡山右侧梨家寨一线,红十八师部署于红十七师左翼策应。由红二军团四师第十团占领朱街子沟、东山,掩护战场左翼,第十一、十二两团留在核桃园担任预备队,必要时由左侧策应主战场;红二军团五师由新田北返10余公里,赶到徐屯北面、郭汝栋纵队的来路要地陡山坡设伏,准备阻击郭敌对滇军的增援;红二军团六师到石丫口由东北向西南,沿海河峡谷游击,准备堵截郭汝栋增援的另一部和阻击滇军孙渡纵队由北面威宁来的增援,保障战场的右翼。南战场指挥所设在来宾铺西南、观音堂西、王家营东的大坡山上。

来宾铺地区位于宣威县城东北约15公里的地方,是宣威坝子东北部的边缘地区,地势北高南低,丘陵绵延起伏。但从来宾铺往南至崔家营、高家村、堰塘、海眼这一横贯东西的地带,一条由西向东流向的干沟河,因河水常年冲刷,泥沙淤积,形成两岸山丘拔地而起,出现南高北低,中间一片低洼开阔的地形。南岸的紫灰山、虎头山、老营头等山头,虽不比大坡山高,但比北岸的崔家营、高家村、堰塘、海眼各村均高出许多,它们是扼北岸开阔地和绵延起伏山丘的险要制高点。由宣威县城,经来宾铺、倘塘,到威宁、毕节的古路,通过虎头山与紫灰山之间,所以虎头山和紫灰山的地理位置更显重要,是宣威城北面的门户。

各部队根据统一部署,立即投入作战准备,并连夜进入指定位置。当晚,红六军团派出了由30多人组成的侦察队,到宣威县城北的稻田冲、十里铺侦察、了解敌情。结果,与敌刘正富旅补充第三大队的游击兵遭遇。

军团领导认为南岸的紫灰山、虎头山是扼制敌来攻的理想阻击线,但若红军先占领,敌人有可能不来攻;敌人不来就实现不了歼敌目的。为了诱敌上钩,决定把虎头山警戒部队撤回北岸,好让敌人大胆过干沟,而将主力十七师埋伏在要道口堰塘附近的高地上,十六师先留龙潭田地区阻孙渡部队南下,然后南下准备在十七师右侧加入战斗。十八师部署在十七师左侧,战斗打响后从左侧加入战斗。初步设想是,敌人过了干沟河,十七师从正面出击,十六、十八两师由左右两侧迅速插到干沟河南岸将敌四面包围,尽可能把敌人歼灭于北岸的开阔地带。

与此同时,骄狂的刘正富在得到侦察部队情报之后,误认为红军主力在倘塘,来宾铺地区的红军是掩护部队,进至十里铺的小部队系佯攻宣威,目的是掩护主力向他方"逃窜"。这样,刘正富的判断正是红军预先设下的圈套所要达到的目的。既然认为来宾铺地区的红军是掩护部队,于是刘正富正想向上司邀功,便于 23 日凌晨,令保安第二团出城东北,向朱街子方向搜索前进,他自己亲率第一、第三团,还有补充第三大队及保安第一团、个旧独立营,倾巢而出,向来宾铺方面开进。他决定先发制人,主动向红军发起进攻,妄图消灭红军主力,夺取头功。

这天拂晓,红二、六军团各部有的早已进入指定位置,有的从驻地开始向指定位置运动。保证正面主战场歼灭宣威守敌的红五师半夜从驻地新田急速返回陡山坡。陡山坡的地形十分复杂,接口两边是又高又陡的山坡。坡的那一面往下,是一条条山峦紧锁的深沟。深沟汇聚的谷底叫金铜盆。从倘塘来的路穿过金铜盆经二台坡,然后弯弯曲曲地通向坡口,像悬空的带子一样。红五师把主阵地设在陡山坡丫口两侧山头上,迅速构筑了工事,由十四团负责坚守。把十五团部署在靠近金铜盆的二台坡等地作一线阻击。该师第十三团准备增援南线主战场作战。奉命在驻地核桃园集结策应主战场的四师十一、十二团,天明后接受任务,随即南开至海眼村一带构筑阵地。第十团天明前已运动到坝子东头的朱街子沟,一营上了东山,在山腰及山头上构筑阵地,团部驻朱街子沟。六师天明后向石丫口开进。担任正面歼敌的六军团各部,十七师早已进入堰塘附近的伏击地域,十八师早上 6 时许从来宾铺北面的龙潭田以南向战地赶进,后卫十六师则在这天上午 8 时从龙潭田出发,向虎头山前进。红二军团军团部天亮前由徐屯向南移至观音堂一个四合院内,贺龙等领导,清晨登上大坡山指挥战斗。军团政治部、组织部的同志们分头深入前线,进行战前动员。组织部的李贞等同志到了前沿阵地,进行政治鼓动,并了解干部的情况,以便及时补充和配备干部。他们还在一个山坡上的农户家里,为前线的红军战士烧开水并送到阵地上去。这里是一派临战的紧张气氛。

刘正富虽邀功心切,但行动却很谨慎。上午 8 时许,滇军的先头部队进入虎头山、紫灰山要道口,红六军团的诱敌分队首先打响,且边打边退,将敌引向红十七师埋伏的堰塘一带。刘正富听到前方枪声后,并没有督师急进,反而命令后续部队停止跟进,就地展开,同时指挥其第二团及补充三大队,抢占制高点虎头山左侧,第一团占领虎头山右侧。刘正富的旅指挥所设在虎头山尾部,距前沿阵地两华里的一个凹地小水沟边,同时令保安一团在旅部后面集结待命。

虎头山位于来宾铺与宣威城之间一片开阔地的中心,与紫灰山相连,因山形酷似虎头而得名。虎头山恰似一道天然屏障,控制了由徐屯、来宾铺前往宣威县城的通道。红军要由来宾铺进占宣威城,必须经过虎头山。占据了虎头山,则进可以攻,退可以守。

从未与红军交过手的刘正富,依托虎头山有利地形,构筑了工事,又自恃有龙云以高价从法国购买来的精良武器"欧三响"和重机枪等装备,便得意于一时。于早上九时许,令其嫡系一团奔下虎头山,越过山脚小河,向红十七师驻地发起了攻击,又分兵保安一团、个旧独立营向来宾铺推进,袭扰红军的主阵地。

在堰塘一带设伏的红十七师,决定首先歼敌先头部队。四十九团指战员不顾连日行军的疲累,发扬连续作战的精神,已在高家村一线筑好了工事严阵以待。当敌人突然发起远距离攻击时,红军按兵不动。狂妄的敌人以为红军害怕了,更加有恃无恐,一窝蜂似的向高家村扑来。当敌军进至村边时,红四十九团以迅雷不及掩耳之势,突然发起猛烈的反击。各种武器一齐向敌人开火,随后又向敌发起冲锋,并与敌人展开肉搏。敌军遭迎头痛击后,仓皇应战,阵脚大乱,纷纷沿来路向后溃退。敌军一个督战的军官声嘶力竭地叫喊着:"顶住!顶住!不许退!"正在叫唤着,被红军一枪击毙。敌军在溃退中,突然又遇到侧翼红五十三团的一阵猛打,顿时阵脚大乱,溃不成军。红军十七师迅速歼灭了敌两个连,接着向虎头山发起攻击。

初战告捷,极大地鼓舞了红军的士气。这时,军团首长纵观战场形势,决定趁势向敌主阵地发起攻击,扩大战果。上午 10 时左右,十八师的 3 个团和十六师前卫四十六团正好赶到,立即加入战斗。红军攻击的阵势是:十七师四十九团作中心突击,五十团在左,五十一团在右,十八师五十二团、五十三团和十六师四十六团又在五十团的左侧加入战斗。红军以排山倒海之势,以勇猛迅速的动作通过敌人的火力封锁线,越过开阔地,杀向南岸。攻击虎头山西侧的红五十一团,进至干沟河南岸时,即以河岸为掩体,作多路仰攻敌老营头的机枪阵地，经过激烈的争夺，终于攻上了老营头，将敌前沿的机枪阵地夺了下来。红四十九团、五十团等部队冒着敌人的炮火冲过开阔地，奋力攻上虎头山，占领了敌人南岸的一线阵地，将敌打垮，并顺势追了五六里。被红军打懵了的刘正富，为了保全自己的性命，丢下虎头山和紫灰山主阵地及指挥所，仓皇向宣威城脱逃。由于红军后续力量不足，战场指挥员于是决定退守虎头山。这场攻势，歼敌近500人，缴枪数百支。

在战场的左翼，滇军一部进到东山脚下朱街子沟，被掩护战场左翼的红十团击溃。红十团团长刘开绪在指挥战斗时负伤。

在虎头山主战场激战的同时，在陡山坡垭口担任狙击任务的红二军团五师，进入阵地后，积极挖筑工事，准备迎击追敌。这时，一直尾随红军的郭汝栋纵队由倘塘向旧铺子推进，得知红军与滇军在来宾铺地区发生战事后，企图向滇军增援。10时许，郭纵队增援的先头部队进入红五师设伏的陡山坡下的金铜盆地域。金铜盆地势低洼，四周是山，活像一个"盆底"。红军沉着应战，等候敌军逼近。当郭汝栋纵队前卫营陆续进到"盆底"，成为"盆"里的游鱼时，埋伏在二台坡等高地的红十五团，突然开火，发起猛攻，卡住敌人，一下子就将"盆"里的游鱼收拾干净，歼灭了敌人的前卫营，敌营长郭烛明当场被击毙。敌军遭到打击，迅速败退下去。但是郭汝栋部听到虎头山一带枪声不绝，认为南北夹击红军的形势已经形成，可以和红军进行决战，于是命令敌军轮番冲锋，向红军发起疯狂的攻击。红五师指战员英勇抗击着敌人的攻击，坚守着阵地，并且还组织小部队发起反冲锋，以挫败敌人的进攻并把敌军主力压缩在陡山坡前的几条山沟里，使其不敢贸然前进，从而保证了主战场战斗的顺利进行。

在南战场，敌旅长刘正富见红军并没有穷追，而是追了一程就退守后面高地，便制止溃退，调整部署。约上午11时，又重新掩杀回来。是日，龙云派军事训练委员林桂清乘带飞机3架，飞临宣威投送文件和侦察红军动静，恰好这时，飞机飞到虎头山上空为敌助战。刘正富这次反攻，在飞机掩护下，把本钱全用上了，令保安一团占领右侧阵地，用重机枪掩护主力一团向红军正面突击，令第二团和补充三大队攻虎头山左侧和老营头，同时在旅指挥所附近开设炮兵阵地，用炮轰击红军集团目标。在敌人疯狂进攻面前，红军英勇作战，数次打退敌人的进攻。但由于敌人武器装备精良，火力猛，几经反复，红军被迫从南岸一线高地撤退，退过干河沟北岸与敌对峙。敌重新占领南岸各高地后，敌旅长刘正富重新调整了部署，扩大防区。他将第一团部署在虎头山东侧的紫灰山上，控制要道两边山头；把第二团部署在虎头山正面，保安一团和补充三大队部署在虎头山西侧至老营头一带，并在附近开设了火炮阵地。

随后，红二、六军团的预备增援部队四师十二团、十一团，五师十三团及十六师四十七团等部都已赶到战场，于是红军决定向南岸敌人再一次发动猛攻，以十七师和十六师主攻虎头山，十八师五十二团和五十四团在十七师左侧占领出发阵地，五十三团占领左侧山头掩护主力部队出击，四师十二团向虎头山与紫灰山结合部进攻。约莫中午 12 时许，红军攻击再度开始。十六师四十七团从倪家冲向南运动，在团长覃国翰指挥下，第一营营长张铚秀率第四连突破了敌人层层火力封锁，越过干沟，直打到虎头山后敌旅指挥所，与敌警卫部队展开激战，俘敌 20 余人，缴枪 20 余支。敌旅长刘正富在慌乱中令其一团向红军反冲击。四十七团在歼敌警卫部队一部后，随即沿来路往回冲杀。四师十二团从右边攻上去一个营，把敌人打垮，攻到虎头山东侧半坡，被在飞机掩护下向红军组织冲锋的敌人压回来。五师十三团冲到虎头山半山腰，和敌人展开肉搏。

整个虎头山浓烟翻滚，状若沸粥。有的红军战士刺刀拼折了，就用枪托砸；有的同敌人撕扯在一起，与敌同归于尽。指战员们冒着敌人的猛烈炮火和飞蝗般的枪弹冲击，付出了重大牺牲。战斗中团政委陈盛才腿部负重伤。团政治处主任郑依宝颈部负伤，他所带的一个营向敌人反复肉搏拼刺刀，200 多人最后只剩下了 61 人。

此次攻击，由于张正富把全旅的重机枪全用上了，又占据有利地形，加上龙云派飞机助战，经反复冲杀，红军虽有一定进展，也大量杀伤敌人，但无法继续扩大战果。要全部消灭正面之敌，还需重新部署，于是决定令各部队撤回北岸待命。

在红军准备再次发起进攻的时候，敌情也在不断变化，奉命至石丫口阻击孙渡纵队的红六师 2 个团，由于路程较远，当到达指定位置后，孙渡率其第五旅（鲁道源旅）、第七旅（龚顺璧旅）已通过石垭口，径向宣威前进，已赶至距宣威城约 40 里，距虎头山有 20 多里的地方。

孙渡听当地老百姓说，相隔三四里就有电话线。即令通信兵去挂电话，随即找宣威县长范捷正询问情况。范告知：第一旅现正在虎头山附近与红军接触，听说尚有红军继续到达。孙渡立即命令范捷正迅速通知旅长刘正富，说孙部已经到达，随即可以参加战斗。孙渡当时认为在虎头山之战斗本应对红军不利，因为红军是在滇军衔尾追击的情况下，红军不可能有各个击破第一旅的充裕时间,且虎头山并非红军作战有利之地点;红军之所以选择在虎头山进行战斗,一定是看到第一旅在行动中有什么弱点,或其他某种有利于红军的情况,孙渡担心第一旅有被吃掉的危险。于是以第五、第七两旅迅速驰援,准备投入战斗。[1]

孙渡随令已向宣威前进中的鲁道源旅速向十里铺前进,与刘正富旅取得联系,支援该旅作战。孙渡率一个警卫连,取捷径向虎头山急进,令龚顺璧旅随其跟进。约莫下午3时许鲁道源赶到虎头山山脚,见到了刘正富。刘颓丧地说:"老哥,你再不来的话,我这条命恐怕保不住了。今朝8点多钟就与红军接火,双方互相冲杀几次,我旅的一、二两团伤亡不小。现在战况缓和,正面大部分处于对峙中。李嵩的补充大队,全是新兵,一触即溃,罗廷标、和济光的两个保安团,战斗力也有限,还没有使用在正面火线上,我用他们当警戒。现在我把重机枪全部集中在一起,打算把机枪子弹打完,留最后一颗来打自己……"刘讲了战况,随即,鲁道源带着全旅从虎头山右侧加入战斗。此时,龚顺璧旅赶到虎头山左侧,增援刘旅左翼,孙渡亲自上虎头山督战。滇军兵力大增,火力加强,使虎头山战场形势发生了意外变化。

鉴于南岸敌人用密集的火力封锁干沟河开阔地,红军战场指挥所决定不再采取密集型的进攻战术,而是分多路纵队,梯次前进,分散出击,迫敌顾此失彼。下午3点过,红军因守北岸的部队经过吃饭休整,战斗力大有恢复,于是分四路纵队同时出发,再一次向南岸之敌发起攻击。担任主攻紫灰山的四师十二团从海眼村出发,先派一个营出击紫灰山山脚左侧的山头,一下夺占了敌第一旅第一团坚守的两个山包。

攻击敌人正面和右翼的红六军团分三路纵队杀回南岸。左、中两路纵队越过开阔地,猛冲猛打,向敌第二团、保安一团阵地猛攻。敌旅长鲁道源,忙派第十团第三营增援。敌我双方在两方阵地中间地带展开厮杀,红军当即毙敌连长两名,活捉其营长张仲祥。但在激战中,红五十团政委段兴寿不幸阵亡。红军攻击开始后,他带领战士越过开阔处,冲入敌阵,把敌军打得四散奔逃。在冲杀中,段政委腹部突然中弹,血流不止,但仍坚持指挥,直到生命最后一息。

红十二团攻下紫灰山左边两个山包,但右边山头的敌人用机枪、迫击炮封锁了红军后续部队的冲击路线,使红军无法前进。为了解除敌人对红军右边的威胁,团长钟子廷令第三营上去拿下这个山头。第三营的红军指战员在营长的率领下,挺着胸膛,端着上了刺刀的步枪,直扑过去,攻到半山腰与敌第一旅一团的部队厮杀。当敌第一团行将动摇,红军将偷袭鲁道源旅指挥所之际,敌旅长鲁道源又忙派第九团第二营(营长杨炳麟)增援。

此时,滇军的第7旅也赶到了虎头山,加入敌左翼作战。该旅第五团(团长肖本元)接下了补充第三大队坚守的防地。当红军右边的一路纵队,越过开阔地,进到虎头山西侧山脚时,敌第五团对红军阵地发起全团反击,组织火力把红军阻滞于山下的洼地里,使红军未能攻上山去。

下午4时许,红军在大坡山的战场指挥所传出了调号声,调各团指挥员前去接受新任务。这时十二团进攻紫灰山之敌的战斗正在激烈地进行着,突然敌人一发炮弹落在团长钟子廷的指挥位置,钟和他的一位通讯员及其他参谋人员不幸当即牺牲。钟子廷是湖南桑植县人,出身贫农,参加红军以后,英勇作战,屡建战功。1934年在湖南龙家寨战斗中,他带领少数同志,掩护部队撤退,右肩胛骨负了重伤。在长征转战中,一次他被子弹打穿了右腿骨后,伤口还未愈合,又回到部队参加战斗。这次战斗中,他接受任务后,亲率两个营的部队,顺着一条山沟迂回前进,同增援的滇军展开血战。他身先士卒,带领红军战士向敌人阵地攻击,当他和几个同志来到山坡脚下的时候,不幸一颗炮弹在他身旁爆炸,钟子廷壮烈牺牲了。广大指战员听到这不幸的消息时,悲愤万分,纷纷表示一定要向敌人讨还血债。红军向敌人发起猛攻,打退了东线进逼的敌军,保障了红军侧翼的安全。

激烈的战斗进行了两个多小时,红军战士个个奋勇冲杀,枪炮声、喊杀声响彻云霄。在激战中,红四师第十一团政治委员黄文榜、红十七师第五十团政治委员段兴寿等同志壮烈牺牲,许多红军战士也献出了宝贵的生命。曾占领了敌旅指挥所的红四十七团,虽一度接近虎头山敌阵地侧后,但因处于敌军虎头山与紫灰山阵地的交叉火力网下,伤亡较大,不得不撤出已占领的阵地。至此,敌我双方形成对峙状态。

此时,贺龙亲临第一线,观察了整个战场形势。根据战场情况,尤其是在敌人力量不断得到加强的情况下,总指挥部考虑到敌军已增加至3个旅,敌我兵力悬殊太大,又占据了有利地形,要全歼敌人,已不可能,战斗僵持下去将于我不利。红军为保存有生力量,避免与强敌决战,遂决定天黑后撤出战斗,连夜向东转移。天刚黑,红军向敌阵地进行猛烈的火力袭击后,即撤出战斗,按原定计划转移,红二军团向东南进占了盘县城,红六军团向南,经平彝(今富源)进盘县亦资孔地区。

来宾铺之战是红军跨出乌蒙山区后的第一次战斗,敌我双方投入的兵力均在万人以上。红二、六军团在乌蒙山回旋近一月,部队相当疲劳,指战员们以顽强的战斗精神给了滇军以沉重打击,红军重创刘正富旅,打击了郭汝栋纵队,阻止了敌军的围攻,为红军在滇黔边打开局面,创建根据地创造了有利条件。

宣威之战,红军声威大震,影响深远。当时国民党办的《云南日报》随军记者曾写有《宣威××血战详记》,写着:"计自午前9时起至午后2时正,激战5小时,枪声之密,胜过除夕爆竹,血肉满地,尸横枕藉,加以天候阴雾,愁云惨淡……战场景象,令人肃栗!"[2]这段文字,却是描述了当时国民党军队同红军交战的情景。3月24日,贺龙、任弼时、关向应致电红军总部,报告了来宾铺战斗的情况:"我两军团22日进至宣城[3]北之新天、观音塘之线。23日,滇敌孙[4]纵队由宣威及西北地区、郭[5]敌由倘塘,向我夹击。当日将孙敌击溃,缴步枪约200支、机枪4架,并将郭敌先头亦击溃,缴枪60枝,我伤亡450人左右。本日,撤至宣城以东之宝山地区宿营。"[6]

为了避敌锋芒,选择创建滇黔根据地的落脚点,红军撤出来宾铺后向黔西一带转移。"宣威战斗未取得结果,尾追的敌人仍是紧跟着。为着迷惑敌人,将其调动到我们东面,军委分会决定我们进到滇黔边之盘县。"[7]此时,龙云在得到来宾铺战况报告后,立即致电顾祝同,要求速令郭汝栋纵队"星夜兼程,速向可渡河前进,以收夹击之效"。在这种情况下,贺龙决定红二、六军团向东行动,转向贵州西部的盘县,从而调动和迷惑敌人。3月26日,郭汝栋部跟踪追到宣威县宝山镇,贺龙命令红六师参谋长常德善率红十六团在四里着设伏,给郭敌以迎头阻击,迫使郭敌转入防守。3月28日,红二、六军团进占贵州盘县、亦资孔地区。军委分会决定在此发动群众,创建新的革命根据地。

---

[1] 孙渡:《滇军对红二、六军团的防堵》,《围追堵截红军长征亲历记》(下),中国文史出版社1991年1月第1版,第177~178页。

[2] 张铚秀:《从乌蒙山到金沙江——长征过云南的片断回忆》,转引自云南省军区党史资料征集办公室编:《红二、六军团长征过云南》,云南人民出版社1986年9月第1版,第178页。

[3] 指宣威县城。

〔4〕指孙渡。

〔5〕指郭汝栋。

〔6〕中国人民解放军历史资料丛书编审委员会：《红军长征·文献》，解放军出版社 1995 年 5
月第 1 版，第 1015 页。

〔7〕《二、六军团长征的政治工作总结报告》，1936 年 12 月 19 日。转引自贺彪：《红二方面军
从湘鄂边到陕北长征纪实》，华夏出版社 1990 年 3 月第 1 版，第 214 页。

第二十四章
盘县决定北上

朱德、张国焘联名发来电报——施贫大会——盘县歌谣——有利的形势——贺、任、关致电中央——对渡江的不同意见——盘县会议——决定北上

红二、六军团经过千里回旋,突破敌人重围,转出乌蒙山深处,进入云南。1936 年 3 月底,到达盘县、亦资孔地区。此时,形势对于红二、六军团来说是非常有利的。敌人的数量大为减少,双方兵力对比发生了很大变化。此地反动统治比较薄弱,地形和政治条件也利于红二、六军团活动。此时,一个选择题就摆在了红二、六军团领导人面前:走还是留? 走,往哪里走? 留,建立根据地可不可行? 在盘县,红二、六军团领导人召开了一次重要会议,实现了重要的战略转折,结束了长征以来在长江以南几次试图建立根据地的战斗历程,转变为渡金沙江北上的新的行动。

早在 3 月 23 日,也就是虎头山激战之时,红二、六军团就接到红军总部朱德总司令和张国焘联名发来的电报,通报了侦听到的敌情,说:"因你们善用机动战,已将你处敌军陷入严困状态中。李觉部早图调回湖南,已伤亡过半。万[1]师受打击,请[求]整[理]。裴、郝[2]师均叫苦,樊[3]纵亦疲劳,似滇军肯积极。敌大部似落在你们五六天后,如趁此时过金沙江尚有可能。李家钰九团分散甚宽,战斗力亦不强。"由此,建议二、六军团"在你们渡河技术有把握条件下及旧历三月水涨前,设法渡金沙江。"建议在四个地点渡河,分别为:第一渡河点为蒙、昭[4]一带渡河,第二渡河区在皎平渡、鲁车渡,第三渡河点在元谋、龙街,第四渡河点在姚安、大姚、盐丰[5]一带。但电报同时也提出"如果你军并不十分疲劳,有把握进行运动战时,则在滇黔边行动亦好。"[6]

这份电报仍是让红二、六军团在渡江与建根据地之间见机行事，又因此事关系重大，需慎重对待，所以，贺龙、任弼时、关向应没有匆忙回复。

红二、六军团进占的盘县，古称宛温，位于南、北盘江之间，东邻安顺，西接云南，地势险要，物产丰富，反动统治力量比较薄弱，自蜀汉以来一直是黔滇交通、军事要道。红军攻克盘县、亦资孔地区后，镇压了危害人民的贪官和土豪；砸开了监狱，释放了被关押的穷苦百姓。在二军团指挥部驻地——武营头九天楼还召开了施贫大会，杀猪备饭。全城的平民百姓自带碗筷欢聚楼前，载歌载舞，比过传统节日还要热闹。盘县至今还流传着这样的歌谣：

> 武营门，人欢腾，
>
> 红军哥哥进了城；
>
> 打开仓库分谷米，
>
> 为的打富来济贫。
>
> 北门桥[7]，河水清，
>
> 穷人天天盼红军；
>
> 盼得红军早来到，
>
> 打倒土豪和劣绅。[8]

这时，国民党军李觉纵队进至郎岱；郝梦龄纵队进至北盘江沿岸的白义河、铁索桥、茅坪等地区，与在白层的郭思演纵队沿北盘江东岸联合布防；樊嵩甫纵队和郭汝栋纵队集结于水城、土城；滇军孙渡纵队进至白龙洞、迤后所一带，与红六军团对峙。樊嵩甫纵队、郭汝栋纵队、万耀煌纵队等，均被红军拖得疲惫不堪，企图在上述地区进行整顿，然后对红二、六军团进行新的围攻。

红二、六军团通过运动战又造成了较为有利的形势，许多敌人被甩在后面，当面敌人的数量大为减少，周围国民党一线部队已从进攻黔、大、毕时的120个团减少到只有樊、郝、郭、李等纵队和滇军孙渡纵队共50多个团，双方兵力对比发生了很大变化；而且所有追击之敌都被红军拖得减员很大，疲惫不堪，士气低落，行动比较消极。距红二、六军团最近、行动比较积极的只有孙渡纵队，但其兵力单薄，不敢单独冒进。

而此时的红二、六军团，尽管经过几个月的连续征战，部队受到一些损失。但总指挥部要求各部队，坚持在战斗中补充，在战斗中整训，此时实力与桑植出发时相当，两兵团的兵力为1.7万多人，并且在运动战中得到了锻炼和提高。给养也突然改善了，宣威土豪家里的火腿，除大批分发给群众外，部队是吃不完的。山也低了,路也平坦宽广了,指战员们的疲劳在逐渐地消除掉[9],士气也很旺盛。此外,牛栏江以东、南北盘江之间广大地区,位置偏僻,交通不便,反动统治比较薄弱,地形和政治经济条件,也利于红二、六军团活动。军委分会根据上述分析认为,有在盘县以南兴义一带建立根据地的可能;同时,还考虑即使此招不成,也可利用全国正在兴起的抗日救亡高潮和正在发展的蒋介石与两广军阀之间的矛盾,挥师向东,与敌周旋,求得存在和发展。这样,在江南保存一支红军主力,无疑将对以后全国革命形势的发展产生深刻影响。

根据朱德、张国焘的上述指示和盘县、亦资孔地区的情况,贺龙、任弼时、关向应于3月29日24时,致电朱德、张国焘,报告红二、六军团自离开毕(节)后的转战中,共伤亡千人左右,落伍、开小差总共在二千人左右。认为"在目前敌我力量下(即包括敌之樊、万、郝、郭、李、孙[10]等纵队)于滇黔川广大地区内,求得运动战中战胜敌人创立根据地的可能,我们认为还是有的"。[11]

红军总司令朱德和总政治委员张国焘于1936年3月30日指示红二、六军团北上,与红四方面军会师的电报。

第二天,即3月30日,朱德、张国焘复电贺龙、任弼时、关向应,建议"最好你军在第三渡河点(即元谋、龙街)或最后处北进,与我们汇合,一同北进。亦可先以到达滇西为目的,我们当尽力策应。"

接电示后,贺龙、任弼时、关向应、萧克、王震才弄清,朱德、张国焘"复电虽未肯定决定,但其意是以北渡为妥,故最后决定北渡金沙江与主力会合"[12]。对朱德、张国焘的电报指示,军委分会多次开会研究,对于是否渡江北上,红二、六军团领导人中有两种不同意见,有的赞成渡江北上,同红四方面军会师,有的则不同意渡江。

盘县会议旧址。1936年3月30日,红二军团军团部接到了朱德和张国焘关于要红二、六军团北渡金沙江,去甘孜同红四方面军会师的电报。于是,军委分会在此召开紧急会议,决定与红四方面军会师。

3月30日,两军团领导贺龙、任弼时、关向应、萧克、王震、张子意等同志,在盘县及时召开了会议。会议因在盘县召开,所以又叫"盘县会议"。会议讨论了总部电示精神,分析了全国革命形势。任弼时同志指出:我们留下创建滇黔川边新苏区的条件是有的,但中央红军已经到了陕北,红二十五军徐海东他们也到了陕北,四方面军在西康(现属四川),现在总部又来电报,要我们北渡金沙江,会合四方面军共同北上,全国革命大势转到了北方[13]。因此,会议经过充分讨论,大家一致同意总部意见,放弃在滇黔边建立新苏区的计划,决定北渡金沙江,与红四方面军会合,以迎接中国革命新高潮的到来,并选择了总部指出的第三个渡江点,即经曲靖、寻甸县境,过普渡河,至元谋县的龙街渡口渡江。这是1935年中央红军一军团曾经走过的路线。这就是盘县会议做出的重要决策。当时还作了一个预案:万一过不了金沙江,就向澜沧江方向进行游击活动。后来的实践证明,红二、六军团渡江北上,符合当时党和红军提出的战略方针,适应了全国正在蓬勃兴起的抗日救亡运动的新形势。

贺龙后来在回忆这段历史时说:"为什么过金沙江?第一个电报有争论,叫我们准备生姜、辣子、衣服等,我们不同意。第二个电报指出了五个渡口。第三个电报命令渡江。这是有命令才走的。一部分同志不愿过,理由只有一个,革命,南边也要放一个。你讲二、六军团(在金沙江以南)能否有发展?利用军阀矛盾,利用广大区域,四川、湖南、湖北、贵州都可以去嘛。湘江、沅江都挡不住我们……最后一个命令才过江的。"[14]

萧克回忆这段历史时也说:"这时我们对一、四方面军会合时张国焘闹分裂反中央的情况,一点也不知道。当时我们还想在滇黔边站住脚,虽然查明来包围这地区的敌人比进攻黔西、大定、毕节地区少了,但也还在50个团以上,时间久了敌情也可以变化,是否能站得住,是个未知数。总司令部要我们北上抗日,我们从当时整个国内形势看,认为北上抗日是大势所趋,经军委分会的研究,决定执行总司令部的指示,与四方面军会师,北上抗日。"[15]

红二、六军团战士画的漫画

　　为了隐蔽战略转移行动,红二、六军团在盘县休整的三四天时间中,一方面摆开了要建设根据地的架势,抓紧时机宣传"抗日讨蒋"的主张,积极发动组织群众,扩红 700 余名。部队兵员得到了补充,战士体力得到了恢复。同时,还进行了思想动员、组织整顿和物资准备工作,并在部队中普遍传达了《中央关于目前形势和党的策略路线决议大纲》,进行了党的路线、方针和政策教育。红军指战员情绪饱满,斗志昂扬,为新的战略转移作了思想上和物质上的准备。另一方面,指挥部运用机动灵活、声东击西的战术,在派出小部队向普安方向佯动,诱敌东调的同时,抓紧收缩部队,部署西进滇中的行动。

---

［1］指万耀煌。

［2］指裴昌会、郝梦龄。

［3］指樊嵩甫。

［4］指蒙姑(属云南省巧家县)、昭通。

［5］盐丰,云南省属县,1960 年撤销,并入大姚县。

［6］中国人民解放军历史资料丛书编审委员会:《红军长征·文献》,解放军出版社 1995 年 5 月第 1 版,第 1013 ~ 1014 页。

［7］北门桥在盘县城内。

［8］贺彪:《红二方面军从湘鄂边到陕北长征纪实》,华夏出版社 1990 年 3 月第 1 版,第 217 页。

［9］任弼时:《二、六军团长征的政治工作总结报告》,1936 年 12 月 19 日。转引自贺彪:《红二方面军从湘鄂边到陕北长征纪实》,华夏出版社 1990 年 3 月第 1 版,第 216 页。

［10］指樊嵩甫、万耀煌、郝梦龄、郭汝栋、李觉、孙渡。

［11］中国人民解放军历史资料丛书编审委员会:《红军长征·文献》,解放军出版社 1995 年 5 月第 1 版,第 1016 页。

［12］引自任弼时:《红二、六军团从湘鄂川黔边到康东北长征经过报告大纲》(1936 年 11 月),《任弼时选集》,人民出版社 1987 年 9 月第 1 版,第 127 页。

［13］萧克同志 1984 年 1 月 16 日在云南丽江谈红二、六军团长征。

［14］1961 年 6 月 5 日《贺龙元帅谈红二方面军情况记录》,《红军长征 回忆史料》(2),解放军出版社 1992 年版,第 118 页。

［15］萧克:《红二、六军团会师前后》,载《近代史研究》1980 年第 11 期。

第二十五章
普渡河转兵

普渡河位于云南省中部，它发源于滇池，上游叫螳螂川，由南向北流入金沙江。红军西进，必须跨越普渡河这一天然障碍。龙云也似乎看出了红军的意图，立刻派遣滇军刘正富的第一旅、张冲的第九旅赶往普渡河西岸，控制和破坏铁索桥，同时命令孙渡、樊嵩甫、李觉的 3 个纵队在红军后面加紧尾追，企图将红二、六军团围歼于普渡河以东、功山以南、羊街以西的狭窄地区。

普渡河有座铁索桥，位于禄劝县东南角。桥的两边都是高山，桥东是玉榜山，桥西是音翁山，上下数十里，铁索桥就架在两山峡谷间的普渡河上。这儿的河面虽只有二三十米宽，但河床中多怪石，水流回旋湍急，涉渡困难。因此铁索桥成了从寻甸、嵩明通向金沙江边的重要孔道。红二、六军团预定从这里通过。

本来红二、六军团进入云南的目的，就是为了渡金沙江北上抗日，这点龙云心里是明白的。早在 2 月，红二、六军团在黔、大、毕建立各族各阶层爱国人士参加的抗日民族统一战线的时候，就请西南社知名人士周素园先生以旧交身份写信给龙云、孙渡和鲁道源，希望他们和红军一致行动抗日。周素园先生"拿护国首义的光荣传统来鼓励他，争取他们同情抗日，和红军一致行动"。龙云不但不听，反而"把原信摄影下来，呈报蒋介石下通缉令。并张贴布告，表示他对蒋的忠诚"。[1]之后，红二、六军团在向宣威的转移途中，萧克、王震、张子意三人又联名写信给孙渡，说明红军是抗日反蒋的，希望滇军不要和红军打仗，建议双方建立抗日停战协定。还告诉他们，红军是不好打的。退一步讲，打得两败俱伤，蒋介石借追红军之机,把大批中央嫡系部队开进云南来,将来云南还会是你们的吗? 并以"假道灭虢,史有明鉴"的历史故事打动他们。孙渡收到这封信后,又转给了龙云。同时,红二、六军团经沾益至马龙后,并没有沿黔滇大道指向昆明,而是进抵昆明东北的寻甸。

龙云看到红二、六军团是沿1935年中央红军所走的路线,要经禄劝县境的普渡河铁索桥到金沙江边,自认为前有普渡河险境和堵兵,后有强兵追击;又错误地估计了虎头山战斗,认为红军伤亡严重,"战力削减了三分之一";因而置红军的忠告于不顾,把红军经普渡河铁索桥的行动,当作围歼红军的"天赐良机",企图凭借普渡河之险,围歼红二、六军团于普渡河以东、功山以南地区。于是,他一面急忙把在一平浪任盐运使的张冲调回,率龙云在昆明的直属部队,即近卫第一团、第二团、警卫营、工兵营和重机关枪大队的两个连,4000余众,连夜从昆明出发,兼程赶到普渡河铁索桥一线布防堵截;一面急派督训处长卢汉和副官长陈盛恩赶到杨林镇,向孙渡纵队旅长以上军官面授机宜,要孙渡纵队加快追击速度,配合张冲率领的直属部队,滞留红军于普渡河东岸,待兵力集中后,东西夹击红军于普渡河的险峻峡谷地带。孙渡受命后,即从杨林分两路追击,以第七旅为一路,从寻甸羊街方向追击红二军团;孙渡亲率第一旅、第三旅为一路,从嵩明直插款庄地区,与龙云派往普渡河堵截红军的直属部队相配合,形成对红军的合击之势。

4月6日,红二、六军团离开寻甸,仍然分两路前进,有分有合,互相策应,直指普渡河。龙云不断派飞机对红军进行轮番轰炸,以迟滞红军的行动,但仍阻挡不住红军前进的步伐。红二、六军团指挥部把占领禄劝普渡河铁索桥的任务交给了右翼二军团四师,并命令左翼六军团十七师越过款庄坝子,翻过玉膀山渡过普渡河。当下,前卫红四师以十二团为前卫,十团为本队,师部警卫营和炮团为后卫,经三哨进入禄劝县境,连夜急行军,向铁索桥前进。

普渡河铁索桥长约三四百米,宽约3米,位于上下大山、大坪山与音翁山峡谷之间,是禄劝县连接寻甸县交界地区的重要通道。因此,能否夺取铁索桥及渡口,不仅关系到红二、六军团能否顺利北渡金沙江,而且关系到红军的生死存亡。

4月8日,天刚蒙蒙亮,十二团先头部队就摸索来到距铁索桥不远的地方,发现敌张冲带领龙云的直属部队已先期到达这里,占据了桥西音翁山的制高点,构筑了野战工事,并且命令工兵营拆毁了桥上的木板,只剩下几根铁索,在桥头架起铁丝网,控制和封锁了铁索桥,形成了火力交叉梯次配备。看来,在敌人的严密封锁下,选择从桥上过河将十分困难了。

为了避免伤亡,根据当前的敌情,红四师师长卢冬生一面将炮团和警卫营留在桥东,抢占制高点,吸引、牵制音翁山上的守敌,佯作夺取铁索桥的态势;一方面率红十二团、十团跑步顺河前进,绕过铁索桥,到普渡河下游不远的小河塘渡口徒涉过河。在夜幕的掩护下,前锋十二团首先抢渡。这儿水流不急,先头部队指战员走下河去,水只淹齐胸膛。春天的河水,虽然冷气袭人,但是红军战士手挽着手,迎着河水的冲击,高一脚低一脚地涉过河去,将几根粗绳拉到对岸固定起来。先头部队一上岸,后续部队的指战员,不顾长途急行军和作战的疲劳,依托绳索鱼贯飞渡。至拂晓前,十二团指战员全部顺利地涉过了普渡河。

当红十团接着渡河的时候,被音翁山守敌发觉,即向小河塘渡口运动,企图封锁渡口。这时,在河东岸的红四师警卫营和炮兵一齐向对岸敌人射击,并佯作抢夺铁索桥的姿态,以压制和吸引敌人,策应红十团渡河。与此同时,已渡河的十二团向音翁山守敌迂回,在地形条件十分不利的情况下,勇敢地从西北向敌侧背发起突然攻击。在红军的攻击下,敌工兵营不支,当其正向后溃退时,滇军直属近卫第二团赶来增援,依托既设阵地,才稳住了阵脚。然后两个团分别占领了音翁山左右的两个高地,形成了对音翁山的夹击之势。但是,正当红军准备发动总攻,围歼山上的敌人之时,四师接到军团部的命令,要四师停止渡河折转南下。当时红军背山面水,一时不便撤退,只好先退至白马山,和敌人形成对峙,待机逐步撤出。

为什么红四师会突然收到这个命令呢?原来是战局发生了急剧变化。8日早晨,当前卫红四师在普渡河与龙云直属部队激战的时候,红六军团进至款庄地区,准备随四师渡河。款庄坝子东边是汉牌山,坝子中间是矗立着的老干山,马过河和款庄河顺着老干山东面脚下流过,西面是玉膀山。只要横过款庄坝子,翻过玉膀山就到了普渡河。此时,滇军早在这一带防堵,占据了普渡河东岸的玉膀山制高点。

当红六军团十七师先头部队五十团摸索着来到老干山北山脚下的小松园时,田野一片漆黑,刚要跨过石桥,忽然发现桥头土埂上有个人影,仔细一看,是持枪的岗哨,那哨兵也听见了响动,枪口急转过来叫道:“谁?”红军指战员立即折转散开隐蔽,迅速上了老干山,顷刻响起了枪声。红军凭借着老干山险要的山势和敌人对峙着,掩护着东边汉牌山上运动着的红军。红五十团指战员勇敢战斗,击退了当面之敌,冲过款庄河大石桥,占领了老干山制高点。接着红五十一团冲过大石桥将敌近卫第一团赶至玉膀山旁的响石一带。

红十七师发现前面阻敌的情况,从当时的处境判定,若继续进攻玉膀山滇军防线,就有被围在款庄坝子的危险,于是向军团部报告,请示停止向普渡河铁索桥前进,建议向后面的汉牌山转移。

四师在铁索桥遇阻,十七师又在小松园与滇军遭遇,同时寻甸功山以北的中央军正跟踪而来,滇敌孙渡纵队也正自南而北压来。龙云企图围歼红军于普渡河以东、功山以南这个狭小地区的阴谋已很明显。二、六军团指挥部根据当时敌情,当机立断,电令四师速返河东,并同意十七师撤出老干山速返寻甸鸡街,然后折转南下。

上午 10 时许,军团部电示红十七师,同意他们向汉牌山转进的意见。红十七师接到电示后,即令正向老干山运动增援的四十九团停止前进。在汉牌山制高点的红军与在老干山上的五十团,共同用火力掩护冲过石桥的五十一团撤退到汉牌山,然后掩护老干山上的五十团撤出战斗,退到汉牌山,再交替掩护撤退。

就在红十七师各团都已撤上汉牌山上时,又与从嵩明马街赶至款庄坝子增援的孙渡纵队主力第一、第二旅相遇。原来,龙云得知其直属部队在普渡河铁索桥与红军激战的情况后,急令孙渡率主力第一、第二旅迅速由嵩明向寻甸款庄坝子推进,与其直属部队取得联络。原龟缩在响石一带的滇军,看到红军撤退,乘势派出部队向汉牌山追击。这时敌人又派出三五成群的飞机分批至款庄坝子一带上空轮番轰炸、扫射,配合地面敌人。已撤上山的红军正好利用汉牌山上的密林和有利地形边隐蔽、边还击、边撤退。由于红军部队撤退得快,除殿后的部队略有伤亡外,其余的部队都安全转移了。而正向汉牌山尾追的滇军恰恰碰上了自己飞机丢下的炸弹,成片成堆地被炸死炸伤在石桥和山坡上。

在形势十分紧急的情况下,红六军团领导镇定自若,指挥部队顽强战斗,边打边向北转移。战至当日夜晚,红六军团与敌脱离接触,转至寻甸以西的鸡街、胡家村一带地区。

当日,红四师已渡过河的十团和十二团接到重返河东的命令后,指战员积极出主意,想办法,作好重返河东的准备。这几日连续行军作战,部队已有十五六个小时没有喝水、吃饭、休息。为顺利撤回东岸,两个团除用一部分兵力迷惑骚扰敌人外,另抽一部分人到附近村子宣传群众,烧水煮饭,大部在山上就地休息,等到天黑后撤过河去。在当地群众的帮助下,两个团的饭菜很快做好。送上山时,还向当地群众买了不少竹子,每班发一根。各班将竹子破开编成竹灯笼,挂在树上;每班还拣了一堆柴火,里边放些子弹,准备撤退时用于骚扰敌人。

长征经过云南省武定县时留下的手榴弹。

在红十团、十二团撤到白马山警戒休整这几个小时内,红军东岸的部队居然将守桥头的滇军给瓦解了。晚上8时许,整个白马山上,灯火齐明,枪声大作,在东岸牵制敌人的红四师警卫营和炮兵也同时向音翁山守敌射击,策应两团。这把在音翁山上的两营敌兵吓得心惊肉跳,以为共军要对他们发起攻击,便仓皇向普渡河上游撤退。这时张冲派到铁索桥增防的近卫第二团从巴德方向赶来,把自己的两营部队当成是红军,于是双方打起来,一直闹了个通宵。红十团和十二团趁敌慌乱之际,在向导带领下,迅速下山,顺利地重返河东,与师部和十一团会合后,连夜急行军,在寻甸鸡街与红六军团相聚。这次战斗中,师政治处主任肖令彬牺牲。

普渡河恶战,遭遇强敌,西渡未成。4月8日下午,贺龙、任弼时、关向应、王震等紧急磋商,决定放弃从元谋渡江的计划,改由滇西金沙江上游渡江。

[1] 周素园:《自传》,贵州党史资料通讯1986年第1期。转引自云南省军区党史资料征集办公室:《红二六军团长征过云南》,云南人民出版社1986年9月第1版,第89页。

第二十六章
六甲阻击战

前有阻敌，后有追兵——贺龙总指挥的命令——全师向后转——抢时间，抢地形——狭路相逢勇者胜——一定要狠狠地敲敌人——战斗的间隙的一餐饭——五师增援——打退敌人

1936年4月八、九日,是红二、六军团在滇中地区与敌人斗争最紧张、最激烈的两天,也是与敌斗比胆略、比智谋的两天。前卫红四师在普渡河铁索桥受阻后,红六军团又在款庄坝子与孙渡所率部队遭遇。

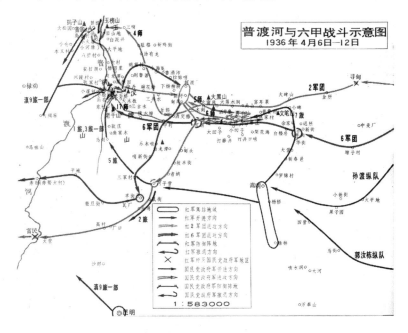

普渡河与六甲战斗示意图

这时,蒋介石为将红二、六军团消灭于金沙江以南地区,即令柯渡以东地区的滇军龚顺壁旅兼程向金沙江岸边疾进;柯渡以北金沙江沿岸的川军杨森、李家钰部,在巧家、宁南、蒙姑、盐场各要点加紧布防;李觉纵队、郭汝栋纵队由马龙、曲靖之线疾进,樊嵩甫纵队正由宣威向沾益疾进。此时的形势是,红二、六军团在前有阻敌,后有追兵的情况下,被挤在南北不到百里、东西不足20里的新鸡街、柯渡、可郎这一狭窄地区。而滇军龙云则企图乘此机会将红军围歼于普渡河以东、功山以南、羊街以西地区。在各路追敌中,滇军孙渡纵队龚顺璧第七旅已追到红军东侧不到40里的地区,对红军威胁最大。

如若不能阻止第七旅的追击,任其进至可郎附近,红二、六军团将困于方圆不足几十里的狭小区域,甚至陷入四面被围、前后受敌的危险境地。4月9日凌晨,贺龙、任弼时命令已于7日进至甸尾、可郎一带的红六师立即返回六甲,坚决阻击龚旅,掩护整个部队行动。

根据当时的情况,在六甲阻击敌人非常有利。一是六甲地势险要,有利于红军先占领有利地势,出其不意,打击敌人。六甲,位于寻甸县城以西100余里,嵩明县城以北70多里。当时国民党反动派实行保甲制度,这里被划为第六甲而得名。它包括白子村、研究村、独田村、代家村等村落。在六甲、七甲交界处横亘着一座贾白山,山的垭口把贾白山分为南北两部分,当地称之为石腊它山口,是寻甸城通往普渡河大道上必经的山口。这一带岩高谷深,山谷中是可郎河上游,两边是海拔两千多米的高山,中间的崎岖山路就是敌人尾追红军的必经之路。路的左侧傍山,怪石嶙峋,越向下山势越陡,极利于红军作战。敌人东来,一直爬坡,要仰攻,很难讨到便宜。但是右侧是一片丘陵,有的地方比较开阔,有的山包起伏,灌木丛生,茂密非常,这又有利于敌人向红军迂回。二是红军头日路经六甲,当地群众对红军已有初步认识,比起红军没有到过的地方,更容易获得群众的支持。

贺龙总指挥的命令是:"即刻带全师返转50里,赶到六甲,最好赶过六甲,以运动防御阻击敌人,掩护整个部队的行动。一定要狠狠地敲!不敲则已,要敲就狠敲,抢时间,抢地形,什么也不要怕!"[1]

受领任务后,师领导急忙返回部队休息的地方,把各团干部召集在一个小高地上,开了个小会。当时,师长郭鹏根据情况估计,可能要和敌人遭遇。打垮追兵,把敌人的口袋撕烂最为重要。廖汉生政委说:"最好让部队走快一点,抢占有利地形,打埋伏;如果一旦与敌人遭遇,那就不惜牺牲,争取把前边的敌人消灭掉!"[2]大家都同意这一意见。

4月9日拂晓,六师郭鹏师长、廖汉生政委下达命令,全师向后转,以十八团为阻敌前卫,郭师长亲自率领;师直属队和十六团为本队,由廖政委指挥;十七团为后卫。全师人马旋风般地向六甲卷去。

十八团杨秀山政委带第一营先行出发,成钧团长和郭师长率团主力跟进。这时,天色已经大亮。东风送爽,朝阳扑面。部队虽然已经行军一整夜而没有得到片刻休息,十分疲劳,但战士们充分明白阻击战斗的重大意义,大家咬着牙,几乎是一溜小跑向六甲开进。大家心里只有一个念头:快到六甲,抢时间,抢地形,不惜一切牺牲,迟滞敌人的追击!

出乎意料的是,敌人的动作也很快。上午9时许,红十八团前卫一营刚进至山垭口西侧集结时,就和迎面而来的滇军第七旅前锋遭遇。敌人没有料到红军会调头返回,毫无思想戒备,只顾埋头疾进,连枪都斜挂着。狭路相逢勇者胜!红军尖兵连眼明手快,先敌开火,打得敌人晕头转向。接着一营的其他两个连也从两侧参加了战斗,3个连成"品"字形向敌人冲杀过去。随着一阵"冲啊!""杀呀!"的喊声,3个连同时行动,把目瞪口呆的敌人杀了个一塌糊涂。敌人死的死,伤的伤,哭爹喊娘,没死的连滚带爬,抱着脑袋往回跑,还有至少一个整排的人马,乖乖地举起枪,顺顺当当地做了俘虏。

不久,十八团主力陆续赶到。师长郭鹏当即命令十八团团长成本新(现名成钧)亲率二营和三营抢先占领右翼的丘陵地带,迅速构筑工事,控制开阔地带。后续部队闻声赶到以后,十六团登上左侧山峦,控制制高点,十七团立即在后面布成第二道防线。十八团一营收拢兵力,控制正面。师指挥所就设在左后侧的一个无名高地上。这样,红军抢占了可郎河两侧制高点,从而掌握了战斗的主动权。

敌人遭到红军突然袭击,好一阵才清醒过来。战场上短暂的寂静之后,便是一场艰苦的大厮杀。敌第七旅反扑开始。几十分钟后,一阵猛烈的炮火,数百发炮弹,骤然倾泻到红军阵地上,直炸得山摇地裂。随着炮火轰炸腾起的烟雾,滇军第七旅以肖本元团为前卫,凭借优势火力,先集中炮火向贾白山轰击,接着向山口两侧高地发起集团冲锋。这次敌人出动的是4个整团,分为左、右两路,企图分别占领红军左高地和右翼的丘陵。

红军战士们沉静而严峻地等待着敌人的接近,手榴弹盖子都已揭开,枪口默默地随着敌兵的头颅移动,随时准备射击。等敌人爬到半山腰,进入射程以内时，忽然，成团长一声令下，右翼的阵地上红军战士开火了，接着，左面山上也打起来了。

十六团的防御阵地位于山口北侧高地，易守难攻，比较有利。敌人吃力地仰攻，刚刚爬到半山腰，红军一排手榴弹甩过去，一阵猛打，敌人抛下一堆尸体，就一窝蜂地滚爬回去了。在红军战士的顽强抗击下，敌人死伤累累，毫无进展。

担任右翼正面阵地防守任务的红十八团打得异常艰苦，因为敌我两方的地势相差不多，均无地物依托。前面的敌人打倒了，后面的虽然没敢立时冲上来，但是隐蔽于丘陵和开阔地带的树丛中，却也没有退下去，略作喘息后又卷土重来，有时竟冲到阵地的前沿。红军指战员英勇顽强地投入战斗，连续打退了敌人的多次冲锋。为节省子弹，打好阻击，红军战士多次和敌人展开了短兵相接的肉搏战，阵地失而复得。双方处于相持不下的胶着状态，以致双方的伤亡都相当大。红十八团二营营长、六连连长等都壮烈牺牲，政委杨秀山和六连指导员负伤。

在这种敌大我小的情况下，相持不下是利于敌而不利于红军的：拼兵力，兵力不如敌人大；拼弹药，弹药没有敌人多，这样下去如何得了呢？贺老总说，一定要狠狠地敲敌人！看起来，单纯防守是守不住的了，一定要狠狠地敲它一下才行。在敌我打得难解难分的时候，十八团成本新团长提出组织一、二营反击。郭师长同意后，成团长霍地站起，喊道："通信员，跑步向二营营长传达命令，马上组织反冲击！"接着，拔出驳壳枪，大吼一声："一营跟我来！"就冲下山去了。全营战士像猛虎下山，向敌群扑去。

一营从敌侧出击，二营接着一个反扑，形势立刻就发生了变化。在红军猛烈的冲击下，敌人动摇了，狼狈溃退下去。正在这乘胜追击的时节，敌人突然由左后方派出了一支轻兵，企图越过大路侧击红十八团冲击部队，切断红军追兵的后路。

这时，坚守北侧山头阵地的红十六团团长顿星云看到敌人迂回红十八团的紧急情况，而机枪的火力又够不到敌人，在这紧要关头，他没等到师首长下命令，喊了一声："报告师长，我冲下去啦！"就带着两个连扑向那一支来意不善的敌人。顿时，那股敌人被红军冲了个七零八落，溃不成军。此时，敌军从昆明飞来3架飞机助战，由于地面敌我双方相距很近，阵地交错，敌机不敢贸然向一线投弹扫射，只是在阵地后面的可郎道上投弹12枚，对在松林掩护下的红六师部队没有多大威胁。

战至午后一时左右,反击敌人的红十六团、十八团的指战员,已将敌人驱至山脚。敌人第一次疯狂的冲击就这样告终了。为了避免意外的损失,郭鹏师长命令司号长吹号收拢了部队。

因为头一夜通宵行军,早上出发打仗没吃上饭,这一仗又打得特别艰苦,红军部队此时是困乏到了极点。郭鹏师长就派杨秀山带人到六甲的老乡家里去想想办法。老乡一听说红军还饿着肚子,非把锅里热饭给红军送来不可,有几家老乡还特地为红军烧了几锅茶,送上阵地。在战斗的间隙,大家顺顺当当地吃上了一餐饭。听说是六甲的群众慰劳红军的,指战员们十分感动,斗志更觉昂扬。只是弹药越来越少,战士们便趁这段时间,一面收集敌人丢下的枪支子弹,一面分头堆集滚木礌石,准备对付敌人的反扑。

敌人在其前卫第五团攻击受挫后,仍不甘心,由旅长龚顺璧亲率第十四团(即马继武团)赶到战场,于午后2时许,再次向红六师阵地发起攻击,企图占领贾白山制高点,以控制可郎大道,向西压迫红二、六军团,"使其首尾受敌,以期全部消灭"红军。在山口南侧,敌仍以肖本元团继续正面攻击的同时,并延伸侧翼;以马继武团一营由阵地南翼攻击,抄红十八团后路。龚顺璧还令其副旅长、参谋长、政训主任等,携迫击炮两门,机枪四挺,步兵数连在后面督战。

此时,敌机又来助战,轮番在阵地上空盘旋扫射轰炸。在猛烈的炮火掩护下,敌军地面部队黑压压的一片,进逼上来。红十八团严阵以待,为节约子弹,没有指挥员的命令不开枪。红军战士把手榴弹盖打开,放在工事前沿,等待敌人接近,当敌人爬到二三十米的时候,"打"!随着指挥员一声令下,一排排手榴弹应声而出,在敌群中爆炸,接着就是机枪、步枪急射,敌人一排排倒了下去,没有被打死的也没命地往山下滚。敌人大规模的冲击又被打退了。

午后3时,红六师为减少消耗,郭鹏师长令十八团撤离一线阵地,与十七团一起,共守二线阵地。敌人误以为红军是后撤,认为占领贾白山主峰的机会到了,于是龚顺璧下令总攻,逼令部下以"最短时间夺获瓴线"。在炮火掩护下,敌人第三次向红军阵地发起冲锋。

能用的力量,红军全用上了。眼看敌人越离越近了,这时在十七团阵地上指挥的参谋长常德善便下了"开火"的命令。但是敌人并没有后退,稍一停歇,又继续冲上来。红军的机关枪一齐怒吼,才算把敌人压退了十几米。为节省弹药,常德善下令停止射击。可是敌人十分顽固,一见红军的火力弱了,马上就翻转回身……红十七、十八两个团的指战员打得英勇顽强,上一级倒下了,下一级马上代理;子弹打光了,就用大刀、石头拼杀;敌人爬上了阵地,就抱住他肉搏。红军依托贾白山瓴线,居高临下,给第七旅以重大杀伤。

战斗正胶着的时候,总指挥部的一个参谋骑着快马跑来,递给郭鹏师长一封贺总的信。只见信上写着"派五师前来增援,归六师指挥",这几个字特别耀眼夺目。郭师长忙问:"部队在哪里?"他伸手向山后一指,说:"就在左后方。""太好了! 快马加鞭,告诉他们:跑步从左翼向敌人侧后迂回,15 分钟以后准时打响! 快!"贺龙派红五师十四团增援来了,这真是"及时雨"啊!

15 分钟按说并不长,但是,在这种两军胶着的时候,实在是长极了。这期间敌人冲上了十八团阵地的前沿,双方拼起了刺刀,接着十七团阵地上也展开了肉搏。十六团因为子弹打光了,不得不让敌人爬上山来,现在正用枪托一个一个地往下掀。敌人这时真是疯狂极了,"冲上去啦! 冲上去啦!"的声音叫得震天响,仿佛他们已经胜利了似的。正在这关键时刻,红十四团指战员以迅雷不及掩耳之势,直插敌旅指挥部附近。一心贪功想占领贾白山主峰的敌人,做梦也没想到红军会出现在他们侧后,顿时大乱,仓皇溃退,向七甲逃去,不敢再发动进攻了。

夜幕降临了,红六师激战终日,在红五师的支援下,胜利完成了阻击任务,按预定计划向可郎转移。六甲阻击战,给狂妄的滇军第七旅以沉重的打击。敌人凭借优势装备,在强大炮火的掩护下,以飞机助战,几经冲锋,但未能占领贾白山高地,却付出了 400 余人伤亡的代价。红六师也付出了很大的代价,师长郭鹏、第十八团政治委员杨秀山、参谋长陈刚都负了伤,该团 3 个营长 1 伤 1 亡,9 个连长伤亡 8 人。红六师硬是把敌人死死顶住了,又在五师增援部队的配合下把敌人打退了,为全军摆脱敌前堵后追两面夹击的危险境地赢得了十分宝贵的时间,为实现抢渡金沙江北上的战略行动创造了有利条件。[3]

在六甲战斗中,一股敌人爬上阵地,杨秀山掏出手榴弹投入敌群,率领部队冲了下去。敌军退了一下,又反扑上来。这时,杨秀山政委发现驳壳枪里的子弹已经打光了,忙喊警卫员拿子弹来,可是没人答应,回头一看,警卫员已倒在血泊之中。当他又投出一颗手榴弹时,敌人一颗子弹打在了他的左眼眶旁。那时滇军多用炸子,弹头打进人体后立即炸成碎片,杀伤力很大。顿时,杨秀山政委的眼睛被血糊住了,他抹了一把血,又继续指挥战斗。战斗间隙中卫生员给杨政委做了包扎。随后,杨秀山不顾失血过多头昏眼黑,摇摇晃晃地摸到阵地最前沿。榜样的力量是无穷的,当头上缠着厚厚绷带的杨政委出现在战士们中间时,战士们受到极大的鼓舞,更加奋勇杀敌。战斗一直从上午打到黄昏,杨秀山始终没有离开阵地一步。

第二天,杨秀山政委的左眼肿得老高,什么东西也看不见。他请卫生队长把弹片取出来。当时既没有手术器械,也没有麻药。杨秀山忍受着巨大的痛苦,由卫生队长拿了一把用钝了的小刀,硬是割开伤口,取出了一块较大的弹片,还有七块小弹片因条件限制再也无法取出,以后一直留在他的身体里。手术过后仅一个小时,杨秀山政委又率队出发了。每天行军中,只要头缠绷带的杨政委在全团队前队后走一趟,不用开口讲什么话,就是最好的政治鼓动。[4]

4月9日,红六军团从胡家村出发,经鸡街、大古村向柯渡转移。当夜,全军团到达柯渡与红二军团会合。4月10日,当郭鹏率红六师和红五师一部到达毛宣湾,同主力部队会合时,贺龙亲自跑出来迎接。他非常高兴地对郭鹏和其他红六师领导人说:"同志们,你们这一仗,打得苦!打得好啊!没有你们这一场苦战,全军就没有今天。同志们,好好休息一下,好好吃一顿饱饭,准备打过金沙江去!"[5]

----

[1] 郭鹏:《六甲之战》,《回顾长征——纪念中国工农红军长征胜利会师五十周年》,人民出版社 1985 年 12 月第 1 版,第 527 页。

[2] 郭鹏:《六甲之战》,《回顾长征——纪念中国工农红军长征胜利会师五十周年》,人民出版社 1985 年 12 月第 1 版,第 527 页。

[3] 廖汉生:《廖汉生回忆录》,八一出版社 1993 年版,第 133~134 页。

[4] 廖汉生:《长征路上的生命线》,《苦斗十年》(下),解放军出版社 1989 年 12 月第 1 版,第 199 页。

[5] 郭鹏:《六甲之战》,《星火燎原》(3),人民文学出版社 1959 年 12 月第 1 版,第 308 页。

第二十七章
佯攻昆明

　　贺龙提出一个大胆的计划——出其不意，攻其不备——昆明全城震动——攻下富民县城——撤离——跟在红军后面"送行"——大踏步向滇西挺进

1936 年 4 月,当时红二、六军团面对的敌情是:西(普渡河)、北(款庄)、东(六甲)三面情况都很严重,而且敌"追剿"军正迅速向这一地区集中。如何跳出敌人的包围? 红二、六军团领导人在经过仔细分析后,决定矛头指向富民,威逼敌兵力空虚的昆明,之后趁敌军回救之机再转而向西,从而将各路敌军远远抛在后面。可以说,这一计策非常成功,是红二、六军团长征中机动灵活的战略战术的又一生动体现。

1936 年 4 月 9 日,红二、六军团顺利集结于柯渡、可郎地区。当日上午,六军团政委王震因事到可郎二军团部。下午,萧克军团长也来到二军团团部。贺龙、任弼时、关向应、萧克、王震等,紧急开了会议,根据敌情,当机立断,决定经滇西,从上游的丽江石鼓地段渡金沙江。而下一步的行动,能否甩开滇军主力,争取数日机动时间,是渡江的一个重要问题。经过周密考虑,他们认为:在强敌围追堵截的不利形势下,灵活机动,抓住时机,抢在樊嵩甫、李觉、郭汝栋三个纵队围拢上来之前佯攻昆明是上策。现红二、六军团四面皆有敌人重兵,唯有昆明兵力较弱(只 4 个团)。同时,龙云部倾巢出动,把注意力放在了普渡河方向,为红军向昆明佯攻造成了有利条件。贺龙提出了一个大胆的计划,他说:"龙云把老本都掏出来押在普渡河,他那个云南省会变成了空城。他唱空城计,我们又不是司马懿,没那么胆小,我们就打昆明。龙云,还有那个顾祝同准会吓得魂灵出窍,调兵去保昆明。然后,我们一掉头,甩掉敌人,到石鼓、丽江过金沙江。

江是死的,人是活的,何必一定要过普渡河到元谋过江呢?"[1]龙云势必调回他的主力一部或大部去保卫昆明,这样红军就可减轻或摆脱敌人的纠缠,即刻掉头加速西进,预期可能争取三至五天的机动时间,以保证部队渡过金沙江。于是,佯攻昆明的行动就迅速决定了。

红二、六军团长征经过云南省时写在木板上的标语

4月10日凌晨,红二、六军团在贺龙、任弼时等的指挥下,出敌不意,攻其不备,以大胆而迅速的行动,突然向南,穿过敌人东西两部结合部之间的空隙。当日下午,先头部队红二军团六师十八团进抵昆明以北的阿子营、羊街和鼠街一带,并派小部队到距昆明约15公里的厂口、沙朗附近活动,造成了即将进攻昆明的态势。红军这一大胆行动,完全出乎龙云、顾祝同意料之外。此时,他们仍然把注意力放在普渡河铁索桥方向,在那里集中了10个团以上的兵力。与此同时,他们还做出红军突不破铁索桥的阻拦后,可能从下游的团街过普渡河的判断。10日凌晨4时,红二、六军团向南急进的时候,孙渡向龙云还发出了"明晨仍须向当前之'匪'搜剿"的电报,以致红军接近昆明和富民,在散旦俘虏了滇军野战医院院长黎元寿以后,龙云还派飞机到六甲上空轰炸扫射。而遭红六师沉重打击的滇军第七旅则仍猥集在七甲地区徘徊观望,不敢轻易移动。

为了给龙云造成更大的威胁,当日晚8时许,前出到厂口、沙朗附近的红军小部队向昆明城方向发射了一枚信号弹,灰白色的烟云呈椭圆形,由小及大,在城市上空停留了许久。昆明全城震动,《云南日报》为此发出号外,惊呼"10日下午8时,天空发现灰白色的环形火光,非天文现象,确系共匪所放讯号"[2]。坐镇昆明的龙云慌了手脚,急令普渡河的部队回防。但远水解不了近渴,又赶紧命令城防司令高荫槐宣布全城戒严,封闭城门。由于直属部队都已调往普渡河,空城无兵,急得龙云忙把第十三军官学校的学生调来守城。这些没有战斗经验的学生官,一上城就惊慌失措,草木皆兵。在城西北守城的学生官,把在莲花池附近蚕豆田里劳动的农民,当作是红军来攻城的部队,竟开枪打死了一个农民。

红六师十八团奉军团部命令,担任攻打富民县城的任务,他们急行军,超越了许多兄弟部队,不停脚地奔向富民城。

富民县城,在昆明西北面,它和在昆明东北面的嵩明城,拱卫着昆明。红军如果攻占富民,就可形成进压昆明的形势。当时的富民县城,只有两平方公里,城墙也只不过是个土围子。南城门凭借着螳螂川的一股支流作为护城河;北门有一个小碉楼,沿北门城墙有一条又小又浅的水沟,冬春时节,水少河干,河沟的一旁,又连接着一些弯弯曲曲的灌渠和堤埂,有利于部队隐蔽运动。东西城门外,都是一片开阔地,不利于部队进攻。

红十八团向富民疾进,太阳落山的时候,到达富民城郊。这时,敌人还没有发觉红军已经兵临城下。红军迅速调动部队,作攻城的准备,团长成本新命令战士们分别隐蔽在城郊的北邑、西庄等山坡上。攻城指挥部就设在北邑的大碉楼里。这个碉楼,居高临下,可以俯视全城。这个碉楼是去年中央红军占领嵩明、进逼昆明时,前任富民县长奉龙云之命修筑的。去年红军没有攻富民城,这个碉楼没有派上用场,没想到现在却成了红军的指挥部。红军静等夜暗后攻城。

守城的县长叫郝煊,半个月前,他就接到省政府电令,要他加强城防,严防红军攻城。这个书生出身的县长,当时既惊慌、又高兴。高兴的是可以借此搜刮一批民财,惊慌的是县城里仅有一支 80 人的常备队和一支 40 多人的镇警队,武器都是些吓唬老百姓的土铳破枪,如果红军真来攻城,那是抵挡不住的。他当即召开有土豪劣绅参加的所谓"城防会议"。在这个会上,他先宣读了一通国民党云南省党部编造的污蔑红军的反共宣传手册,然后带着威胁的口吻说:"共军若来,希望诸位和兄弟精诚团结,效忠党国,坚守富民待援,哪个要是不尽忠职守,按军法从事。"[3]郝煊自己担任了城防司令官。

城防会议后,他们倾巢出动。团总高清立即召集各乡镇区保甲长,部署派丁进城守卫。县府钱粮处,依仗着那几十名背烂枪的镇警,天天闯村窜寨,派粮派款,赶猪抓鸡。常备队也出动,守住四道城门。这样一来,把个富民城里城外，都搅得鸡犬不宁。四乡农村里，贫苦农民交不出粮款，出不了壮丁的，就被诬为违抗"剿共"，或者说他们"通共"，被投进监狱。

　　4月9日，当那些被保甲长从四乡抓来的壮丁，扛着锄头、扁担、砍刀、斧头、长矛以及棍棒等来富民县城内集中时，郝煊接到红军大部队正向富民进逼的情报，吓得他急忙发电报向龙云求援，同时命令关闭城门，分派壮丁、常备队登城守卫。

　　云南省政府主席龙云，三天前还做着"围歼"红军于寻甸地区的美梦，可是近两天来，不仅美梦破灭，而且告急的电文不断传来，富民县多次告急，甚至在昆明北郊花鱼沟方向，也发现了红军。红军在龙云的老巢附近出现，使他十分震惊。为了防备红军捣他的老巢昆明，他一面急电蒋介石求援，要蒋介石催促在寻甸功山一带迟迟不进的中央军李觉、郭汝栋纵队迅速南下，向昆明靠拢；同时急令滇军孙渡纵队火速从寻甸地区赶到昆明与富民之间，防卫昆明，堵击红军。又电令滇军独立旅张冲将堵截红军的禁卫一、二团撤出寻甸普渡河铁索桥两岸，径直从禄劝南下富民，企图从西边威胁红军侧后，并截断红军从富民西进滇西的通道。龙云这样部署，不仅想阻止红军进攻昆明，而且企图合围红军于富民。

　　但是二、六军团指挥部在计划南下富民、进逼昆明时，就已经作了对付多种情况的准备。当六甲战斗正酣时，就命令六军团迅速南下，以急行军从富民县羊街西行，经昆明厂口进富民散旦、平地，于11日到达富民永富，然后渡过普渡河，到赤旧(今赤鹫)休息。部队在这里，一面监视警戒从禄劝方面南下的敌援军独立旅，防堵其从侧后威胁进攻富民的红军部队，一方面作进军滇西的准备。与此同时，为了迷惑龙云，红二军团的大部队则从嵩明鼠街南下，进入富民县境内后，就西行，直趋富民县城；同时，二军团还派出了一支游击小分队，直接逼近昆明郊区，进到昆明北部花鱼沟一带迂回游动，十八团则先于五师撤出六甲战斗，以急行军在10日赶到富民城，迅速攻下县城，从左侧威胁昆明，造成红军要进攻昆明的态势，诱使龙云收缩兵力，防守昆明，红军大部队就可以乘虚经过富民，过螳螂川(普渡河上游，富民县赤鹫以南部分称螳螂川)进入滇西禄丰县了。

　　基于这样的部署，红军十八团进抵富民城郊，在北邑一带休息以后，连夜进到城下，准备攻城。

　　对军事一窍不通的县长郝煊，向龙云求救，得到龙云派大部队来援的信息后，提了精神，他妄想守城待援，亲自跑到城上巡视，四处打气，并且调整守城兵力，把常备队的多数兵力放在南门，部分力量和镇警队则平均调派到东门、西门和北门防守。各乡调来的壮丁大多放到南门，他以为这样一来，就可以顶住红军的进攻，他甚至还做着"保境有功"、获得龙云升赏的美梦。

半夜，三颗信号弹从北邑大碉楼指挥部升起，红军发起攻击。红军选择了敌人防守比较薄弱的西门作突破口，先是扔了一阵子手榴弹，一颗颗手榴弹在城墙上爆炸，一团团火球腾空而起。趁着混乱之际，一营一连的云梯直指西门。在云梯靠上城墙的一刹那，随后跟进的战士们一个个像是下山的猛虎，威不可挡，攀缘而上，很快就占领了西门。

红军攻开西门，进入城内，守城的壮丁四散奔逃，活像一群无头的苍蝇，有的还边跑边喊："共军进城了！共军进城了！"于是城里守敌乱成一团。天亮后，红军攻下了富民城，把俘虏的常备队、镇警队像赶鸭子一样，赶到城中心县衙门前集中，各式破烂武器堆得遍地都是。在混乱中，几个反动头目逃匿了。常备队赵中队长狼狈地伪装成产妇，躲到朋友家内房，卧在床上，床下还放了双小脚鞋子，逃脱了一条狗命。在老百姓的协助下，红军很快搜捕到了县长郝煊。开始，这个阴险狡猾的家伙还不承认他是郝煊，红军战士出示了他的照片。这时，他就像一条断了脊梁的癞皮狗一样瘫软在地上了。红军审问他给昆明的龙云打电话求援了没有，昆明的敌情怎样？他死不肯讲。当夜，被红军处决在卖鸡巷口。

红军进入城后，老百姓看到红军纪律严明，商店也一家家地开门营业了。人们从四面八方涌向县城中心，有的人挤着听红军宣传员宣讲从未听过的革命道理，有的人在议论着红军买卖公平，待人和气，连吃碗水都要给钱的稀罕事。他们高兴地议论着："天下真有这样好的军队！"富民县城出现了一种新奇而欢乐的气氛！

下午五点多钟，在富民县城的第十八团接到军团指挥部的命令，主力部队已经安全渡过了普渡河，因此，要他们立即撤离富民城，速过螳螂川，追赶主力西进。于是全团撤离了富民城，当晚渡过了螳螂川，向禄丰前进。

由于红二、六军团出其不意地突然进至昆明近郊，又摆出了要攻城的阵势，龙云等仓皇失措，惊恐不安。11日，昆明全市紧急戒严。到11日晚，红军已经向滇西挺进。此时，奉龙云的命令，援救富民县的独立旅张冲部禁卫一、二团，才姗姗来到富民县城北。奉令尾追红军的孙渡纵队，在六甲之战中受到红军的沉重打击，只希望红军赶快走出云南，哪里还敢追击红军，他们只是远远跟在红军后面"送行"！

红军进占富民城，时间虽然不长，但却在当地人民心中留下了难忘的印象。红军走后，在富民一直流传着这样的歌谣：

> 月亮出来亮堂堂，
>
> 红军进城不打枪，
>
> 县长杀在卖鸡巷，
>
> 赵中队长装婆娘。[4]

红军攻占富民县城，攻敌所必救，吸引和牵制了敌军，使红二、六军团得以甩开敌人，大踏步向滇西挺进！红二、六军团摆脱了四面敌人的围追堵截，把堵截的滇军主力甩到后面，从而粉碎了敌人妄图围歼红军于普渡河以东、功山以南的计划。

---

[1]《当代中国人物传记》丛书编辑部：《贺龙传》，当代中国出版社 1993 年 8 月第 1 版，第 194 页。

[2] 云南省军区党史资料征集办公室编：《红二、六军团长征过云南》，云南人民出版社 1986 年 9 月第 1 版，第 99 页。

[3]《红军长征过云南》编写组：《红军长征过云南》，云南人民出版社 1985 年 3 月第 1 版，第 164 页。

[4]《红军长征过云南》编写组：《红军长征过云南》，云南人民出版社 1985 年 3 月第 1 版，第 167 页。

第二十八章
抢渡金沙江

兼程西进——进抵鹤庆——蒋介石新的军事部署——丽江石
鼓渡江——蒋介石、龙云如梦初醒——金沙既渡，会合有期

　　一年以前，也就是1935年4月，中央红军巧渡金沙江，把尾追之敌全部甩在了金沙江以南，取得了具有战略意义的胜利。一年以后，也就是1936年4月，历史又再次重演：红二、六军团的前面是滔滔的金沙江，后面是强大敌军的追击，能否在敌军靠拢之前渡过金沙江，对于红二、六军团来说无疑是一场生与死的严峻考验。

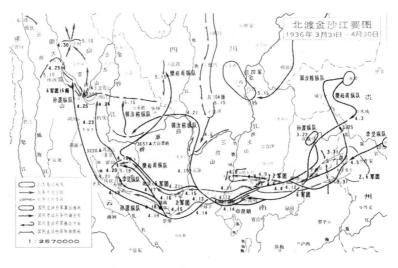

北渡金沙江要图

　　正当滇军主力慌乱地从普渡河回救昆明时,红二、六军团突然向滇西挺进,从而摆脱了敌人的围追堵截,使敌人完全陷入了被动应付的地位。此时挺进滇西,形势对红军大为有利。一方面,经过虎头山、普渡河和六甲之战以后,红军狠狠地教训了龙云及其滇军。龙云曾向蒋介石夸下海口,要把红军消灭在云南境内,经过较量,他才知道红军是不可战胜的。另一方面,国民党中央军也向滇中奔集,窥透了蒋介石心思的龙云,深知蒋介石心狠手毒排除异己的险恶阴谋,因而疑虑重重。他若跟红军在境内抵死相拼,势必要损兵折将,打破坛坛罐罐,将老本都贴进去,走贵州王家烈的老路。这也是蒋介石所希望的"坐收渔翁之利"。龙云深谙老蒋的这一企图,于是就制定了自己的方略,虚张声势,夸大战果,以期蒙混蒋介石。再者,龙云也不愿意蒋介石的嫡系部队染指云南,于是他利用蒋介石"凡入滇各军均归龙总司令统一指挥"电令所赋予的权力,对追剿红军的各路追兵精心进行了自己的部署:将蒋之嫡系郭汝栋、樊嵩甫纵队支派到沿金沙江经元谋、永仁方向一线行动。这一线远离滇中,山大路崎,环境险恶,生活条件一般都很差。为不甘示弱,他仍令滇军打前锋,自滇中至滇西沿滇缅大道追进,而让非蒋嫡系的湘军刘建绪部李觉纵队随滇军之后跟追。这一线是云南境内较富庶的地方。与此同时,龙云在昆明城搞防空演习,以拒绝蒋系部队入城。这样滇军既充当了追剿红军的先锋,表面上过得去,又避免了蒋介石嫡系部队染指昆明的可能。于是向滇西追剿红军的各路追敌,出现了一些戏剧性的情况。中央军虽然武器装备精良,却在崇山峻岭间疲于奔命,几乎连红军的影子也见不着。而刘建绪的湘军只是跟在滇军的背后,应景敷衍,也很少与红军正面接触。打前锋尾追红军的滇军,早被红军吓破了胆,不敢与红军硬抗;再有龙云保存实力的暗示,他们更不敢与红军拼实力,只是不断与红军有些小的接触。虽然他们紧追红军不舍,实际上却并未对红军造成什么大的威胁。

　　为了争取迅速渡江,贺龙、任弼时将红二、六军团分为左右两路,不顾敌机的骚扰轰炸,兼程西进。红军指战员发扬英勇顽强、坚韧不拔的精神,日行百里,闯关夺隘,一路所向披靡。左路红二军团连克楚雄、镇南、祥云;右路红六军团连占盐兴、牟定、姚文、盐丰,于 4 月 20 日两军团到达宾川会合,23 日占领鹤庆。

　　4 月 23 日,红二、六军团越过宾川至鹤庆间的鸡平关,进抵鹤庆县。中午,先头红四师侦察连化装入城。其时正逢国民党的遗老、原陆军上将丁槐出殡,当地县政府的文武官员及城里的头面人物,都出来扶棺,参加出殡仪式。机智的红军侦察连一见此情,乘机鸣枪告警,高喊:"红军来了!"顿时,出殡队伍大乱,正在扶棺的县府官员和各路乡绅,立刻弃棺纷纷四散奔逃。红军侦察连迅速占领了县政府和丁槐家,巧妙地进占了鹤庆县城。当红军大部队进城的时候,热爱红军的鹤庆人民,自动组织起来夹道欢迎,有的还摆起了香案,迎接红军进城。

鹤庆县东临汹涌奔腾的金沙江,西靠海拔 300 多米的马耳山,北抵丽江,从鹤庆经丽江到"长江第一湾"上的石鼓渡仅有 120 多里。为了顺利渡过金沙江,指挥部周密地分析了形势,对渡江进行了部署。

随着红军二、六军团横扫滇西,势如破竹,4 月中旬,蒋介石在重庆行营就"围剿"红二、六军团作了新的军事部署:命令李抱冰派出两个团的兵力进占雅江,阻挡红四方面军南下,阻隔红二、六军团北上会师;李部所遗卢定防地,由国民党第十六军团接防。命令孙渡纵队合同樊嵩甫、李觉、郭汝栋等各路敌军向金沙江右岸急追,如红二、六军团渡江北去,上述各追击部队在跟踪追击的同时,沿江设防,阻止红军从金沙江回师。

鉴于红二、六军团的处境,为粉碎国民党军的作战计划,策应红军渡江北上,实现两军胜利会师,从 4 月 12 日起,朱德、张国焘开始发电,对红四方面迎接红二、六军团北上作出部署。4 月 12 日致电陈昌浩说:"依情况估计二、六军难在江南支持"。"二、六军北上已成事实,四十日内可接通。途中困难很多,但可能克服","商由中甸、定乡、稻城、理化或雅江北进"。"这一带粮及牛羊尽可能筹定,可供那时北上之需。望努力筹集资粮,完成四、五两月战斗准备工作,必能争取会合二、六军和实现北上的胜利"[1]。为策应红二、六军团北上,红四方面军第三十二军和第四军一部奉命由道孚南下,4 月 16 日攻占东俄洛,19 日逼近雅江,守敌两团逃窜。第三十二军占领雅江后在追击中歼敌一部,继占西俄洛,将康定之敌李抱冰部阻止在雅江以东,保证了二、六军团北进侧翼的安全。

4 月 20 日,朱德、张国焘致电徐向前、王树声,对迎接红二、六军团作了进一步的部署,要求:必须确阻止敌人的截断,相机消灭雅江李敌[2],并伸到乡城以及金沙江边去迎接二、六军。要王树声[3]先率九十三师两团经扎坝去雅,以足够兵力扼住雅江要点,确实保障瞻、现、乡[4]交通。[5]红三十二军攻克雅江后,即派部队至尼乌宗、高尔寺、麻子石、八角楼一带活动,筹措粮食、毛皮,作好迎接红二、六军团的准备工作,同时警戒康定方向的敌李抱冰部。红四方面军的策应行动,牵制了敌人兵力,减轻了红二、六军团的压力,也为两军的胜利会师创造了条件。

宾川远离滇西大道,既非兵家必争的战略要地,又非红军西进必经之处。红军攻打宾川的坚决行动和左右两路会合宾川的军事态势,使蒋介石错误地判断红军要从宾川经永胜渡江北上。因为红二、六军团从这里渡江北上与四方面军会合,路程最近,且地域较开阔,交通方便,便于大部队运动。因此,蒋介石企图逼红军于该地江边决战。4月22日,蒋介石飞抵昆明,亲自坐镇指挥,仍照龙云原来的安排,令孙渡、李觉两个纵队沿滇西大道跟踪急追;令郭汝栋纵队沿金沙江边经元谋、永仁之大渡口北渡金沙江后,向华坪、永胜急进,以抢先控制金沙江北岸;令樊嵩甫纵队随郭汝栋纵队渡过金沙江后,向盐边、盐源急进,作纵深配置。就在蒋介石未捷自贺之时,红军却挥师北上直插鹤庆。

当时蒋介石认为金沙江水流湍急,没有渡江工具难以渡江,故判定红军集结鹤庆是要通过东北面的梓里铁索桥过江。24日,蒋介石和龙云又乘机飞往宾川、鹤庆一带的金沙江上空察看地形,指挥追剿。蒋介石还给孙渡投下亲笔信,为其追击红军鼓气。蒋介石返回昆明后,又飞往成都。蒋介石的作战计划是:第一步,将红军围歼于金沙江右岸,如果这个目的不能达到,则以其驻雅安第十六军李抱冰部西进康南,会同驻巴塘的第二十四军构筑防线,阻止红二、六军团与红四方面军会师。然后,以郭汝栋、樊嵩甫、李觉三个纵队继续北进,将红军歼灭于康南地区[6]。在此期间,龙云派出飞机多架,不断在宾川、鹤庆、丽江、永胜交界一带的金沙江两岸轮番侦炸,以迟滞红军的行动。此外,为防堵红军,龙云还任命了一名上校军官为永胜县长,纠集地主武装四五千人,强征壮丁2000余人,编成江防十六大队,并在县内沿江岸修筑了143座碉堡,还派200余名武装力量驻守梓里,控制横跨金沙江两岸的铁索桥。

然而,红二、六军团指挥部及时识破了敌人的阴谋,仍按既定方针,毅然选择地形复杂、道路崎岖、环境险恶的丽江石鼓渡江。为此,红军在宾川、鹤庆集结时,采取了真真假假、声东击西的策略,一方面部队前前后后在鹤庆驻留貌似休整,摆出要从永胜渡江的架势,以迷惑敌人;一方面又积极部署从丽江石鼓渡江的工作。从鹤庆到石鼓江边有两天行程,为争取在追敌靠拢之前渡过金沙江,4月24日,红二、六军团军委分会在鹤庆召开会议,确定了渡江部署:两军团分头行动,以红二军团四师为前卫,提前出发,经丽江城到石鼓,首先渡江;红六军团为后路缓阻追敌,以红十六师担任掩护,最后渡江。

丽江位于海拔 5000 多米的玉龙雪山西南脚下，是一个风景秀丽的山城。这里居住着纳西、傈僳、苗、汉等多个民族，县城主要为纳西族聚居。纳西族民风淳朴，汉文化传播较久，不少人会讲汉语，素有"礼仪之邦"的美称。这里地处偏僻，交通极为不便，反动统治力量较薄弱。该县县长和六七十名常备队及地主乡绅，奉龙云之令，在狮子山、北门等交通要道和制高点虽也挖了些工事，构筑了碉堡，但闻红军一路过关夺城，所向无敌，自知难以对付，纷纷遁逃而去。

红二、六军团进入滇西以来，一路上严惩贪官污吏，打击土豪劣绅，争取开明士绅，救济贫苦百姓，尊重少数民族习俗，宣传抗日救国主张，早已在群众中广为传播。4 月 24 日，丽江县大研镇中心四方街，集拢了许多穷苦人，手中拿着三角形的小彩旗，提着茶水，兴高采烈地呼喊着："欢迎红军去！"[7]

上午 11 点多，红军来了！红军前卫部队——军部骑兵侦察排的一队骑兵到达丽江时，丽江人民推举出数百名群众代表在城南东元桥"接官亭"欢迎红军。由于事先了解到纳西族人民群众逢年过节要用红色表示喜庆吉祥的习俗，战士们便每人口衔一朵红绸大花，头戴绿柳编的防空帽，手持钢枪，队列整齐地开进丽江。当群众看到红军侦察分队纪律严明，对人民和蔼可亲时，国民党的"红军红眉毛，绿眼睛，杀人不眨眼"的反动宣传就不攻自破了。他们手持彩旗，路边摆着香案，打着"欢迎红军"的横幅，以表示对文明之师的敬意。

当天，红军主力进驻丽江城及其附近地区，贺龙等领导和司令部、政治部驻狮子山翠文街。在师领导干部会议上，军团领导要求全军总动员，贯彻执行指挥部的行动方针，加强政治思想工作，鼓舞全军为胜利实现渡江北上的战略转移而艰苦奋斗。当天晚上，指挥部在丽江城又向全军发出三项紧急政治动员令：一是北渡金沙江与中央红军会合；二是开展行军不掉队、不落伍的比赛；三是严守渡江纪律，按秩序渡江。要求在向全军传达紧急动员令的同时，严格执行民族政策，作好统一战线工作，向各族群众、各界进步人士，广泛宣传抗日反蒋、救国救民的主张，争取广大群众积极支援红军渡江。

按照指挥部紧急政治动员令的精神，红军指战员一方面抓紧时间做好渡江准备工作，一方面用实际行动宣传发动群众。红军得知县衙门监狱关押着 48 名无辜群众，立即打开放出，并为他们砸开镣铐，帮他们理发。红军不仅在县衙门解救穷人，还经过调查，将五户土豪劣绅的财物没收，分别在城内四方街、大石桥、关门口三处设立财物集中分配点。红军把一部分财物分给了穷苦人，一部分留作部队使用，用来添置军装，并准备了渡江物资。红军的行动，加深了同纳西族人民的感情,当地群众都为能帮助红军渡江而高兴,做到有人出人,有力出力。路熟的自动要为红军当向导,会木工、打铁的,则要求跟红军到江边帮助扎木筏,会摆渡的更要求给红军当船工。此外,丽江全城 35 个裁缝师傅和 17台缝纫机也全部动员起来,经过两天半,缝制了许多军衣和米口袋,为渡金沙江和翻越雪山做好了准备。由于抗日民族统一战线的宣传,红军渡江得到了当地一些中上层人物的支持。当时红军手中握有云南货币"滇票",过金沙江进入川康地区后就不能用了,这会给红军生活带来一定的困难。红军供给部想用"滇票"换银圆,做迎军工作的牛翁夒先生就积极出面,找县商会的有关人士商量,得到商会的大力支援,全部按比价给予兑换。各店铺纷纷把红糖、盐巴、生姜和辣椒出售给红军,支援红军过雪山之用。

24 日一到丽江,贺龙便命红四师师长卢冬生亲自带先头部队黄新廷的红十二团连夜急行军,直奔石鼓渡口。

25 日凌晨 3 时,部队整装出发。天空闪耀着稀稀的晨星,山风吹来几分寒意。寂静的山林,崎岖蜿蜒的山间小路,被行军行列中的火把照亮。尽管从宾川到丽江连续行军作战 5 天没有睡过一个囫囵觉,但战士们依然士气高昂,经雄古、沙坝到下午一两点钟赶到了石鼓镇。

石鼓镇位于丽江城西,距离丽江 100 多公里,是金沙江上游重要渡口,也是云南通往康藏地区的重要门户。相传三国时诸葛亮"五月渡泸",元世祖忽必烈"革囊渡江",都是选择这一带作渡口的。在镇前山嘴上,有一座小鼓楼,面对金沙江,摆着一块又圆又扁、大有数围的青石碑碣,形状如鼓,人称"石鼓",该地因此而得名。湍急的金沙江像一条性情暴躁的巨龙从青海玉树奔腾南下,经巴塘流到石鼓,江流大致与澜沧江、怒江平行流泻。到了石鼓,突然龙头一摆,转了个一百多度的急弯,金沙江甩开了澜沧江和怒江,穿过举世闻名的虎跳峡,独自折向东北,回流 200 里,形成一个"V"字形,这就是著名的"长江第一弯"。石鼓渡口对岸,诸峰林立,山势挺拔,气势雄伟。渡口近处是悬崖绝壁,十分险要。江面较宽,却水流湍急,放眼望去,江水悠悠,江涛阵阵,暗流湍急,其深莫测。

英勇的红军敢于在这里渡江,完全出乎敌人的意料之外。蒋介石、龙云得知红军这一大胆行动的消息后,才如梦初醒,但已来不及调整部署兵力了。于是气急败坏地一面派飞机到石鼓地区沿金沙江上空疯狂轰炸,妄图迟滞红军的行动,一面急令地面部队加紧追击,同时命令中甸民团汪学鼎率部堵截。孙渡则奉命率领三个旅尾随红军向丽江追击。原来向鹤庆"绕截"红军的刘正富旅奉命掉头背向、直趋石鼓;李觉纵队奉命沿滇西大道向大理、邓川急进。

云南省石鼓渡口。1936年4月25日至28日,红二、六军团大部在此渡过金沙江。

　　摆在红二、六军团面前的形势依然是严峻的:天上有敌机袭扰,前面有崇山峻岭和滔滔的金沙江,后面是数倍于己的强大敌军的追击,能否在敌人靠拢之前渡过金沙江,对红军来说无疑是个关系生死存亡的严峻考验。面对这种情况,指挥部作了周密的部署。

　　先头部队红四师十二团进抵石鼓时,当地的官绅和乡保丁都已逃匿,石鼓附近刚修起的碉堡空无一人,船只也已隐蔽。只在海洛塘渡江点发现一只尚未来得及隐藏的小船。之后,红军又在群众的帮助下,找到了五名船工。红四师按指挥部的要求,立即组织控制渡口,同时组织工兵营和民工,动员了20名木匠和铁匠,运木料、扎木筏,为全军渡江进行紧张的准备工作。

　　天已近黄昏,红日西沉,在夕阳余晖铺衬下,哈巴雪山更显得庄严雄伟,高耸入云。不一会儿,整个江面就被雪山的巨大身影所覆盖。时间在提醒黄新廷,要加快渡江速度。他注视着眼前这条只能容纳一二十人的小木船沉思:如从江面宽约500米的石鼓摆渡,往返一次需一小时,势必延缓过江时间。他随即与身边的5名船工交谈,根据他们提供的情况和侦察部队现地侦察报告,黄新廷决定由船工掌舵组织部队拉纤,将木船拖到上游5里处的木瓜寨渡口过江。不多时,部队赶到木瓜寨渡口,只见这里江面宽约200多米,往返一次只需半小时,且对面松林密布,便于部队隐蔽,是个理想的渡江之处。

部署了渡江掩护部队后,黄新廷与政委朱辉照、参谋长高利国简短地交换了意见,决定由他率一个加强班先过江,占领滩头阵地,控制各制高点。当即,3位船工熟练地驾着这不寻常的一叶小舟,穿过激流到达彼岸。红十二团仅经一夜奋战,就于 25 日全部渡江完毕,无一伤亡。26 日红四师全部渡过金沙江后,红十二团仍作为军团前卫沿江北上,不顾彻夜渡江的疲劳又经过一天急行军,行程 75 华里,到达吾竹地区。[8]

为加快渡江的速度,红军开始准备在石鼓渡用木筏架设浮桥,但因江宽水急,未能成功。用木筏摆渡,因浮力小,阻力大,每次每筏只能载三至四人,且速度慢,费时多,只能作为辅助之用。要过江主要还得依靠渡船,但一只船一次只能载四五十人。由于水急,暗流大,使渡船斜差增大,来回需要一个多小时。在有限的时间里,仅靠一只小船渡过全军一万多人马是很困难的。因此,向上游延伸,寻找船只,成为红军渡江面临的最紧迫问题。

4 月 26 日,红二、六两军团齐集石鼓地区。指挥部即令已到石鼓的顿星云团长率红十六团沿江的西岸向上延伸,配合昨夜过江的红十二团,夹江而上,寻渡口找船只;前卫红四师继续渡江;后卫警戒部队在石鼓南山望城坡监视敌人,在山上架起机枪,防敌机袭扰;大部队则隐蔽集结,深入做好政治思想工作,随时准备过江。

这一天,石鼓镇内外,金沙江畔,人山人海,兵欢马叫,长江第一湾出现了从未有过的欢腾场面,充分体现出红军指战员高度的革命乐观主义精神。贺龙、任弼时等,运筹帷幄,各级军事指挥员和政治工作人员,在紧张地进行渡江的各项准备工作。在古戏台上,红军领导向部队作渡江动员。在树林里,在蚕豆花、油菜花盛开的田边地角,战士们有的开会表决心,有的翻开油印课本学习文化,有的拉二胡,唱着"井冈山,扎大营。红旗飘,日月新。打土豪,把田分"等歌曲。墙壁上、岩石上写着各种鼓舞人心的标语。

为了尽快找到渡船,贺龙以第三路军总司令的名义,给金沙江边的鲁桥乡纳西族副乡长王瓒贤致信。信的全文是:"王瓒贤先生大鉴:此次大军道经贵地,因事先未遑派员拜谒左右,以致有惊台端,兹为冰释,万希请勿疑惧。闻得贵河船筏一律隐藏东岸,此诚不幸之至。字当,请阁下将渡河船筏一并派人驶来,以便大军北渡。事竣,当给以重重劳金,决不致误。"[9]王瓒贤在收悉贺龙的信后,在党和红军统一战线政策感召下,很快回了信:"前日国府传贵军杀人纵火,其行如匪。故令吾等或偕百姓远避,或令民团助剿。然依今之所见,实乃谬也! 吾欣见贵军将士所到之处,保境安民、秋毫无犯,并无兵锋之祸。社会贤达莫不交口称赞;百姓亦箪食壶浆,夹道相迎! 有此仁义之师,乃国之幸事,断无剿灭之理! 愚弟不才,愿尽鄙乡绵薄之力,以助渡江! 劳金自不敢当,唯有一事相求:为吾及本乡黎民生计虑,切勿泄此天机,以免吾等日后招致横祸,慎记,慎记! 过江之事,余已作安排,贵军可如此如此……当此之时,不便多言;来日方长,后会有期。"同时,他于 26 日派 5 名船工划一只船在离石鼓渡口 20 里的木取独渡口(对岸是松坪子)等候。

到 27 日中午,部队先后在格子渡口(对岸是士林村)、士可渡口(对岸是满库)、羊犁石渡口、巨甸余化达渡口和苏甫湾马场找到 5 只船。这样,红军从石鼓至巨甸约 120 里的地段上,共找到大小船 7 只,船工 28 人,为全军胜利渡江创造了可靠的条件。

为了安全地顺利渡江,指挥部根据金沙江的地形条件,选定了石鼓的木瓜寨、木取独、格子、士可和巨甸的余化达等五个渡口为渡江点。五个渡口分为三段,石鼓的木瓜寨和木取独为第一段,格子和士可为第二段,巨甸的余化达为第三段,渡江的重点则放在第二、三两段上。除士可和巨甸的余化达各安排两只船外,其余渡口都只有一只船,并以木筏辅助。指挥部也由石鼓移至士可渡口,在羊犁石渡口则备了几只木筏,作为指挥调度联络之用。这样,上游第二、三段重,第一段轻,余地在握,便于机动。因为石鼓至巨甸地段,金沙江两岸为连绵的云岭山脉,追敌赶来,除走石鼓口子外,别路难通。若沿江上来,有石门关、红石岩天险紧锁大江。这些关隘敌人不及布防,地形又有利于红军阻击敌人,即使敌人占领了石鼓,红军也可以沿江节节抗击,边战边渡,而上游渡口照样可以安全渡江。

为了预防敌人飞机袭击,保证不间断渡江,红军在加强对空防范的同时,对渡江部队的先后次序和上船人数作了认真的组织和安排。每个渡口设一个司号员,待渡部队按上船人数依次隐蔽在渡口附近的村寨旁和树林里,听到号声,每次安排四五十人迅速上船。这样,即使敌机来袭,也难以发现红军大部队踪迹。晚上,则在江两岸燃起大火照明,船工轮流休息,保证昼夜不停地划船渡江。红军的渡江行动,得到了当地人民群众的有力帮助。当地各族人民,自发地帮助红军造木筏、给红军当向导、给红军官兵介绍当地情况,为红军端饭送水。不少人还肩背身扛,把一捆捆的羊皮、布、草鞋,一筐筐的粮食、红糖、辣椒等物资送给红军。

自 4 月 25 日晚,前卫红四师十二团渡过金沙江后,26 日,全军从石鼓的木瓜寨至巨甸的余化达之间 120 余里地段上的五个渡口,采取梯次而进,逐步向上收缩的方法,全面展开了抢渡金沙江的壮举。27 日,渡江进入高潮。贺龙、任弼时率军团直在格子、士可渡江后至所邑。五师和六师继四师和军团直之后,分别由木瓜寨、木取独、格子、士可渡江。当天晚上,红二军团全部渡过金沙江。五师十五团七连因用船拉马泅渡,而马下水后受惊拉翻了船,以致船上的指导员和 20 多名战士及一名船工光荣牺牲。同日,萧克、王震率红六军团部和十七师继六师之后渡过金沙江,进至士林一带。前卫十六师则进至巨甸,向维西方向警戒,掩护全军渡江。28 日下午,十六师也从巨甸余化达全部渡过了金沙江。

从 25 日渡江开始,蒋介石才如梦惊醒,他一面乘飞机沿金沙江边的宾川、鹤庆、丽江上空盘旋,痛责各纵队"追剿"不力,一面急令孙渡纵队 3 个旅循红军踪迹向丽江追击,原打算向鹤庆堵截红军的刘正富旅奉命从邓川以东掉头向北赶赴石鼓,一面急电驻雅江的李抱冰部疾速推进康南,企图截断红二、六军团同红四方面军的联系。国民党军还出动飞机到石鼓沿江狂轰滥炸,妄图迟滞红军渡江。然而,各渡口两岸均为高山峻岭,犬牙交错,敌机不敢俯冲,弹投不准,而红军连日疾行,动如脱兔,行动神速,敌军被远远抛在后边。

4 日 28 日,等到滇军刘正富率第一旅风风火火地赶到石鼓时,哪里还有红军的影子! 看到的只是张贴在江岸石壁上的巨幅标语:"吓死川军,拖死滇军,气死中央军,英雄是红军!""接宣威,送石鼓,多谢,多谢!""来时接到宣威地,走时送到石鼓镇,费心,费心! 请回,请回!"[10] 此时孙渡所率的安恩溥、鲁道源、龚顺璧三个旅才到丽江城,得到红军胜利渡江的消息后,也停止了前进。从湘鄂川黔根据地追击红二、六军团的敌前敌总指挥刘建绪所率的湘军李觉纵队,赶到大理后也停了下来。郭汝栋纵队则还在向华坪、永胜开进途中。而蒋介石的中央军樊嵩甫纵队在红军从石鼓地区过江后,也在永仁渡江向盐边、盐源开进,离红军更是越来越远了。

至此,宣告了国民党军南北夹击、妄图聚歼红军于金沙江南岸计划的彻底破产,红二、六军团赢得了长征战略转移中的主动地位。这也预示着红二、六军团与红四方面军会师已为期不远了。为此,萧克即兴赋七律诗《北过金沙江》一首:

盘江三月燧烽飚,铁马西驰调敌忙。

　　　　　　炮火横飞普渡水,红旗直指金沙江。

　　　　　　后闻金鼓诚为虑,前得轻舟喜欲狂。

　　　　　　遥望玉龙舒鳞甲,会师康藏向北方。[11]

　　4月28日总指挥部安全渡过金沙江,贺龙、任弼时、关向应联名致电朱德、张国焘:"我两军团本日已安全渡过金沙江北岸……明二十九日开始向中甸继进。"[12]红军总部接到电报后,向红二、六军团总指挥部发来热情洋溢的贺电:"金沙既渡,会合有期,捷报传来,全军欢跃,谨向横扫湘黔滇万里转战的红二、六军团致以热烈的祝贺和革命的敬礼。"[13]红军总部的电报给了红二、六军团指战员以极大鼓舞。消息传来,一片欢腾。贺龙、任弼时要求将电文传达到全军指战员,政治部的同志随即翻印,在连队中传达,全军上下莫不为之欢欣鼓舞[14]。

　　红二、六军团过江后,沿金沙江东岸中甸雪山西麓前进,经车竹、梧竹、开文、木司、马场等村寨先后到达格罗湾(又名福格)。二、六军团于4月27日至5月2日间,在格罗湾先后休整了几天,指战员们努力克服困难,积极筹备粮食物资,认真做好过雪山的准备。他们向群众买了辣子、白酒;向商人购买粮食、糖、布匹、鞋子;对有民愤的土豪,经调查属实,没收其家中的粮食、腊肉、白酒、红糖、衣服等物,一部分分给群众,一部分留供军需。格罗湾本来是个小寨子,各族群众的生活本来就很贫困,土豪的东西有限,还不足以供应红军的军需,有的战士,不畏天险金沙江,又摆渡到金沙江西岸的德果打土豪,将土豪的大米运过来。还有些战士,来到距格罗湾十多里路的马场,发动群众,把土豪李振东家的粮食送给穷人;李家有山羊好几十只,红军把羊赶回格罗湾打"牙祭",羊皮则做了褂子御寒。

　　红军在格罗湾欢庆渡江胜利,经过几天休整,做好了翻雪山的准备后,就向中甸雪山进发了。此时,追击红二、六军团的敌人由于过度疲惫,无法克服藏区物质条件和高原地形方面的困难,所以都怅然而止;湘军为保存实力,更不愿入康远追与红军作战。这样,敌人不得不改"追剿"为防止红军南返的部署,至此,敌人南北夹击红二、六军团的计划彻底破产。

---

[1] 中国人民解放军历史资料丛书编审委员会:《红军长征 文献》,解放军出版社1995年5月第1版,第837～838页。

［2］指李抱冰。

［3］指王树声。

［4］指瞻化（今新龙）、理化（今理塘）、定乡（今乡城）。

［5］中国人民解放军历史资料丛书编审委员会：《红军长征 文献》，解放军出版社1995年5月第1版，第1024～1025页。

［6］参阅《重庆行营剿匪军事工作报告》，原件存四川省档案馆。转引自贺彪：《红二方面军从湘鄂边到陕北长征纪实》，华夏出版社1990年3月第1版，第227页。

［7］《红军长征过云南》编写组：《红军长征过云南》，云南人民出版社1985年3月第1版，第196页。

［8］黄新廷：《红旗直指金沙江》，见《苦斗十年》（下），解放军出版社1989年12月第1版，第258～259页。

［9］周锡银：《红军长征时期党的民族政策》，四川民族出版社1985年9月第1版，第138页。

［10］贺彪：《红二方面军从湘鄂边到陕北长征纪实》，华夏出版社1990年3月第1版，第231页。

［11］云南省军区党史资料征集办公室编：《红二、六军团长征过云南》，云南人民出版社1986年9月第1版，第225页。

［12］指红三十二军罗炳辉部。

［13］中国工农红军第二方面军战史编辑委员会：《中国工农红军第二方面军战史》，解放军出版社1992年8月第1版，第484页。

［14］任弼时：《二、六军团长征的政治工作总结报告》，1936年12月19日。转引自贺彪：《红二方面军从湘鄂边到陕北长征纪实》，华夏出版社1990年3月第1版，第232页。

第二十九章
翻越哈巴雪山

新的斗争与考验——以第十二团为先头部队——遭到藏族土司武装的阻击——主力相继开始翻越雪山——冲上山顶——经受住了爬雪山的严峻考验

　　1936年4月27日，除后卫红十六师尚在巨甸向维西方向掩护警戒外，红二、六军团的主力都已渡过金沙江。红二军团进抵格罗湾一带休整，红六军团进抵吾竹地区休整，这里已是中甸地区。红军进入中甸地区后，虽然后无大敌追击，前无强敌堵截，天上也无敌机侦炸，但由于地理环境、社会制度、民族信仰、语言差异、生活习惯等等不同的特殊情况，再加之蒋介石和地方军阀勾结土司、领主武装的阻拦，因此，翻越雪山天险，顺利通过中甸藏民地区，就成了一场特殊的战斗。红二、六军团面临着一场新的斗争与考验。

　　中甸地区位于滇西北，属康藏高原，横断山脉南北横亘，到处是崇山峻岭，平均海拔在3000米以上。5000米以上的高山，终年积雪。这里人烟稀少，贫穷落后，交通闭塞，史有"关山险阻，羊肠百转"，"地险路狭，马不能行"的记载。当地的居民主要是藏族，他们勤劳朴实，性格强悍。这一地区通行藏语，懂汉语的人很少。当地的居民一般都信奉喇嘛教。当时，中甸地区还是封建农奴制，占人口不到百分之一的土司和上层喇嘛，是中甸地区土地的所有者；而占人口80%以上的农奴和奴隶，既没有土地，也没有政治地位，甚至没有人身自由。农奴制的政权，是土司和寺院两大领主政教合一、僧侣贵族联合专政的政权。寺院设有军队、法庭和监狱等暴力工具，对奴隶和农奴实行残酷镇压。

　　红二、六军团对红军指战员进行党的民族政策和宗教政策教育，要求干部战士严格执行"三大纪律、八项注意"，用实际行动体现中国工农红军为人民谋利益的宗旨,以取得藏族人民和藏族中上层人物的同情和支持,从而顺利通过藏区,早日与四方面军会合,共同北上抗日。同时,根据红军总部"此道即暑天,亦应多准备冬衣"的指示精神,要求部队为翻越大雪山作好思想上和物质上的准备。迎面挡住去路的就是玉龙雪山支脉哈巴雪山。这座雪山海拔5300多米,山势陡峭险峻,山岭终年覆盖着厚厚的积雪。当时已是四五月份,但是从金沙江峡谷到雪山顶,俨然是两层天地,山下温暖如春,山顶寒气逼人,严寒刺骨。

29日清晨,红二军团前卫第四师,以第十二团为先头部队,为开辟前进道路,发扬英勇顽强、不怕疲劳和连续作战的作风,开始向哈巴雪山进军。喝过辣子糖水后,指战员们由"通司"(翻译)带路,顺立马河北上,沿崎岖小路,艰难地向山上攀登着。在上山途中,突然遭到藏族土司武装汪学鼎部的阻击,几名战士当场牺牲。

利用藏族武装阻拦红军,是蒋介石和地方军阀及藏族土司互相勾结的阴谋。早在1935年中央红军过云南时,蒙藏委员会首领格桑泽仁曾写信给龙云说:红军"果窜至建南或迤西,均可随入康境,似应集合滇康边区藏民严于防堵"。并拉拢龙云说:"钧应统筹西南,对于西康务恳兼顾并理。滇康关系密切,龙主席素极热心康事,今后治康图藏,似须滇川通力援助"。还要求龙云促使蒋介石"提挈西康"。红二、六军团胜利渡过金沙江,蒋介石妄图在金沙江边吃掉红军的计划破产了,龙云妄图把红军围歼在云南的计划失败了,想再调军队追击红军已不可能,于是把防堵红军的希望寄予藏族土司武装。一方面大肆污蔑红军,挑拨藏民对红军的仇视;另一方面封官许愿,拉拢藏族土司,封藏族大土司汪学鼎为"江防指挥",调其藏兵与红军为敌。汪学鼎受拉拢后,即纠集自己的部下,妄图与红军较量。他得知红军沿立马河北上的消息后,便亲自带领数百名武装,设伏于此,妄图凭险阻拦红军前进。

听到敌人的枪声,红军战士立即展开,他们牢记党的民族政策,没有直接向藏兵开枪,只是向空中射击。紧接着,红四师汤福林参谋长、红十二团朱辉照政委让"通司"向藏兵喊话:请他们退回去,不要跟红军对抗,红军是路过这里北上抗日的。再说,你们硬要打,也打不过红军。汪学鼎不听劝告,仍令藏兵继续向红军开枪射击。几名红军战上倒下了,团政委朱辉照也负了伤。面对汪学鼎土司武装的猖狂,红军战士忍无可忍,被迫向汪部猛烈开火。在红军强大火力面前,汪学鼎见势不妙,即带兵仓皇逃去。

先头部队出发后,红二、六军团主力也相继开始翻越雪山。指战员们绝大部分是湖南、湖北、江西等地来的南方人,缺乏在寒冷条件下行军作战的经验和必要的物资准备,而翻越雪山有许多意料不到的困难。雪山上天寒地冻,空气稀薄,气候瞬息万变,时而晴空万里,时而狂风大雪、暴雨冰雹,往往让人捉摸不定。贺龙、任弼时、萧克、王震等军团首长考虑到部队的实际情况,在休息期间,就发动干部战士做好爬雪山的一切准备工作。此间,红军派出小分队深入到当地居民群众中,了解过雪山的注意事项,乡亲们热情地为红军介绍经验。一位老中医告诉红军,人参能补氧,姜、辣椒可御寒,一定要多备一些;有的乡亲领着红军看山脚下的哑泉、苦泉和死泉,并告诉红军说,这里的水是雪化而成,并经过山上的毒草、腐烂树叶长期浸泡后,顺着山沟流下来的,千万不能饮用。红军虽然积极地筹集粮食、生姜、辣椒、衣物等物资,无奈这里荒凉偏僻,人烟稀少,再加上国民党反动派苛捐杂税的盘剥,老乡们都很穷,红军筹到的东西很有限,绝大多数红军战士只能脚穿草鞋,身穿破衣过雪山。尽管如此,红军战士决心战胜一切困难,翻过大雪山。

在贺龙、任弼时、萧克、王震等领导的率领下,红二、六军团17000多名指战员浩浩荡荡地踏上了雪山。大家奋力地爬着,宣传队的队员在前边打起了快板:"攀玉龙,翻玉龙,红军个个是英雄!同志们,努力爬,北上抗日把敌杀!"战士们随着快板说:"快快爬,快快攀,玉龙王要驮着我们直达抗日前线了!"[1]

当红军爬到接近海拔3600米的雪线时,一个个困难接踵而来。路,越走越窄;云,越来越低;雾,越来越大,渐渐地遮挡了红军战士的视线。为了防止迷路和掉队,先由突击队员手持木棍在前面探路,后面的同志踩着前面的脚印往上爬。即便这样,稍不小心,一脚踩空,就会掉进万丈深渊。当爬到危险地段时,总有干部站在一旁,高声提醒大家:"这里积雪很深,行走时要特别小心。"当一个突击队员因在前面开路过度疲劳,不慎滚落到路旁一个积雪很深的大雪坑时,指战员们纷纷解下自己的绑腿。连接成两根带子,一根系在一名瘦小的战士身上,由他轻轻滑下去,把另一根系在遇险队员的身上,上面的战士再慢慢地把两个人都拽上来。

一位曾翻越过雪山的老红军夏振栋回忆当时的情景:"爬到雪山风口的时候,虽时值夏季,但阴冷的寒风却一阵阵向队伍袭来。大家穿上所有衣服,披上绒毯,也无济于事,纷纷打着寒战,就是喝几口辣椒水也制止不住哆嗦……窜到裤腿里的雪,马上化成凉水,裤腿下半截冻得邦邦硬。腿脚磨破了,鲜血直流,穿着草鞋的脚板冻得钻心地痛,真是令人难以忍受……越往上爬,空气越稀薄,高山反应越大,脑袋好像胀了好几倍,两眼冒着金花,就像好多萤火虫在眼前穿飞,胸口好像压着大石头,嗓子干得要命,嘴唇也很难抿上。两条腿重千斤,每迈一步都要费好大力气……"

"只能攀登,不能停留!"大家互相勉励着。"只能向前,不能回头!"大家互相告诫着。

越往高处爬,空气越稀薄,许多战士出现了高山反应,胸口好像压着大石头,两条腿越来越沉。总指挥贺龙看到这种情况十分焦急,一面向后边部队传达口令,要求大家穿上夹衣、披上被毯,一面要求各级干部注意组织好行军,特别要照顾体弱有病的同志,不让一个同志掉队。红四师供给部通信员小曾伤口未愈合,体力不支掉了队,贺龙发现后,便将他扶到自己的骡子上,他自己和干部战士们一道,迎着刺骨的寒风,忍着高山缺氧的痛苦,迈着坚定的步伐前进。任弼时、关向应突围以来身体一直有病,但他们在雪山上拒绝警卫人员的照顾,同大家一起在雪峰上艰难前进。看到掉队的同志,任弼时一边大口喘着气,一边鼓励他们坚定信心,跟上主力。干部战士们发扬阶级友爱精神,身体强壮的帮助有病的,年轻力壮的帮助年老体弱的,干部战士们互相关心,互相帮助,手拉着手向前进。经过一昼夜的艰难攀登,红军逐渐接近了山顶,远远望去,只见山上有红旗飘动,原来是先头部队的宣传队员已抢先到达。宣传队员们虽然口干舌燥,还在宣传鼓动:"同志们加油啊!不要坐下,看谁先到山顶。"红军指战员一听,立刻振奋起来,使出全身力气,加速冲上山顶。这座海拔5000多米的大雪山,终于被英雄的红二、六军团的勇士们踩在了脚下。

哈巴雪山是红二、六军团长征中翻越的第一座大雪山,经验不足,又缺乏精神和物质准备,因而前进得非常困难。由于空气稀薄、缺少氧气、呼吸困难,有的同志因此而倒下。哈巴雪山无情地夺去了许多红军战士的宝贵生命,但是红军经受住了严峻考验,以自己的行动再次向世人证明:红军是不可战胜的!

4月30日,先头红四师到达了中甸县城。随后,红二军团直属队和五师、六师,红六军团十六师、十七师、十八师也分别于5月1日至3日先后翻越了哈巴雪山,分别到达中甸县城及其附近地域,以及距中甸县城五50里的南坝一带。在中甸,部队进行了休整,并及时总结了翻越雪山的经验。

---

[1] 夏振栋:《翻越玉龙雪山》,见《苦斗十年》(下),解放军出版社1989年12月第1版,第267页。

第三十章
失望的得荣城

荒僻的"天堂"——离开中甸——缺粮挨饿——唯一的希望
就是得荣县城——陷于绝粮的境地——龙绒喇嘛寺筹粮——喇嘛
给红军当向导

中甸,位于滇西北地区的康藏高原,海拔 3300 米左右。如今,这里已经更名为香格里拉市。

1933 年,英国作家希尔顿·詹姆斯出版了他从中国返回后写下的著作——《消失的地平线》。书中用优美的文笔向世人描述了一个远在东方、名叫着"香格里拉"的地方。在英语中,香格里拉表示"遥远而迷人的地方";法语的意思是"人间仙境";西班牙语意为"天堂",而汉语则解释为"世外桃源"。希尔顿笔下的香格里拉,是一个充满梦幻和田园诗般美丽的地方。

但是,1936 年 5 月初,红二、六军团到达中甸时,这里只是一个荒僻的小山城,仍然处于封建农奴制社会阶段。由于国民党的反动统治和封建农奴主的压迫剥削,这里经济落后,百姓十分贫穷,实在难以与"天堂""人间仙境"或"世外桃源"联系起来。一位老红军在日记中曾这样记述:"中甸城内有几十家营商的汉人,城外尽是藏民。城周多是荒野,人烟稀少,没有什么东西买的,虽有点糖、糌粑、盐也要到喇嘛寺才能买到。"

离中甸县城二三里的归化寺(又称松赞林寺),是云南最大的喇嘛寺。藏区实行政教合一,所以这里实际上是当地真正的统治中心。归化寺僧侣众多,主事的是八大老僧。由于国民党当局和地方军阀与当地贵族勾结,企图阻挠红军顺利通过藏区,在藏区进行了大量的反动宣传,将红军描述成人间恶魔,因此,红军到来前,城里的居民因心怀恐惧,大都跑到城外的山林中躲藏起来。归化寺的最高统领松本活佛也命令众僧紧闭寺门,防范红军。

红二、六军团在进入藏区前,对藏族的社会情况、风俗民情所知甚少。但有了在贵州境内与苗族等少数民族同胞沟通的经验,深知平等和尊重是获得理解的重要方式。因此,部队中深入进行了党的民族政策和宗教政策的教育,要求指战员们尊重藏族人民的风俗习惯和宗教信仰,严守群众纪律,筹措物资要买卖公平。

为了公开说明中国共产党和红军的主张,红二、六军团以贺龙的名义发布了《中华苏维埃人民共和国中央革命军事委员会湘鄂川黔滇康分会布告》,说明红军来此是为了"扶助番民,解除番民痛苦,兴番灭蒋,为番民谋利益之目的",并申明了红军的纪律,希望藏族同胞"各安居乐道,毋得惊惶逃散,尤望尽其与本军代买粮草,本军当一律以现金按价照付,决不强制"。指战员们主动与藏族群众接触,为他们干农活,扫庭院,医治病人,解除他们对红军的误会,并大力争取藏族上层人士对红军的理解和支持。

红军对藏族同胞的秋毫无犯,感动了当地的藏民。归化寺一位负责保管青稞和跳神用衣的喇嘛夏拿古瓦,看见红军并不像传言所说的那样凶恶,便自愿充当代表与红军谈判。5月1日,夏拿古瓦和几位头人到红军驻地拜见了贺龙,向贺龙敬献了哈达以表示尊重。贺龙热情地接待了他们,向他们讲解了中国共产党的主张和红军的宗旨,说明了党的民族平等和宗教信仰自由的政策,并以个人名义写了一封给归化寺八大老僧的信,请夏拿古瓦带回去。信的全文如下:

掌教八大老僧台鉴:

一、贵代表前来,不胜欣幸。

二、红军允许人民宗教信仰自由,因此对贵喇嘛寺所有僧侣生命财产绝不加以侵犯,并负责保护。

三、你们须即回寺,照安生业,并要所有民众一概回家,切不要轻信谣言,自造恐慌。

四、本军粮秣,请帮助操办,决照价支付金钱。

五、请即派代表前来接洽。

与此同时,红军发出"严禁进入寺庙"的告示,通令全军指战员一律不准进入寺庙,为保证寺内安全,还派出哨兵为一些寺庙站岗。

红军对藏民的平等政策,严明的纪律和真诚、热情的态度,消除了归化寺老僧的疑虑,他们表示,愿意为红军通过藏区而尽力。

在松本活佛和八大老僧的邀请下,贺龙等一行40余人于5月2日前往归化寺做客,受到全体僧侣的热情欢迎。活佛和八大老僧及几十名喇嘛身着盛装,以隆重的仪式迎接贺龙一行进入大寺"直仓"(即佛厅),破例为贺龙等人举行了跳神仪式。这种仪式一般是在每年的冬月举行,用来庆祝丰收,祈祷吉祥如意。在跳神仪式上,贺龙等人向老僧们赠送了绣有"兴盛番族"四个大字的锦幛,以表示对藏族人民的祝愿。僧侣们深受感动,纷纷表示愿为红军效力。5月3、4日,归化寺令城内商人、大户们打开仓库,向红军出售了3万斤青稞和大量的盐巴、红糖,使红军在两天中筹得了10万斤粮食。夏拿古瓦等人亲自奔忙,为红军做了许多工作。

贺龙为中甸归化寺的题字

对于一个数百户人家的小城来说,为红军提供10万斤粮食并不容易。可是,对于上万人的大部队长途行军所需的粮食而言,区区10万斤粮食是远远不够的。本来,红二、六军团准备在中甸地区休整一个时期,由于粮食紧缺,难以久留,于是决定尽快出发。

为了减少沿途筹粮的困难,红二、六军团兵分两路前进。红二军团为左纵队,经得荣、巴塘、白玉,向甘孜前进。红六军团为右纵队,经定乡(今乡城)、稻城、理化(今理塘)、瞻化(今新龙),向甘孜前进。

出发前,红军聘请了几名藏民"通司"为向导先行,以帮助部队顺利通过藏区,并从军团部抽调几名干部随行,以便向通司学习藏语。红军每到一地,通司就写一封插着鸡毛的信送到下一个村子去,让藏民了解红军的政策,说明红军是借道北上,请他们放行。红军对于帮助他们的通司也十分关照。贺龙在行军时经常和通司一起走,向他们讲述革命的道理。之后,在部队严重缺粮,指战员们以野菜充饥的情况下,贺龙下令要保证给通司提供充足的粮食。这使他们十分感动,都说:"这样的军队真是天下少有啊!"

红二、六军团在西康省稻城写的布告

5月5日,红二军团离开中甸城后,开始向西北方向的西康得荣县进发。军团部决定,仍以四师为前卫,通司带领前卫连走在最前面。红五师随四师跟进,六师随军团行动。

这一路人烟稀少,地形复杂,山高路险,环境恶劣,气候异常,十分艰苦。经过中甸的几天休整,在滇西各县参军的新兵被编到连队,部队补充了新生力量,大多数同志又增添了御寒衣服。红军战士们除了挎着步枪、腰系子弹带外,每个干粮袋鼓鼓地装满了炒面,斜挎在身上;有的战上背着羊皮褂子、草鞋;有的还背着一串串碗糖,他们精神抖擞地朝前赶路。

一路上,战士们走过一个个牧场,只见牦牛悠闲地吃着青草,藏民安详地躺在草地上,分享着阳光的温暖。粉红色或白色的杜鹃花开遍了山坡和原野。战士们还攀登过一座座松林茂密的山峦,松鼠不时地在树上一闪,钻进树洞里去了。淡黄色或绿色的小鸟,从一个树枝跳到另一个树枝,"吱吱、唧唧"地叫个不停。这高原景色,犹如进入了另一个世界,使红军个个喜笑颜开。

先头部队红四师指于 5 月 7 日进至金沙江上游的上桥头村（也叫桥头）一带地区。这里是中甸、德钦和得荣三县的结合部。陡峭险峻的扎拉亚卡山与上桥头隔河相望，是经中甸北上的必经之路。红四师到达山口时发现：山东面是刀劈斧削般的绝壁，山上古木参天，悬崖陡立，令人望而生畏；西南面是万丈深渊，湍急的江水从峡谷中翻涌而下，浪拍石壁，声若炸雷。一条曲折蛇行般的羊肠小道绕山腰盘旋而上，直通扎拉亚卡山口，确有一夫当关、万夫莫开的气势。

红军进抵得荣前，云南德钦县东竹林喇嘛寺的水边活佛，打着西藏噶厦政府的旗号，写信给得荣阿村的头人络绒喜绕，令他率领武装，阻止红军入境。络绒喜绕接到水边活佛的信后，便纠合了一支百余人的藏民武装，埋伏在扎拉亚卡山，企图凭险阻止红军前进。

7 日晨，红四师前卫连通过村边小桥后，迅速向扎拉亚卡山攀登。隐蔽在山口后坡的络绒喜绕武装便突然发起袭击。他们居高临下，推下一块块巨大的石头，同时向红军开枪射击。半山腰上顿时礌石翻滚，枪弹呼啸。先头部队正沿山路逶迤而上，在敌人的突然袭击下毫无防备，一时无法还击。红四师参谋长汤福林、十二团参谋长高利国等人，当场被子弹和石头击中，不幸牺牲。但是，红军坚持以党的民族政策为重，随即隐蔽，未予还击，而是让通司喊话，说明红军是路过此地北上抗日，请他们不要开枪，让红军通过。但是络绒喜绕不听红军劝告，执意与红军对抗。在紧急情况下，师长卢冬生一面命令部队就地隐蔽，一边抢占有利地形，后续部队也抢占了对面的制高点，用机枪压制敌人，掩护前卫部队还击。络绒喜绕一伙本来是在藏族一小撮反动分子唆使下临时拼凑起来的乌合之众，既无作战经验，也没有像样的武器，大部分是一些土枪、猎枪。红四师一个反击，这一伙反动武装顿时土崩瓦解，四处逃散；红军前卫部队紧追不舍，将洛绒喜绕等首要分子击毙。红四师很快控制、占领了扎拉亚卡山口，打开了北上甘孜途中的又一道险关。[1]

5 月 9 日，红六军团在中甸作最后的准备，也启程离开，向西康进发。

5 月 10 日，行军途中的贺龙、任弼时、关向应关于红二、六军团的行军情况致电朱德、张国焘：二军团前卫师今可到得荣，余到距得荣约百里上下地区。六军团于 9 日已由中甸向定乡出动，本日抵宁水、瓮三之[2]线。两军入西康害病异常之多，带粮食、银物少；

房屋稀少，粮食很少，盐大感困难。[3]

连续的长途行军，部队在中甸筹到的一点点粮食全吃光了，红军指战员们经受着缺粮挨饿的又一次严峻考验。这时在山沟里是无法找到粮食的,战士们就把马骨和马粪中没消化的青稞拿来充饥。可是后来连马骨头和马粪也找不到了,没办法,只好挖点野菜熬菜汤喝。有时野菜都很少,只好掺和一些不知名的野草一起下锅,虽说汤味又苦又涩,但到底比喝白水好些。这时,红军提出的口号是"为了革命,为了胜利,忍着饥饿,继续前进。"唯一的希望就是到得荣县想办法。

可是走呀走的,还是不见县城街市。遇到两个小商贩,问他们得荣县城在哪里? 老乡用手一指说:"喏! 就在那里。"顺着他手指的方向看去,所谓得荣县城,不过是有几棵大树、树旁有几间石砌房子的小村子,人烟稀少,十分荒凉。有一幢不到 20 平方米的小楼房,人们介绍说,这就是本县县太爷住的地方。据说这个县长是湖南人,当过国民党营长,县政府机关一共只有四条枪的武装,红军到时,这些人员都已逃之夭夭。[4]

得荣县属于旱河谷地带,群山起伏,天高云淡,降雨量极少。红二军团进入得荣境内,沿途气候炎热,黄沙迷漫,筹集不到粮食,部队饮水也经常发生困难。由于受反动派的欺骗宣传,得荣城内的群众在红军未到之前就已逃走一空。红军将陷于绝粮的境地。

经过向通司了解情况得知,得荣这个地方,老百姓都是游牧民族,居住不定,只在附近的龙绒喇嘛寺里,长年储存着青稞。龙绒喇嘛寺是得荣最大的喇嘛寺,位于县城西面几十里的半山上。于是,第二天一早,红军的筹粮小分队就出发了。侦察员用马驮来一位喇嘛,关向应通过翻译告诉他:"我们是红军,是穷苦人的队伍,不是国民党。我们路过这里断了粮,听说这附近有喇嘛寺,想去借点粮,但是找不到路,请你给我们指点一下!"关向应足足解释了半个多钟头,那喇嘛才解除了恐惧。他对关向应说:"你们走错路了。这大山是翻不过去的。必须返回得荣,再顺大路向西南走,绕过大山再往北就到了。"

关向应谢过喇嘛,命令部队后卫变前卫迅速下山,返回得荣取道向喇嘛寺前进。下山前,关政委又把军团政治部到各师帮助工作的同志找来,交代道:到喇嘛寺要尊重少数民族的风俗习惯,各单位要有组织地去筹粮,筹完粮一定要登记留借条。关政委还特别嘱咐大家:粮食要统一上缴,因为军直和后卫部队也正在饿肚子。这时,他满怀深情地看了一下大家,说:"同志们,我知道大家这些天都很辛苦,有些小鬼快变成老头子了。但是,同志们,在我们队伍面前没有走不通的路! 要走,一定要和中央红军会师。越往前困难越多,要懂得,干部能吃苦，就会使战士少吃一些苦！多为部队服务，这是我们领导机关的光荣。同志们，困难当头，要身先士卒！"

部队下山了，关向应亲自搀扶那位喇嘛上马，并告诉他明天去喇嘛寺请他带路。喇嘛这时已经不怕红军了，连声允诺："行！行！"

第二天，翻过一座山，再转了一个弯，一大片金碧辉煌的建筑物出现在眼前，不用问这就是龙绒喇嘛寺了。为了保护寺庙，部队在喇嘛寺周围放了警戒。大家在寺外野地里休息，几个负责干部到寺院同喇嘛进行交涉。寺内空旷，静无一人，原来喇嘛听了反动宣传都跑了。红军所需要的大米、白面、青稞、糌粑，样样都有，但是没有主人。关向应把许多大洋和一封致谢信，交给当向导的那位喇嘛，并且再三道歉："寺院里没有人，只好请你替我们向主人道歉了。"关政委拉着喇嘛的手告别："谢谢你喽！如果我们给的钱不够，还可以拿着我们的信向后续部队要。"[5]

得荣县附近的一个荒僻村子里，红军战士们还找到了一位喇嘛和几位藏族小头人。这位喇嘛当过住持僧，不仅在本村本县，而且在附近方圆百里乃至整个康巴地区都是有影响的人物，与康区各有名寺庙都有来往。在听过红军讲述为抗日北上路过康区，和红军有关民族政策后，他表示理解和钦佩，并愿意同红军合作，帮助红军做工作。贺龙和任弼时等领导非常重视，亲自接见了他们。

这位喇嘛和几个头人见了红军首长，连忙按照藏族的礼节习惯，一下都跪倒在地，躬身弯腰，双手前撑，向前低头，几乎挨近地面，口中不断地说："卡起欧！本巴！"（谢谢长官）贺龙等赶忙上前搀扶，连声说："别这样，别这样嘛！快起来，咱们都是自家人，藏汉人民是一家嘛！"说了几次，头人们站起身来，但还是不抬头，一边说着"卡起欧，卡起欧！"一边用小碎步退到墙边。

任弼时接着说："红军有三大纪律八项注意，在你们村子里住，免不了要吃你们的粮食，牲口也要吃草吃料，我们都照价付钱，损坏了东西要赔偿。请你们回去对乡亲们讲清楚，希望头人们给我们多多帮助。"贺龙也说道："请诸位头人回去好好向老乡们讲讲，我们工农红军北上打日本，为的是咱们全中国的老百姓不受侵略压迫。红军要顺利北上，要打胜仗，也离不开老百姓的支援。我们一路上已经得到了包括汉族、苗族和藏族各族同胞的帮助，才冲破了国民党军队的封锁阻拦，渡过了金沙江，翻过了玉龙山。现在来到你们康区，山高路险，人不熟，路不熟，话也不懂，有许多事情要请教你们，请你们帮助解决哩！"

喇嘛和头人们为贺龙、任弼时这许多亲切、坦诚的话深深感动了，表示愿意为红军效力。

接着,贺、任等首长向他们详细地询问了从得荣北去沿途的地理环境和气候情况,问他们有几条路可以通往甘孜,走哪一条路比较安全。喇嘛和头人们全都详细地向贺龙做了介绍,并且表示这一路沿途的寺庙里,有他们的师兄弟,人也很熟,一定可以帮上忙。

贺龙和任弼时郑重决定:"为了表示友好,为了方便今后的工作,叫军需处拨出一些银圆和烟土,送给他们。作为部队驻在这里吃粮和损耗青稞的赔偿,也是我们的见面礼。前面的路还长着哩,康巴历来多匪,如果我们能争取这位喇嘛头派人做向导,利用头人们在当地的关系,就可以比较顺利通过这一带藏民区。"任弼时说:"这个办法好。我们过苗区,就有过很好的经验,也有一些教训嘛!现在我们有了好通司,再有个好向导,前面的路就好走了,可以少吃亏了!"

联络人员回拜喇嘛和头人,送上了红军给他们的礼物,转达了贺龙、任弼时的问候。喇嘛十分感激:"谢谢红军的恩施。红军是我见过的最好的军队,红军缺什么,我们一定帮助。"当听到红军希望他派向导的要求时,这位喇嘛回答得非常干脆:"本人就愿意跟红军走一趟,做向导,还可与各方作联系。"

有这位喇嘛给红军当向导,起了不小的作用。联络员会根据司令部的命令,把当天行军的目的地和沿途经过的主要地名告诉喇嘛,由他按照我们的要求写成信件让人预先送出。写完以后,通司会翻译一遍给联络员听,确认无误后,把信卷在一根小木棍上,用牦牛线捆了好几道,最后插上两三片鸡毛。原来,这是这一带藏民祖辈传下来的规矩,插上鸡毛就是表示此信紧急重要,送信人和收信人都特别重视,路上任何人都不得阻拦破坏。这样,喇嘛把信交给一个从村里雇来的年轻藏民,快马加鞭,将信按地址送去。按要求,信送到第一站后再换人送第二站。

就这样,红二军团左纵队大部队,沿着金沙江边的崇山峻岭逶迤北上,一直有一封小小的鸡毛信在前面飞驰引导,一站又一站,一天又一天,行千里路,一直到了甘孜。红军决定继续北上之后,贺龙又会见了这位喇嘛和其他几位向导。他特地把一支精美、贵重的象牙烟枪赠送给喇嘛。军需处又给喇嘛头人送了一些银圆和糌粑、牛肉,最后告别。[6]

[1] 参见贺彪:《红二方面军从湘鄂边到陕北长征纪实》,华夏出版社 1990 年 3 月第 1 版,第 240 页。

[2] 瓮三,疑误,似指瓮水关,即今翁水,属云南省中甸县。

[3] 中国人民解放军历史资料丛书编审委员会:《红军长征·文献》,解放军出版社 1995 年 5 月第 1 版,第 1036 页。

[4] 何辉:《千里康巴念故人》,见《苦斗十年》(下),解放军出版社 1989 年 12 月第 1 版,第 277 页。

[5] 颜金生:《艰难的时刻》,见《苦斗十年》(下),解放军出版社 1989 年 12 月第 1 版,第 286 ~288 页。

[6] 何辉:《千里康巴念故人》,见《苦斗十年》(下),解放军出版社 1989 年 12 月第 1 版,第 281~283 页。

第三十一章
牛圈旁的支委会

荒僻的"天堂"——离开中甸——缺粮挨饿——唯一的希望
就是得荣县城——陷于绝粮的境地——龙绒喇嘛寺筹粮——喇嘛
给红军当向导

长征途中，红二、六军团官兵们对沿途百姓秋毫无犯，得到了人民群众的衷心拥护。但是进入藏区后，由于反动势力的造谣宣传，当地老百姓都对红军有误解，害怕红军，把粮食藏起来后跑到山上躲起来。加之高原藏区自然环境恶劣，红二、六军团筹粮分外困难，衣不御寒，食不果腹，有的红军战士甚至因饥饿而死。即使在这种困难的情况下，红二、六军团将士们依然严格执行"三大纪律八项注意"，留下许多佳话。其中，一个在牛圈旁召开的支委会就是一个鲜活生动的例子。

一直担任后卫任务的红二军团某团二连，在离得荣还有几天路时就已断粮了。谁料，等他们到了一心向往的得荣县城，找遍了整个县城，连一粒粮渣子也没有！指导员钱治安和连长张先云心急如焚，在那几间破房子里直打转。

突然，一名战士从一家牛圈里跑了出来，像发现了什么了不起的秘密一样，兴冲冲地说："连长，指导员，你们看！"

牛圈角上，杂乱地摆了一层牛草。战士指着几颗混杂在泥灰里的青稞说："看这个！"接着，他用手轻轻地揭去了一层干牛粪，扒开新土，掀开一块木板，一大缸青稞便露了出来。

战士喜滋滋地说："我拿铁锹来吧？"

"先别慌！"钱治安迟疑了一下，接着说，"要遵守群众纪律，不能随便动藏民的东西。"

连长没有吱声，但可以看出，他同样在琢磨这个问题。

"那，部队没粮怎么办呢？"战士的话有点急躁。

钱治安和连长沉默着。战士站起来望望连长，又望望指导员，急于想从他们眼神里找出确切答案。

面对群众的粮食，一方面要遵守群众纪律，不能随便动藏民的东西；另一方面，又不能看着大家饿死，全连十几个病号，没有一点粮恐怕不行。

"我看，还是开个支委会讨论一下吧。"指导员说。当时，党支部建在连上，重要事情都要支委开会决定。

于是，一次紧急的党支部委员会，就在这家牛圈旁边召开了。听说有了粮食，大家都高兴得眉开眼笑，可是听指导员把群众纪律一摆，却又沉思起来。一排长杨成海首先发言："本来藏民就不知道红军是什么样的军队，又误信了反动宣传，所以在我们来到以前就避开了。如果挖了他们的粮，会给藏民留下不好的印象，那更便于敌人进行反动宣传。再说，先头部队和我们一样没吃的，他们没动这点粮食不也过去了？他们能过，我们也一定能过！红军有红军的骨气，我们饿死也不能动它。"

一排长的话句句在理，说得大家都默默无声。

停了片刻，二排长韩耀之用缓慢而稳重的声调说："我同意杨成海同志的看法，但是，全连十几个病号，没有点粮恐怕抗不住。我看是不是少搞点给生病的同志吃？"

大家都清楚：这几天的病号，都是因为饥饿而引起的。如果有一点粮食吃，他们的病就会不治而愈。重病号赖玉喜，连腿也迈不开了，这两天的路全是被扶着走的。现在，他已经瘦得不像样子了，难道能眼巴巴地让自己的阶级兄弟饿死？显然，粮食应该要，但是群众纪律也必须遵守。

讨论了一会，支委会通过了以白洋买粮的决定。

会后，全体支部委员齐动手，把埋在地下的400多斤青稞全挖出来。计算了人数后，支委会决定：病号每人分8小碗，一般同志每人5小碗，干部每人3小碗。这一来，在挎包里"休息"了好几天的小粮袋，又挎上了同志们的肩头。

指导员钱治安叫文书特意找来一张红纸，在上面写了几行字："老板，实在对不起，我们挖了您的青稞。现将青稞折合50块白洋留给您，请收下。"落款是："中国工农红军二连全体"。文书把50块白洋用蓝布包好，然后把红纸条端正地贴在布包上，再放到缸里。临埋土时，怕50块白洋不够，又添了12块云南银币。这时候,支部委员都在旁边看着,直到原封原样地埋好以后,他们才像放下一副沉重的担子,各自散去。[1]

---

[1] 钱治安:《一次支委会》,见《苦斗十年》(下),解放军出版社 1989 年 12 月第 1 版,第 295 ~297 页。

第三十二章
甘孜会师

　　从 1935 年 11 月从湖南出发算起,红二、六军团艰苦行军,打了无数恶仗,一路克服了各种难以想象的困难,到 1936 年 6 月,已经历时 7 个月。而此时,已经离与红四方面军的胜利会师不远了。一想到这儿,怎能不让红二、六军团的将士们心潮澎湃!

　　在红四方面军进行各项北上准备工作的同时,红二、六军团已经陆续北上,兵分两路向甘孜进发。红六军团同红三十二军会师后,于 6 月 7 日到达理达。在理达休整了几天,6 月 13 日继续向北前进,22 日到达甘孜附近的普玉隆,与红四方面军总指挥部会合。6 月 30 日移居甘海子。同日,红二军团到达甘孜附近的绒坝岔,与红四方面军的八十八师二六五团会合。

　　绒坝岔在甘孜以西约 35 公里,是甘孜县的一个重镇。这里地形开阔,是一片茫茫的大草原,中间有一些起伏的丘陵,镇子就坐落在起伏地的低洼处。居民大都是藏族牧民,只有少数汉人,住房都很简陋。为迎接红二、六军团,红四方面军第三十军第八十八师政治委员郑维山,早在 5 月中旬就率领第二六五团到达这里,做了充分的准备工作。指战员们对即将到来的两军会师十分兴奋,都议论着,用什么厚礼去迎接兄弟部队。当时,四方面军面临的最大困难是物资缺乏,时至 6 月炎夏,战士们的单衣尚无着落。粮食更是困难,部队常常以野菜充饥。在物质严重匮乏的情况下,拿什么去向兄弟部队表示自己的心意呢?大家实在感到为难。

"到草原买一批牛羊来慰劳老大哥吧!"有人提议。于是,郑维山决定派出许多小分队去执行这一任务。要完成这一任务可真不容易。由于长期以来国民党反动派在这里造成的藏汉两族人民的严重对立,小分队出去后,还常常遭到不了解红军的藏胞的袭击。一次绒坝岔西面德格土司[1]的叶巴(土司下面专管军事的官员),就纠集了5个县的数千名藏胞,横枪跃马,突然把二六五团包围起来。为减少流血,做好与藏胞的团结工作,郑维山等决定仿效诸葛亮"七擒孟获"的做法,乘暗夜把"夜老虎"二六五团撒出去,抓一批被蒙蔽的"俘虏"来,然后教育释放,请他们自觉帮助红军当宣传员、联络员。

夜半,等包围红军的藏胞沉沉入睡后,"夜老虎"悄悄摸过藏哨,一个反包围就"俘虏"了好几百人。返回后红军立即连夜同藏胞谈心,说明红军是共产党领导的工农武装,是"朱毛"领导的军队,是专门打国民党反动派和欺压人民的反动军阀的,红军与藏族同胞是一家人等,反复解释了党的少数民族政策,还让他们和红军一起同吃同住,以德感化。"通司"把红军的话一句句翻译给被"抓"来的藏胞们听,起初他们半信半疑,但通过他们的实际体察,渐渐地对红军宣讲的革命道理有了一定的理解,于是一个个脸上露出了友好的形色。经过反复询问,红军还发现原来那个叫夏格刀登的叶巴也在里面,就又耐心地做他的工作。不久,终于取得了藏胞们的信任。"红军,泽毛泽毛的!"(藏语是很好的意思)藏胞对红军终于由仇视变得亲近了。接着,红军又把夏格刀登请到甘孜,李先念政委亲自接见了他,和他订了"和约",并让他参加了我党协助成立的"波巴依得瓦"政府(藏族人民政府)。

由此,红军同当地藏胞的关系大为改善,物资缺乏的困难也随之得到了很大程度的解决。在藏胞的支援下,八十八师筹集购买了大批牛羊,准备慰劳长途跋涉而来的红二、六军团的战友。同时,为了保障顺利地再过草地,北上抗日,部队还广泛开展了打毛衣活动。大家积极性很高,一般都是人手两件,一件自穿,另一件送给二方面军的同志,作为会师北上的礼物。[2]

6月30日这天,风和日丽,草原上充满了欢乐的节日气氛。八十八师的指战员们远远地望见红二军团的队伍,朝着绒坝岔而来,便飞也似的奔向前去,抢过战友们的行装背在自己的身上,再紧紧地握着手,打量着,问寒问暖,显得格外亲切。两支英雄的部队立即沉浸在一片欢乐之中。许多藏胞也簇拥在道路两旁,捧着酥油糌粑夹道欢迎,口里还不住赞叹:"耶莫! 耶莫!"到了宿营地,炊事班同志立即打来热气腾腾的开水,让战友们洗脚解乏,有的看到二军团战友的衣服已经破烂不堪了，不等上级统一安排，就先拿出亲手打好的毛衣、毛袜，让战友们赶快换上……往日寂静的绒坝岔，处处洋溢着欢笑声，回荡着嘹亮的歌声。[3]

为了给红二、六军团的战友"接风"，郑维山他们还特地把珍藏的好酒、山珍、海味等战利品搬出来分享。当他们得知任弼时、贺龙等首长也要来时，更是喜不自禁，大家加紧做好欢迎的准备，唯恐有什么不如意的地方。郑维山亲自带人前去迎接，看到任弼时、贺龙、关向应和甘泗淇等人后，立即迎上去敬礼道："四方面军第三十军八十八师政委郑维山前来欢迎首长！"贺龙上下打量着郑维山说："喔！小鬼，你都当师政委了？精明强干，好！好！好！"

一行人有说有笑，入席后，一见如此丰盛的酒席，不禁惊讶地问："在这不毛之地，你们从哪里弄来这么多好吃的东西？"郑维山答道："从国民党那里缴来的"。贺龙感动地说："你们没舍得吃，招待我们。我贺龙记下了这份深情厚谊！"席间，大家谈笑风生，两支队伍都沉浸在会师的幸福之中。

餐后，首长们还向郑维山详细询问了四方面军与中央红军合而后分的情形。他便毫无保留地向首长们做了汇报。并且拿出当时张国焘所谓"临时中央"下发的文件给首长们看，也谈了自己积在心中的疑虑、不解和希望。任政委、贺老总神情严肃地听着，分别时，亲切地对他说："郑维山同志，谢谢你们的盛情招待，你谈的情况很好。对的，我们会合了，就要北上，革命一定要发展到最后胜利！"说完，首长们和郑维山等紧紧握手，尔后跨上战马，向四方面军总部驻地——甘孜方向驰去。[4]

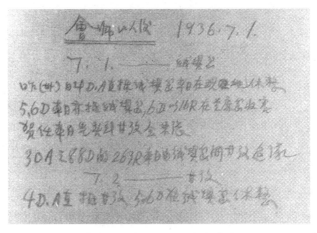

关向应的长征日记及部分手迹

1936 年 7 月 1 日，阳光明媚，这一天正逢中国共产党成立 15 周年，在这个非常值得纪念的日子里，红二、六军团与红四方面军广大官兵胜利会师了！川西北高原充满了节日的欢乐！朱德、刘伯承等人得知两军会师的消息，心里非常高兴。当红二军团进抵甘孜的甘海子时，亲自前去迎接红二、六军团领导人。当朱德、刘伯承见到任弼时、贺龙、关向应等人后，非常激动。朱德紧紧握着任弼时的手说："好哇！你们这一来，我的腰杆也硬啦！"任弼时笑着说："总司令，我们来听你的指挥！"贺龙握着朱德的手说："总司令，我们二、六军团天天想、夜夜盼，就盼和中央会合呢！"朱德坚定地说："你们来了，我们一起北上，党中央在毛主席那里。"[5]

为了及早让任弼时等人了解情况，朱德、刘伯承同他们秉烛长谈。朱德、刘伯承把红一方面军与红四方面军会师的情况、分歧以及张国焘另立"中央"，分裂党、分裂红军的活动，详细地告诉了贺龙等人。朱德还给他们看了中央政治局两河口会议、毛儿盖会议的文件和中央严令张国焘率部北上的电报。并介绍道，由于张国焘的错误，红四方面军在南下以后受到了严重挫折，最后不得已退到甘孜一带。经过党中央一再批评、督促，共产国际的一再斡旋，朱德、刘伯承、徐向前及红四方面军广大指战员的共同努力，张国焘才被迫取消了他所组织的非法中央，同意北上。但是，张国焘还是反对毛、周、张、博这几位中央的主要领导人，因此，张国焘反对中央的问题并没有解决。我们要做团结工作，也就是想办法推动他去与中央会合。

朱德还同任弼时、贺龙等商量，如何将部队分开行动，防止被张国焘控制；并向贺龙出主意，向张国焘要求支援，后来张国焘答应将原为一方面军九军团改编而成的三十二军编到第二方面军。20 多年后，朱德回忆此事时说："任、贺来了，我和他们背后说，如何想办法会合中央，如何将部队分开，不让他指挥。贺老总很聪明，向他要人要东西，把三十二军带过来了，虽然人数少，但搞了他一部分。"[6]

早在 6 月 23 日，红六军团到达甘孜附近的蒲玉隆时，朱德赶来与萧克、王震会了面，进行了亲切的谈话。这时，朱德、刘伯承又同红六军团政委王震谈了一个晚上，王震明确表示要同张国焘斗争，但刘伯承告诉他要讲究斗争艺术。他说："对张这家伙不能冒火，冒火要分裂。中央在前面，不在这里。"[7]其实，对于朱德来说，这已经是第二次与王震会面了。

红二、六军团齐集甘孜，受到了红四方面军广大指战员的热烈欢迎，大街上贴满了"欢迎横扫湘鄂川黔滇康的二、六军团","欢迎善打运动战的二、六军团"等巨幅标语。藏民群众也夹道欢迎。红二、六军团所到之处,藏族群众载歌载舞,"耶莫! 耶莫!"之声不断。红四方面军指战员筹集了大量的粮食、牛羊,腾出了打扫得干干净净的房子,准备了柴火,烧好了开水,为红二、六军团准备了很好的宿营和生活条件,并且在自己也很困难的情况下,赠送了红二、六军团许多毛衣、毛袜。所有这些都充分体现了两支兄弟部队之间的深厚阶级情谊和团结战斗精神,使红二军团指战员深受感动。"贺龙后来多次提到这是一次团结的会师,胜利的会师,是充满革命热情的会师。"[8]

与此同时,中共中央、陕甘苏区和红一方面军等 68 名党政军领导人于 7 月 1 日发来贺电:

> 我们以无限的热忱庆祝你们的胜利的会合,欢迎你们继续英勇的进军,北出陕甘与一方面军配合以至会合,在中国的西北建立中国革命的大本营与苏联外蒙打成一片,与全国抗日人民抗日军队抗日党派建立抗日救国的统一战线,组织人民的国防政府与抗日联军,向着日本帝国主义及其走狗卖国贼开展神圣的民族革命战争,挽救中国之危亡,解放中华民族于日本帝国主义的铁蹄之下。

> 我们是准备着庆祝你们北上抗日的伟大胜利。中国主力红军大会合万岁! 西北革命大联合万岁! 全中国抗日讨逆的统一战线万岁! 中国革命万岁![9]

7 月 2 日,红二、六军团与红四方面军在甘孜举行了庆祝两大主力会师的盛大联欢会。在雷鸣般的掌声中,朱德总司令在会上发表了热情洋溢的讲话,他说:"同志们,我祝贺你们战胜了雪山,也欢迎你们来与四方面军会合。但是这里不是目的地,我们要继续北上。要北上就必须团结一致,不搞好团结是不行的。此外,在我们前进的道路上,还有人烟稀少的草地,我们要有充分准备,克服一切困难。"[10]

朱德的讲话,受到了广大指战员的热烈拥护,会场上不时传来雷鸣般的掌声。贺龙在讲话中,表示完全拥护朱总司令的讲话,并号召二、六军团要搞好同四方面军的团结,克服一切困难,同四方面军共同完成到达陕北,同一方面军胜利会合的光荣任务。任弼时的讲话更是旗帜鲜明,他指出:目前形势很好,中央已经到了陕北,根据地有了发展,中央红军东渡黄河也取得了胜利。现在中央提出了抗日民族统一战线的口号,提出了争取东北军、西北军的问题,我们唯一的道路是北上与中央会合。[11]张国焘沉默不语,他显然对两人的讲话不满意。但是今非昔比,他不敢公开表示不同的意见。

接下来的场面非常激动人心。在一片欢呼声中,四方面军开始赠送礼物。先把队伍分行作了插花调整,每人都面对一位二、六军团的同志,一声令下,大家都掏出早已织好的毛衣、毛裤、毛手套、毛袜子等,送给二、六军团的战友。远道而来的战友们接过礼品,激动万分,连连地说:"太好了,太谢谢了! 你们怎么想得这么周到?"有的人翻过来掉过去地看,有的人当场穿上,高兴地叫别人看:"真合适,就像专门为我打的。"有的穿了又脱下,生怕弄脏了。红二、六军团中也有不少人拿出珍藏的小礼品,送给四方面军的战友。[12]

红二、六军团每个人都领到一件毛衣或一双袜子。这些东西对南方人来说都有点稀罕。在北上甘孜的路上,大家还为衣服、粮食发愁,现在从吃的、住的到穿的都有了。四方面军先人后己,起早贪黑织出这样漂亮的毛织品作为礼物,使红二、六军团的战友们大受感动。晚饭后进行了文艺演出,红四方面军政治部的剧团演出了《迎亲人》和《红军舞》等精彩节目,受到了指战员和广大群众的热烈欢迎。会上最特别的节目,是从苏联回来的李伯钊、张琴秋两位女同志给大家跳的芭蕾舞。许多红军战士和群众是第一次看芭蕾舞,见她们能用脚尖轻盈地旋转,大家惊叹不已,留下了深刻的印象。歌声、笑声、掌声,在会场上空久久回荡。

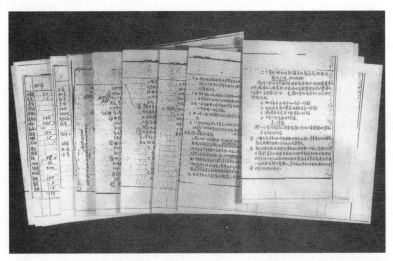

红二、六军团与红四方面军会师后,任弼时写的《二、六军团从湘鄂边到康东北长途远征经过报告大纲》。

　　红二、六军团与红四方面军在甘孜的会师，具有十分重要的意义。在此之前，根据中共中央命令随红四方面军行动的中革军委主席朱德、红军总部参谋长刘伯承等人，一直坚持与张国焘分裂党和红军的错误行为进行严肃的斗争。红二、六军团与红四方面军会合后，贺龙、任弼时、关向应等人从中国革命的战略全局及党和红军团结统一的大局出发，坚决支持朱德、刘伯承等维护统一、坚持北上的主张，从而增强了与张国焘斗争的力量。这对于推动红四方面军尽快北上，促进三大红军主力的会师，产生了重要影响。

---

[1] 土司相当专署，德格土司辖甘孜和绒坝岔以西的德格、白玉、同普、邓柯、石渠等县。

[2] 郑维山：《难忘的两次会师》，见《艰苦的历程》（下），人民出版社 1984 年版，第 67 ～ 68 页。

[3] 中国人民解放军历史资料丛书编审委员会：《红军长征？回忆史料》（2），解放军出版社 1992 年版，第 203 页。

[4] 郑维山：《难忘的两次会师》，见《艰苦的历程》（下），人民出版社 1984 年版，第 69 页。

[5] 转引自武国友：《红军长征全史》第三卷，东北师范大学出版社 1996 年版，第 354 页。

[6] 转引自武国友：《红军长征全史》第三卷，东北师范大学出版社 1996 年版，第 354 页。

[7] 转引自武国友：《红军长征全史》第三卷，东北师范大学出版社 1996 年版，第 354 页。

[8] 《当代中国人物传记》丛书编辑部：《贺龙传》，当代中国出版社 1993 年 8 月第 1 版，第 201 页。

[9] 中国工农红军第四方面军战史编辑委员会：《中国工农红军第四方面军战史资料选编》（长征时期），解放军出版社 1992 年版，第 560 ～ 561 页。

[10] 谭尚维：《甘孜会师》，《红军不怕远征难——长征回忆录选编》，人民出版社 1977 年版，第 108 ～ 109 页。

[11] 章学新：《任弼时传》（修订本），中央文献出版社 2004 年版，第 438 页。

[12] 康克清：《康克清回忆录》，解放军出版社 1993 年版，第 200 页。

第三十三章
"只讲团结 莫讲分裂"

艰难的谈话——烧掉的文件材料——针锋相对——"小心老子打你的黑枪!"——红二方面军置于党中央的直接领导之下——北上部署

正当四方面军和二、六军团的指战员们沉浸在联欢会上热烈而愉快的气氛之中的时候,红二、六军团领导人开始感觉到了一些不和谐的音符,领导层中间开始了尖锐的斗争。

一场艰难的谈话首先在张国焘与任弼时之间进行。面对任弼时,张国焘不由感慨万千。他们曾是老相识,记得1928年在莫斯科参加中共六大时,任弼时还是一个充满青春气息的小伙子,张国焘管他叫"小弟弟"。现在他已经成了红二、六军团举足轻重的领导人,张国焘希望能将其拉拢过来。但是,这位被张国焘称为"小弟弟"的"任胡子"已经对张国焘有了心理上的戒备。朱德曾对张国焘郑重告诫说:"无论如何,弼时是宣传不倒的!"果如朱德所料,在张国焘游说的整个过程中,任弼时坚持原则,不为所动。

早在红六军团和红四方面军的第三十二军会合时,任弼时就发现了问题。任弼时要求看中央的一些文件,于是,张国焘派出的"工作团"给其送来一批包括《西北讲座》《干部必读》等的文件和材料,内有攻击党中央和红一方面军北上是"逃跑",是"'左倾'空谈掩盖下的退却路线",指名道姓地诽谤毛泽东、周恩来、张闻天、博古等领导人的内容。王震发现后,立即下令把文件材料烧掉,并向任弼时报告。任弼时、贺龙等和红四方面军第八十八师来人的谈话中,同样听到他们攻击党中央和红一方面军的言论,而且"讲得很坏"。任弼时立即告诉红二军团政治部主任甘泗淇:四方面军来的干部,只准讲团结,介绍过草地的经验,不准进行反中央的宣传。送来的材料一律不准下发。又指示:将文件材料保留一份,其余的全部烧掉。

会师后,面对张国焘的各种花样,任弼时都巧妙地予以回击。张国焘首先向任弼时提出要召开党的会议,讨论"一、四方面军问题"。他派人向任弼时说:"两个方面军首先应该一致",任弼时针锋相对地回答:"唯有在12月决议(即瓦窑堡会议决议)的基础上才能一致的。"张国焘要召开党的会议,任弼时就向他提出:"报告哪个做? 有争论结论怎么做?"把张顶了回去。党的会没有开成,以后又说要开二、四方面军干部联席会。张国焘想以多数压少数,通过决议拥护他。任弼时又增加了一条,提出"不能以多数压少数"[1],但张国焘就非开这会议不可,任弼时接着说:"如果二、四方面军态度尖锐,我不负责任。"张国焘被吓倒了,才不再提召集这一会议了。[2]当张国焘指责毛泽东等人率红一、三军团单独北上是毛泽东等人的疑忌太多时,任弼时却针锋相对地说:四方面军中一些人的反对呼声加强了这种疑忌。

张国焘一计不成,再施一计。张国焘和任弼时谈话时提出:要调换红二、六军团首长,要任弼时离开,红二、六军团另派政委。张国焘此举是企图利用职权调换二、六军团的一部分干部,从组织上改变这支部队的政治态度。但又被任弼时顶了回去。

张国焘看到在任弼时这里讨不到什么便宜,开始把工作重点转向二方面军的其他干部。他认为贺、任、关是老旗帜,而王震、萧克是"娃娃",容易通过个人收买,将六军团收买过去,站在他一边反对毛、周、张、博。在甘孜休整期间,张国焘一个一个把军团领导人召去谈话,送给王震4匹马,给他们戴高帽子,夸奖六军团勇敢、能打。得知此事的刘伯承说:"送给你,你就收下。"后来贺老总听说此事后,说:"这是我们以前干的!(指军阀作法。)"[3]

贺龙一向以直人快语而著称,他立场坚定地站在党中央一边。两军会师以后,面对张国焘想拉拢红二、六军团干部的图谋,贺龙找贺炳炎等一些师级干部谈话,愤怒地指出:张国焘另立中央,进行分裂党的罪恶活动,以毛泽东同志为核心领导的党中央,已经到了陕北。我们必须坚定地执行毛泽东同志制定的路线,为了抗日,立即北上,与党中央和一方面军会合。贺龙不仅做下属的工作,还当面对张国焘说道:"我过去当军阀,好不容易才找到了共产党,找到了毛主席,走上了革命的道路。你是个老党员,现在却要反对毛主席,去走军阀的老路,你走得通吗?"张国焘对此只能张口结舌,无言以对。贺龙不仅当面质问张国焘,而且还从最复杂的情况着眼,对张国焘可能做出的种种举动,都做了充分的防范。

贺龙让任弼时、关向应和朱德、刘伯承、张国焘,都住在一幢两层的藏民楼里。这是甘孜巴博依得瓦政府的主席府,整个住处的警卫是贺龙亲自安排的,警卫员每人两支驳壳枪,子弹充足。张国焘人就是再多,即使真有歹心也不敢下手!开庆祝会师大会时,张国焘是红军总政治委员,自然要讲话。在主席台上,贺龙坐在他身旁。他刚刚站起身要讲话,贺龙半开玩笑半认真地给了他一句悄悄话,说:"国焘啊,只讲团结,莫讲分裂,不然,小心老子打你的黑枪!"张国焘果真没敢讲一句不利团结的话。贺龙后来说道:"其实,我哪里会打他的黑枪,他自己心里有鬼么!"[4]

朱德对此专门评道:"贺老总对付张国焘很有办法,不争不吵,向他要人要枪要子弹,硬是要过来一个军,尽管人数并不多。张国焘对弼时、贺龙都有些害怕呢!一起北上会合中央,贺老总是有大功的!"[5]

陕北党中央对红二、六军团与四方面军会师后的情况极为关心,也充分估计到张国焘企图"改造"红二、六军团的可能性。为了加强对部队的指挥,使张国焘的图谋破产,1936年7月5日,根据中共中央的决定和中革军委的命令,红二、六军团与红三十二军合编组成红军第二方面军。贺龙任总指挥,任弼时任政治委员,萧克任副总指挥,关向应为副政治委员,李达任参谋长,甘泗淇任政治部主任。方面军下辖三个军:

贺龙(红二军团军团长、中革军委湘鄂川黔分会主席、湘鄂川黔军团司令员、红二方面军总指挥)

任弼时(红六军团军政委员会主席、湘鄂川黔军区政治委员、红二军团政治委员、红二方面军政治委员)

萧克(红六军团军团长、红二方面军副总指挥、红三十一军军长)

关向应(红二军团副政治委员、红二方面军副政治委员)

李达(红二方面军参谋长)

甘泗淇(红二方面军政治部主任)

第二军(即红二军团),贺龙兼军长,任弼时兼政治委员。下辖两个师:第四师,师长卢冬生,政治委员冼恒汉;第六师,师长贺炳炎,政治委员廖汉生。

第六军(即红六军团),陈伯钧任军长,王震任政治委员。下辖4个师:第十六师,师长张辉,政治委员晏福生;第十七师,师长贺庆积,政治委员汤祥丰;第十八师,师长张振坤,政治委员余立金;模范师,师长刘转连,政治委员彭栋材。

第三十二军,罗炳辉任军长,袁任远任政治委员,李干辉任政治部主任。下辖两个师:第九十四师,师长萧新槐,政治委员幸世修;第九十六师,师长王尚荣,政治委员谭友林。

陈伯均(红六军团军团长)

王震(红六军团政治委员)

任远(红三十二军政治委员)

改编后,红二方面军共有8个师的兵力,共1.3万余人。党中央的这一决策,使红军又一大主力在编制序列上实现了统一,进一步加强了党中央对二方面军的领导和指挥,有力地挫败了张国焘插手二、六军团的阴谋,推动了抗日形势的发展。因为这样一来,红一、二、四方面军均属于平级单位,直属党中央,张国焘不可能再直接指挥红二方面军。根据这种关系,任弼时又从张国焘那里要来与陕北红军直接通电的密码,从而结束了张国焘凭恃通电密码而直接指挥红二、六军团将近一年的历史。党中央的这一决策,把红二方面军置于党中央的直接领导之下,杜绝了张国焘对这支英雄部队染指的企图。张国焘虽然内心反对,可是有口难开。

组织关系确定之后,迅速北上成为红二、四方面军迫在眉睫的大事。为此,

7月5日，张国焘主持召开了由二、四方面军领导人参加的会议。

在这次会议上，任弼时在公开场合与张国焘进行了面对面的斗争。他有理有据地批了张国焘几个方面的问题。先是批评张国焘盗用中央名义把他们调过来。他说："你借用中央名义调我们是不对的。你把我们调来干什么？你要吞并我们！"

其次，他批评张国焘："你们南下路线是错误的，这样做分散了红军主力，给敌人以可乘之机，把我们逼到草地里，粮没粮，草没草，吃没吃，穿没穿，给红军带来严重损失。一方面军已经北上了，你北上又南下，南下又北上，在草地里拉来拉去，我们不少同志牺牲在草地里。"任弼时越讲越生气，说张国焘给中国革命造成了恶果，打算在天全、芦山建立根据地是妄想，"在川北都没站住脚，能在天全、芦山建立根据地？！"任弼时的讲话长，很详细，嗓子又大，批评得很中肯，让张国焘无话可说。

最重要的是任弼时严肃地批评张国焘自立中央的行径。他毫不客气地批评道："自立中央是严重的反党行为，是自绝于中国革命，是党纪决不容许的。""你们已经宣布撤销第二中央，我们欢迎！"任弼时的发言很精彩，吸引了在座的每一位高级干部。

任弼时积极倡导北上，他说，目前形势很好，中央已到陕北，根据地有了发展，东渡黄河也取得了胜利。日本占领了东三省，使民族矛盾成为国内的主要矛盾，中央已经提出抗日民族统一战线的口号，提出了争取团结东北军、西北军问题，中国革命又处于高潮时期。最后旗帜鲜明地提出："我们唯一的道路就是北上，与中央会合。这个会开了就应立即北上，到青海这条路是走不通的！"

贺龙发言说："同意任弼时同志的意见，北上。我们二、四方面军应团结起来，继续北上，与中央会合。三大主力会合以后，北方情况会有很大变化，可能中国革命的中心点要移到北方，在陕北根据地落脚，再向全国展开。南下是不对的，任弼时同志已讲过了，你们这样做是分裂红军分裂党，给革命造成不必要的损失。我们应团结起来，继续北上。"

朱德对任、贺两人发言十分赞同，他在会上发言说："我们原来就决定北上，张国焘同志一直坚持南下，我们也没有办法，现在南下走不通了，天全吃了败仗，敌人跟得紧，原来计划不可能实现了，只有一条路：北上，与中央会台。"

主持会议的张国焘神色很不自然。看到大家都同意任弼时和贺龙的意见，只好宣布会后立即北上。南下碰钉子，青海又走不通，张国焘只好同意北上。[6]

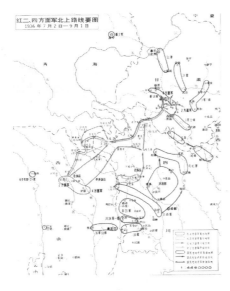

红二、四方面军北上路线要图

随后,朱德宣布了红军总部做出的北上部署:四方面军分左、中、右三路纵队北上,李先念率先头部队已开始行动,二方面军在甘孜稍事休整后,随左路跟进,分成两个梯队北上。与会者一致同意总部的决定。会议还决定,根据朱德的建议,任弼时随红军总部行动,刘伯承随二方面军行动并负责教练打骑兵的战术,这是朱德经过多方考虑后而做出的安排。任弼时随总部行动,可以加强同张国焘斗争的力量;刘伯承随二方面军行动,可以摆脱张国焘的控制,还可以对张国焘起制约作用。

会后,朱德非常兴奋:自红二方面军来了以后,张国焘的气焰终于被打下去了!特别是任弼时对张国焘的批评一针见血,对张国焘的打击很大。对此,他深感欣慰:"经过近一年的斗争,终于扭转了千军万马跳进深渊的危险局面。这是多么不容易呀!又牺牲了那么多同志,代价真是太大了!"[7]

[1] 贺龙谈话记录,1962 年 3 月 17 日。章学新主编:《任弼时传》(修订本),中央文献出版社 2000 年 1 月第 1 版,第 441 页。

[2] 任弼时在中共中央政治局扩大会议上的发言,1937 年 3 月 30 日。章学新主编:《任弼时传》(修订本),中央文献出版社 2000 年 1 月第 1 版,第 440 页。

[3] 王震谈话纪要,1960 年 11 月 22 日。章学新:《任弼时传》(修订本),中央文献出版社 2000 年 1 月第 1 版,第 440 页。

[4]《当代中国人物传记》丛书编辑部:《贺龙传》,当代中国出版社 1993 年 8 月第 1 版,第 201～203 页。

[5]《当代中国人物传记》丛书编辑部:《贺龙传》,当代中国出版社 1993 年 8 月第 1 版,第 201～203 页。

[6] 转引自武国友:《红军长征全史》第三卷,东北师范大学出版社 1996 年版,第 358～360 页。

[7]《康克清回忆录》,解放军出版社 1993 年版,第 200～201 页。

第三十四章
艰苦卓绝的草地行军

　　红二方面军是在 1936 年 7 月 6 日跟随四方面军左纵队分两路陆续北上的。在三个方面军中，红二方面军是最后通过草地的，担负着后卫任务。在贺龙、关向应、萧克等首长的正确领导和指挥下，红二方面军将士们发扬了高度的阶级友爱和团结互助精神，终于征服了草地，胜利地完成了红军的战略大转移。

　　红二方面军在出发的前几天，各部队都进行了全面动员，并做了各方面的准备工作。

　　首先，他们以党中央的指示精神统一广大指战员的思想，任弼时在有关的会议上做了紧急动员，透彻地分析了国内和党内的形势，提出了"走出草地就是胜利"的口号。同时，指出了张国焘分裂主义给革命事业带来的危害，教育广大官兵，要同张国焘的分裂阴谋进行坚决斗争，珍惜党的统一和革命团结，与中央红军会师，在党中央直接指挥下战斗。

　　其次，向四方面军请教过草地的经验。四方面军许多官兵曾两次出入草地，有不少的好经验。二方面军总指挥部指示各部队通过各种形式请四方面军的同志介绍草地的自然风貌及行军的注意事项，把四方面军介绍的经验一条条记录下来，结合现有条件研究相应的措施。比如，请四方面军的同志详细介绍草地中可食用野菜的品种、形状、食用方法。各班排还特意采来标本，丰富了大家野战生存的常识。

　　再次，千方百计做好物质准备。过草地所需的粮食主要靠过草地前准备。

因为草地举目苍苍,荒无人烟,不可能在途中得到必要的补充。而甘孜一带居住的藏民多以游牧为主,耕地少,产量低,粮食来源有限,加上国民党的反动宣传,拥有粮食的大土司或者把粮食带走,或者把粮食坚壁起来了;再加上一、四方面军先于二方面军过草地,将一些陈积的粮食筹集得所剩无几。所以,在这一带筹粮比以往任何时期任何地方都更加困难。

当时在红二方面军政治部工作的颜金生,在带工作组下部队中耳闻目睹了许多筹粮的小故事:

在四师司令部通信连,一天,13岁的贺芳齐和14岁的纳虎摸进逃跑的大土司家里,挨屋寻找,偶尔在墙角下发现了几粒青稞,喜出望外,便一粒粒捡起来。连着4天,他俩在粮仓里、碾子旁、打谷场上一粒粒地捡着、挑着、抠着散落在砖缝里、石磨房、土梗的青稞、玉米、豌豆,才勉勉强强凑了大约7斤。

在五师某团二连,一排长老刘两条腿都快要跑断了,粮袋依旧空空。他懊丧地坐在干牛粪堆上,卷了把枯树叶闷闷地抽着。一阵风儿吹来,干化的牛粪被刮去一层皮,“咦!这不是玉米吗? 牛粪中有尚未消化掉的粮食。”他如获至宝,用枪托把牛粪砸开,碾碎,细细地筛了一遍,竟拣了三十来粒,尽管有一股子臭烘烘的味道,但它毕竟是粮食。他见牛圈就钻,把厚厚的牛粪一层层翻出来,细心地找着……[1]

大家就是这样千方百计地筹粮。即便如此,平均每人也只筹集了七八天的口粮。而通过草地即使十分顺利至少也要20多天。除了筹粮外,各部队还自己动手准备御寒的衣物、帐篷和药品。卫生部门买了一些胡椒、辣椒、盐巴和鸦片,这就是当时最重要的药品。有的还跑遍了方圆几十里的沟沟坎坎,采集了一些中草药。供给部门买来一些铜锅,换下了又笨又沉容易破碎的铸铁锅。被装部门把四方面军特意赶织的几十件毛衣和上百件羊皮背心发给体弱的战士、小鬼和妇女。红二方面军就是在这种粮草不足、被服缺乏的情况下踏上北上之路的。

7月6日,陈伯钧、王震率红六军团从甘孜东谷出发,途中同红三十二军会合,向阿坝地区进发。贺龙率红二军团担负总断后和收容任务,于7月14日从甘孜的东谷出发,经西倾寺、壤塘向阿坝前进。

映入指战员视野的是一片神鬼莫测的自然风光。一摊又一摊的泥水,有的澄清,有的浊黄,纵横交错而凌乱。各种茂盛的禾草与一堆一堆的草丛,构成了厚厚的植被,覆盖在水网上,在阳光的照射下弥漫着淡淡的雾霭。互相交织攀依的野草,高的没腰,像蓬乱的篱笆,矮的没踝,如带刺的地毯一般。偶尔挺出一支细细的茎秆,顶端挂着几朵小花,红的、粉的、蓝的,舒展着花瓣,喷吐着幽幽的清香。在草地行军,速度很慢,每天平均六七十里。7月7日至7月17日,各部先后通过日庆,进军西倾寺。

对于第一次过草地的二方面军来说,有着一、四方面军所不及的有利条件:行军路线明确;可以借鉴兄弟部队的经验……然而,他们又有着比一、四方面军更多、更大、更令人难以想象的困难。最突出、最棘手的是吃饭问题。

进草地没几天,战士的粮袋差不多都空了。关向应同志在日记中简要记录了当时缺粮的情景:

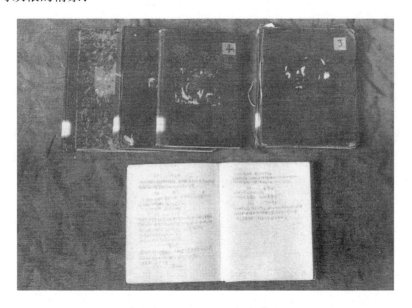

关向应的长征日记及部分手迹。

7月7日,六军行军约百里。沿途均无房屋,到大吉岭附近露营。

7月12日,六军在西倾寺休息。准备筹集7天粮食,不但没筹集到,而且在该地休息吃的粮食都没有。部队带来的粮只够吃两三天。部队开始采野菜充饥。

7月13日,六军经点头寺进沟,顺沟而上,翻了两个山,最后一个较高,下山坡很滑,行军约120里到绒玉。

7月14日,六军在绒玉休息。无粮食,采野菜吃。

7月15日,六军仍在绒玉休息,以野菜充饥。

　　7月16日，六军上午出发，沿河而上，下午到玉楼。各部队还是没有找到粮食，全吃野菜。指挥部及二军六师到打盆、大古岭。六师在东谷。因河水涨，需架设浮桥，明日才能续进。

　　7月18日。六军在亚龙寺一线休息，准备补充粮食，但因该地区居民很少。有点粮食全为前边部队通过时收集走了。所以大部分部队采野菜做干粮，只有十八师到牛坊集筹集了60余只牦牛，千多斤麦子。[2]

　　粮食是人类维持生命最基本的物质之一。出发前，由于各种原因没能筹集到足够的粮食。途中，由于先头部队把有限的粮食已采购殆尽，后续部队没能补充到足够的粮食。而在泥泞、寒冷和饥饿中艰难行进的指战员又急需大量的粮食。有着上万人马的二方面军，生存受到了严重的威胁。为了战胜饥荒，指战员们采取了以下几种措施，想尽一切办法寻找代食品。

　　首先是挖野菜，这是最主要的代食品。别看草地遍野都是草，但能食用的野菜并不多。一到宿营地，战士们头一件事就是挖野菜。有时，找好大的一片地才能采回一小把；有时，因为别人把灰灰菜、车前草、罗汉菜的叶子、茎尖掐光了，后来人只好拔草根。可是，草根怎么煮也煮不烂，填到嘴里，扎扎的，涩涩的，夹着一股淡淡的甘苦和浓烈的土腥，大家只好咬着牙硬着头皮往下咽。这样一两天还可以，到了七八天以后，再壮的汉子也吃不消，脸和腿浮肿得非常厉害，有的人还伴随着头晕、眼涩、肚子疼等不适症状。

　　其次是煮牛皮吃，这是四方面军的同志介绍的一条经验。出发前，有的战士尽可能把随身携带物换成牛皮制品，把系在腰间的绳子换成皮带，甚至连打草鞋用的麻线都改用细细的皮条。这些牛皮制品在缺粮少肉的时候，真正成了佳肴。起初，他们把牛皮切成了很小很小的片，放在锅里用水煮，但不管煮多长时间，放在嘴里依旧死活嚼不烂。他们只好挺着脖子，活生生地硬吞下去。后来，南方籍的战士把家乡吃猪皮的做法套用过来：有的把牛皮先放在火苗上烧一烧，牛皮很快膨胀起来，等烤焦了，再煮，牛皮就会变嫩变厚；有的把烤黄的牛皮用刀子刮成粉，拌上野菜熬牛皮冻吃；还有的先用水煮，煮熟了，烘干、掰成块，嚼着吃。这些牛皮制品经过红军将士们一加工，发出诱人的香味，对于饥饿的战士们来说无异于美味佳肴，比起天天吃野菜总算是一次改善了。同志们为此还编了一首《牛皮腰带歌》：

　　　牛皮腰带三尺长，草地荒原好干粮；

　　　开水煮来别有味，野火烧熟分外香；

一段用来煮野菜,一段用来熬鲜汤,

有汤有菜花样多,空下一段战友尝。[3]

但是,红军将士们随身携带的各种牛皮制品的数量毕竟有限,很快也就吃光了。没有办法,后面的红军将士开始捧着先头部队丢下的牛骨头、牛蹄子、牛犄角,刮着残存的肉星。有的战士吃力地敲开坚硬的骨头,剔着变了色的骨筋,有的战士刮着凝干的血块,还有的战士则用刺刀劈开烧得黑乎乎的牛蹄子,用刀尖一点一点挑着黄白色的变质的胶质吃。红军将士们为了走出草地,北上抗日,开始过上了非人的生活。

再次是团结互助,实行统一调配。朱德同志深知红二方面军在后面会遇到更大的困难,指示四方面军发扬团结友爱精神,帮助二方面军的指战员渡过难关。

在过噶曲河边时,朱德对四方面军在噶曲草原临时设立的兵站负责人杨以山同志说:"我们后卫还有几万红军,总指挥部决定将四方面军直属队所有驮帐篷、驮行李的牦牛留下来,供应后卫部队。从这里走出草地还得 6 天,咱们每人每天发的牛羊肉,连皮带肉不能超过 1 斤,其余的都留下。否则,后卫部队就过不了草地。"总司令又特别指示说:"羊杀了用开水烫,牛皮用火烧,肠子肚子也要吃掉。"

总司令交代完了,就走到队伍前面的一个小高地上,对着队伍举了举手,说:"同志们,谁都知道,草地是北上最艰苦的一段路。红二方面军的同志们在后卫,那就更苦了,沿路的野菜都被前边部队吃光了,他们连野菜都吃不上。所以,总指挥部决定:各单位所有驮东西的牦牛全部留下来,必须带的东西自己背上。把昨天缴获的羊和牦牛,也全给二方面军留下……"[4]

没有等总司令说完,大家就激动地响应起来。各单位的同志都愿意援助兄弟部队,纷纷从牦牛身上卸下驮子,将牦牛交给兵站。

朱德带部队出发后,噶曲兵站官兵和红三十军一个营共 300 余人,便在噶曲河一带驻扎下来。他们在草地的中央支起"帐篷"作为临时兵站,把牛羊藏在一人多高的荒草中,由一个团政委带着部队看守着。但谁知意外的事情发生了。一天拂晓前,敌人的骑兵突然来偷袭,抢走了兵站不少牦牛。

这个不幸的事情发生后没几天,即 8 月初,贺龙总指挥就带领着红二方面军总指挥部来到了噶曲河流域。

见到贺龙后,杨以山将遭到敌人抢劫的事向他做了报告。贺龙听说敌人抢走了牦牛,看着杨以山等人惭愧的样子,将一只手向下一捶,说:"算了,天大的困难也不能阻止我们前进。"接着重新研究供应问题。他仔细地计算了现存的牛羊数和后面部队的人数,最后决定:把原来打算发给每人6天食用的6斤牛羊肉,又减少了些,动员部队多想办法,多钓鱼,少吃牛羊肉。

杨以山等人当即遵照执行了。将肉重新分过后,也给贺龙分出一份。然而贺龙坚决地说:"拿回去!"他说:"同志,别替我发愁,我的伙食我自己办理,留着那份肉发给后面的同志吧。"杨以山关切地问他有什么办法,他仰头笑了,用手比画了一下钓鱼的姿势说:"看吧,我们还要改善生活呢!"从那以后,听说贺龙每天在行军休息时,就跑到水塘去钓鱼。[5]

贺老总在洪湖打游击时就喜欢垂钓,长征中无论战斗怎么频繁,始终没丢掉他心爱的鱼竿。进入草地以后,也没有忘记钓鱼,有时大家还能吃顿盐水煮鱼,确实也解决了点粮荒。但有的河水很浅,别说鱼,就连浮游生物都没有,贺老总便不得不同大家一样吞野菜!官兵同甘共苦,生活上不搞特殊,这是红军的传统。行军中,贺老总经常叮嘱身旁的工作人员,以防他们偷偷给他搞小灶。出发前,各部队都是分头携带大家筹集的粮食。行军中,指派专人掌管粮食的调配、食用,防止盲目开销,饥饱不均。实际上,到了这个时候,大家都面临着饥饿的威胁,没有一个人能吃饱了。

贺龙骑的枣红马,随他转战南北多年,不光救过他的命,而且还救过许多伤病员,是他最心爱之物。望着战士们因饥饿而浮肿的脸庞,贺龙狠了狠心,让人把他的枣红马拉去杀了,把马肉分给战士们吃。当战士们后来发现贺龙的枣红马不见了,才知道他为了大家,把枣红马杀了,于是心里一阵难过。贺龙发现大家情绪不好,问道:"同志们,为什么这么没精打采呀!是不是被困难吓倒啦!""不!不是怕困难,是大家吃了总司令的马,感到……"有人回答。贺龙笑着对大家说:"同志们,吃了马肉,应该有精神才对呀!挺起胸膛,让我们一起前进吧!闯过草地就是我们的胜利!"[6]

越是在这种情况下,大家越是发扬崇高无私的奉献精神,把生的希望留给战友,坦然面对由饥饿而带来的死亡威胁,许多红军将士为此而献出了宝贵的生命。

六师有位姓董的班长,进入草地七八天时,有位战士害了痢疾,虚脱了。这时,粮食早已断了炊,全班把装炒面的袋子放在锅里洗净,煮了最后一点稀面汤,一口一口喂着;次日,那位战士处在昏迷之中,董班长解开背包,拿出个小口袋来,犯愁而又深情地说:"就这点奶酪了,顶一顶或许能过了绒玉……"说着,董班长自己也支撑不住了,一个跟头栽倒在路边。战士们把他架到火堆边,拿出剩下的最后一小块奶酪,给他冲了碗奶,他却朝那位病号努了努嘴,说什么也不喝。大伙儿把牛奶倒在牛角里想灌他,他坚决不喝,只喝了两口辣椒汤,便侧身又睡了,第二天,大家准备抬班长上路,可这位舍己为人的班长再也没醒过来,长眠在茫茫的草地上了。[7]

1936年7月中旬,红六军团长征经过今班玛县之亚尔堂乡于木大沟,此沟被群众誉为"红军沟"。

红二军团的五师十五团是当时全军的后卫团,团长李文清心痛地看到前面的队伍中不断有人掉队,东倒西歪,像个醉汉,走着走着,身子就往下斜。十五团政治部主任傅中海就赶上去一把扶住了一个战士,说:"千万别坐下去呀!"因为大家在行军中都有这样的经验,在这里一坐下去就永远也站不起来了!几个人就七手八脚地把他抬上骡子。接着,又有人要倒下去,就叫他抓住骡子尾巴,另一个人又抓住他的衣服。这样,一匹骡子就救了三个人。走了一段路,人慢慢地清醒了,骑在骡子上的人又主动要求下来自己坚持着走,好让别人再上去。走着走着,前面不远又有人倒下去了,另一个小鬼不顾一切地赶上去吃力地拖了几下,自己也跟着倒下去了,等大家赶上前去时,他俩已经靠在一起没气了。大家抑制着内心的悲痛,继续前进。李团长记得,这个小鬼姓王,家在贵州,平时工作就像一阵风。这几天，他自己本来就快支持不住了，叫他骑团长的骡子，却说啥也不肯骑，别人去抢他的枪帮着扛，他说啥也不给，反而还去帮助别人！战友们含着泪把他俩的枪接过来，扛到肩头，沉痛地说道："好同志，你们的枪我们扛上了，你们没走完的路我们会继续走下去，你们未完成的事业我们会继续完成，革命一定会胜利的！"[8]

7 月中旬，为阻止二方面军北上，蒋介石调集新编第十四师鲁大昌部，第二军王均部，第三十七军毛炳文部，共 5 个师的兵力，在甘南仓促布防。企图构成西固（今宕昌）至临潭、天水至兰州的两道封锁线。并命令驻草地四周的反动藏骑，加紧对红军的袭击，以延滞红军行军速度，削弱有生力量。二方面军在草地受到敌骑骚扰的次数比一、四方面军更加频繁，规模也越来越大。

1936 年 7 月，红六军团长征经过的今班玛县扎洛村，至今尚存碉堡旧址。

在草地抗击敌骑骚扰是一场特殊的战斗，敌骑多数是当地的土匪和受国民党煽动的反动土司的卫队，这些人钢枪快马，弹多粮足，加上地形熟，气候熟，常常采取突袭的战术，不知什么时间，从哪个方向钻出来，打一阵子，然后策马逃之夭夭。因而，红军必须四面御敌，昼夜御敌。最危险的一次是 8 月 6 日上午，总指挥部将抵达噶曲时，六七百人的藏骑队伍，从土丘间突然冲出来，朝总指挥部压来。敌人赤着身子，人手一把长刀，挥舞着，吼叫着向红军阵地发起了一次又一次的冲击。红军后卫特务连仓促迎战，由于人少，又没有机枪，阻挡不住敌人的冲击,只能边阻击边往后撤。但是,前边二三里路便是贺龙等方面军首长和随行的机关人员。敌人一旦突破特务连的防线,即可长驱直入,危及总指挥部的安全,事态十分危急。这时,正在左侧行军的二八八团听到枪声后,判定总指挥部方向可能出现敌情,便以最快的速度从侧翼增援,抢占了山头有利地形,组织反击。尽管如此,敌人依旧疯狂地冲杀着,二八八团战士好几天粒米未沾了,又急行军赶来,战士累得举起枪来,胳膊打战,没能有效地杀伤敌人。敌人见此情景更加肆无忌惮了,几百匹马同时蜂拥而上,朝红军这边压了过来,战局在恶化。一营营长见状当机立断,采取了打"排子枪"的战术,他把一字排开的队形收拢成方阵,战士分卧、坐、跪、立四种姿势提枪。敌骑冲来时,他一声令下,几百支枪连续射击,火力比机枪还要猛烈。敌人终于被阻止住了,被打得鬼哭狼嚎,丢下了几具尸体,狼狈地撤退了。贺老总接到战报后夸道:"打得好!这种'排子枪'战术是对付敌人骑兵的好办法,通令全军。"[9]

敌骑兵不仅袭击红军集团目标,对落单的红军更不放过。8月2日,红四师到达噶曲河边以后,刚由师长调任红二方面军总指挥部参谋处长的郭鹏,只身单骑赶到前边视察部队宿营地时,不幸被隐蔽在草丛中的敌人骑兵击中,倒在河里,等战友们闻讯赶到救援时,人已昏迷不醒。贺龙、关向应等方面军领导人得到报告后非常焦急,当即派人将郭鹏送往前卫红四师卫生部,让方面军总指挥部卫生部分散下去的医生负责抢救。郭鹏被送到红四师卫生部时,已是晚上10点多钟了……随前卫红四师卫生部行动的贺彪即时进行了检查,发现郭鹏伤口感染,髋关节内的子弹没有取出来,而伤员又发高烧,伴有不停地咳嗽,伤势十分危险。他检查后对苏醒过来的郭鹏说:"希望你尽力配合,将体内子弹取出来,这样才能痊愈,重返战场。如果耽误了时间,伤势继续恶化,将会有生命危险。"郭鹏坚定地表示:"死,我不怕;但我现在不能死。我配合治疗,重新站起来,再返杀敌战场!"草地的条件可想而知,医务人员让伤员平躺地上,医生则跪在地下,紧张地进行手术。那夜没有月光,医生凭着经验,小心翼翼地切开伤口,认真探查,经过两个多小时,终于将郭鹏体内的子弹取了出来。

第二天,战士们抬着他继续上路。当时负伤未愈的红四师政委方理明、政治部主任朱辉照,还在马背上编了一首顺口溜:"师长探路遭枪击,落水漂流几十米,幸得战友来搭救,抬到师部宿营地;天是被褥床是地,医生摸黑做手术,相互配合手术好,伤愈归队去杀敌。"[10]

据红二方面军军史记载,在历时53天的艰难跋涉中,有上千红军战士壮烈牺牲在草地上。有一个牺牲的战士侧卧在水洼里，手里攥着的几十粒青稞已经送到了嘴边，但没有吃进去。这是他最后的一口粮了，实在舍不得吃。快要饿昏了的时候，才拿出来，但为时已晚了，连放到嘴里的最后一点力气都没有了。有的是两个人摞在一块，上面的战士紧紧搂着下边战士的脖子，下面的战士紧紧托住上边战士的身体。大家一看，都十分明白，下面的战士原来好好的，是他在背着已经昏迷过去的战士行进时，自己也坚持不住，最终倒下了！有的人已经死去，但却赤身裸体，身边叠放着一堆衣物，路过的战士一一脱帽致哀，他们理解这些烈士的心愿：人死后衣服不好脱，于是趁着还有口气先把衣服脱下来留给活着的战友。因为前路尚远，风大、雪大，自己已经不能给战友留下食粮，只能留下两件御寒的衣物算是对战友、对革命的最后贡献！

红二方面军干部用的皮包

　　经过艰苦卓绝的行军跋涉，红二方面军终于走出了茫茫草地。当看到熟悉的村落、田野、牛羊和老百姓时，每个干部、战士都有一种发自肺腑的喜悦，仿佛从死亡的世界又重新回到了人间。

———————

[1] 树军、新民、解昌：《万里长征亲历记》，中央党校出版社 1996 年版，第 528～529 页。

[2] 树军、新民、解昌：《万里长征亲历记》，中央党校出版社 1996 年版，第 625 页。

[3] 贺彪：《红二方面军从湘鄂边到陕北长征纪实》，华夏出版社 1990 年版，第 281 页。

[4] 杨以山：《噶曲草原设兵站》，出自《回顾长征》，人民出版社 1985 年版，第 734 页。

［5］杨以山:《噶曲草原设兵站》,出自《回顾长征》,人民出版社 1985 年版,第 735～736 页。

［6］中国社会科学院现代革命史研究室编:《回忆贺龙》,上海人民出版社 1979 年版,第 454 ～455 页。

［7］树军、新民、解昌:《万里长征亲历记》,中央党校出版社 1996 年版,第 657 页。

［8］李文清:《最后的脚印》,出自《回顾长征》,人民出版社 1985 年版,第 575～576 页。

［9］树军、新民、解昌:《万里长征亲历记》,中央党校出版社 1996 年版,第 664 页。

［10］贺彪:《红二方面军从湘鄂边到陕北长征纪实》,华夏出版社 1990 年版,第 280 页。

第三十五章
任弼时做"草地包公"

　　与党中央保持密切联系——张国焘笑问任弼时："是不是想做'包丞'？"——处处以团结、统一大局为重——与各方谈话——保护被张国焘关押的同志——坚持北上正确方针——"他给我的印象，冷静、诚恳，对促进党和红军的团结，充满信心"

1936 年 7 月初,红二、六军团和红四方面军分三路先后开始北上,任弼时根据朱德、刘伯承建议,暂时离开红二、六军团,随朱德、张国焘行动。北上途中,任弼时十分关心全党全军的团结问题,他对张国焘的分裂行径进行了坚决斗争,同时团结绝大多数同志,做了大量团结工作,被称为"草地包公"。

任弼时不断与党中央保持密切联系。7 月 6 日,任弼时就红二、四方面军会师、北上情况及红二方面军长征的简要情况致电党中央领导人:

"这次远征计费时七个多月,行军一万余里,沿途大小战斗十余次,伤亡约 5300 人,出发时两个军共 17000 人,至甘孜会合时,为 14500 人,二军 9000 人,六军 5300 人,武器比桑植出发时稍有增加。"[1]

在此期间,他先后与朱德、张国焘、刘伯承、徐向前、陈昌浩等人谈了话,详细了解张国焘与中央发生分裂的经过,以便找出圆满的解决方案,进一步消除隔阂。

徐向前在与任弼时的交谈中,谈了自己的几点看法:

(1)中央和毛泽东同志的北上方针是正确的。自己当时没有跟中央走,是不想把四方面军分成两半。

(2)大敌当前,团结为重,张国焘另立中央,很不应该,党内分歧可以慢慢地谈嘛!但是我说话他不听,朱老总的话他也不听。现在取消了"中央",对团结有利。北进期间,最好不谈往事,免得引起新的争端。

（3）一、四方面军会师后,我们很高兴。但中央有的同志说四方面军是军阀呀,土匪呀,逃跑呀,政治落后呀,太过分了,伤害了四方面军的感情。我和四方面军许多指战员都想不通。

（4）我们从参加革命起,就表态拥护第三国际,党章上也是那样写着的。由共产国际出面解决以往的分歧,我赞成。[2]

任弼时的努力也引起了张国焘的注意,张国焘笑着问他:"是不是想做'包丞'?"任弼时表示他是一个没有参与这一争端的人,现在研究一下,也许将来可以为大家和好尽些力量。

任弼时从团结的角度出发,向张国焘指出:四方面军之策应一方面军是真诚互助的行动,不能说四方面军的同志们早有反中央的倾向;双方都有成见,最先表现这种成见的,却是凯丰的文章;一、四面方面军彼此的批评很多是不必要的,也是不公平的。他认为"这是一次严重的教训,值得大家警惕"。[3]张国焘感激于任弼时的调停努力,但对任的这些观点不置可否。

任弼时在与四方面军的主要干部交谈后,于 7 月 10 日致电林育英、张闻天、周恩来、毛泽东、王稼祥、邓发、刘少奇等,报告了二、四方面军会师后的团结友爱情况,说明到甘孜后得知一、四方面军会合后党内的争论问题。"我深切感觉到党内团结一致,建立绝对统一集中的最高领导是万分迫切需要,而且是不能等待七次大会的。"为此特建议:"这次二、四方面军向川甘北进,一方面军亦需向甘南配合接应,一、二、四方面军将靠近行动。"同时还建议一、二、四方面军会师后,召集一次中央扩大会议,并要求国际派负责代表出席这次会议,议程应列有总结五次围剿斗争之教训和讨论党的目前紧急任务,并产生党内和党外统一集权的最高领导机关。[4]第二天,任弼时向贺龙、萧克、关向应、王震、张子意,电告自己关于加强党内团结建议的内容,并通报红一方面军在陕甘宁边占领了10 余个县。

12 日,张闻天电复任弼时,表示同意,告诉他中央已向国际请求批准召开六中全会,会议的主要议程为审查五中全会以来的工作及决定今后的政治任务。[5]

7 月 27 日,中共中央批准成立中共中央西北局,由张国焘为书记,任弼时为副书记,朱德、贺龙、关向应、徐向前、陈昌浩等为委员,统一领导红二、红四方面军行动。

8 月 9 日,任弼时写给陈伯钧、王震,并转贺龙、萧克、关向应、甘泗淇的一封长信,长达 2500 多字。该信通报了目前全国政治形势,主要是西北地区敌情,据此提出第二步战役计划,并就红二方面军到达包座后的工作以及如何加强党的集中统一领导和做好一、二、四方面军会合后的政治工作提出建议。信中说,"两广事件"自余汉谋叛变后,内部即起变化,但蒋仍以重兵压迫桂境,敌主力仍在湘黔,一时似难北调。陕、甘、青、宁等省敌军,企图首先击破红一方面军,然后阻红二、四方面军北进。红一方面军主力正在预旺、盐池地区,进行巩固新区、整理补充部队的工作。我军第二步计划是迅速伸出进占泯洮西固,红二、四方面军进入甘南适当地区,红一方面将由北向南出击,争取在三个方面军配合下赤化陕甘大道,取得大会合,造成西北新局势并以此影响桂省,推进全国抗日反蒋新形势。信中还简要说明了红二方面军过草地以后应做的几项工作。

因为红二方面军首长对红一、四方面军会合后的一些争论问题很关心,任弼时在信中以三分之一篇幅说明了这一重要问题。

关于党内军内的团结,他说:"我这次随朱张等行动,力求了解过去一、四方面军会合时的党内争论问题,并努力促成我党的完全一致。现在这一工作有了很大进展。"

一是,我与朱、张、刘伯承、向前、傅钟、卓然等同志的谈话,使大家对党在组织上建立最高集体集权领导认为是迫切需要的。陕北党中央同志也同样认为是迫切需要的。所在,"在这一基础上,我党团结一致想(必)可能得到顺利的成功。

二是,我对陕北(党中央)同志建议召集中央全体会议(在一、二、四方面军靠近和会合时),已得到他们的同意,现国际正讨论这一问题,大概是可能批准这一会议的召集。

三是,我正在这边同志中要求他们将来在六中全会上很客观、冷静、正确的自我批评,根据"目前的形势与党的策略路线决议"基础,重新估计过去中央的领导。根据张闻天来电精神,六中全会应着重在目前形势与战斗任务上的讨论,对粉碎五次"围剿"斗争经验只需在主要问题上提出原则上的讨论,而应避免一些枝节不甚重要,而且争论也无良好结果的小问题。

四是,我已向总政治部(红军总司令部)提出并已得同意,立即在二、四方面军中开始一、二、四方面军大会合的政治动员,在四方面军应消除一切陈见和不好印象,做好政治技术上的准备,以期在大会合时三个方面军的完全兄弟的亲密的团结一致。同时,我已向陕北建议在一方面军中也进行同样的动员和准备,已得到他们的回电。现在,一方面军及独立师团、地方部队中正进行这种动员,并发出告二、四方面军同志书。

在当时特殊的历史背景下,任弼时认为,"二方面军在促成一、二、四方面军顺利大会合是负有重大责任的,必要时将来可以二方面军指战员名义发告一、四方面军同志书";"互相勉励,准备大会合";"目前即应在二方面军中进行大会合的政治动员和一切必要的准备"。

对此,贺龙、萧克、关向应于 8 月 16 日复电任弼时:"我们完全同意你对过去党内斗争采取的立场,我们坚决站在这一个立场上,为党的统一而斗争。"并赞成以二方面军名义出一份告红一、红四方面军书,并请任弼时到哈达铺时回到二方面军来。

当时,任弼时处处以团结、统一大局为重,在党内意见基本统一、军队团结等重大问题基本解决之后,他准备回到红二方面军中去,因为部队即将三军会合,红二方面军又需要单独出动。但朱德、张国焘等提出要他暂时在西北局工作一个时期,以便共商两方面军行动问题。于是,任弼时又留了下来,利用中共西北局副书记职务,做了许多工作。

任弼时还同曾任过红四方面军政治部副主任傅钟作竟夜长谈。开进草地第二天晚上,任弼时就主动找傅钟,他首先肯定红四方面军政治工作的成绩,也指明一些小册子中有讲对党中央的意见,如讲党中央"不辞而别"就是损害团结。又询问:"去年北上,中央走了,你们为什么不走呀?"当得知傅钟也不了解内情时,感到很惊讶,他仔细地听着傅钟的所见所闻。

听完傅钟的话,敏于事而慎于言的任弼时严肃地问道:"北上有决议没有?"当傅钟回答说有时,他又一针见血地问:"有,为什么不执行?"短短的两句问话,使傅钟一下子感到了自己的错误之所在,深深为自己没有执行和维护党中央的决议、决定而进行坚决斗争所内疚。随后,任弼时告诉傅钟第二天一起去红军总司令部机要科看电报,并说:"凡我看过的你都可以看。"看过红一、四方面军分开前后的来往电报后,任弼时再次找傅钟长谈。他态度诚恳,语重心长地说:"看来,不是中央丢下你们走了,是你们不跟上中央走,中央才先走的,责任不在中央,在你们。"

这时,任弼时已在时任红四方面军政治部副主任的李卓然处了解到了张国焘另立"中央"的情况,又在傅钟处看了那次会议的记录。他明确告诉傅钟:"责任全在张国焘,事是他干的,人是他定的,你们谁管得了呢?"后来,他仍以实事求是的态度对待张国焘列入"中央"名单中的干部，没有因此批评过哪个同志。但是，他对傅钟则诚恳地说："按照列宁的党性原则，我们不是不参加党内斗争，必须考虑到，我们是拿枪的，彼此都带着队伍，意见有分歧不好搞斗争的！我们还在长征途中，艰难困苦，人间罕见，团结一致比什么都重要。"

他告诉傅钟："搞派别活动是张国焘的老毛病，斯大林都知道，想不到会发展得这样严重。"他还用俄语说，列宁是非常重视统一问题的。列宁认为，统一对工人阶级是无限宝贵、无限重要的，在斗争中最伟大的武器！而没有统一的领导中心，党的真正统一是不可能的。我们再也不能让张国焘破坏党的统一了。他认为，目前最迫切的问题，是维护党中央建立绝对统一集中的最高领导。

通过和任弼时的几次竟夜长谈，傅钟对张国焘在红四方面军中制造的各种混乱和其错误行径有了深刻认识，澄清了一些是非。他按照任弼时的谈话精神，和四方面军政治部的高级干部也做了长谈，得到了他们的赞同，并一起积极主动地在部队中进行了团结一致和维护中央统一领导的思想教育。14年后，当任弼时不幸病逝时，傅钟这样深情地回忆他："会师后，你每次亲切地和我在一起作长夜谈，都使我衷心愉快地领会你的精神。你那和蔼诚挚的态度教育了我，并教育了成千上万的同志。"

此外，任弼时还以巧妙的方式保护了一些被张国焘当作所谓"改组派"而关押起来的一批同志，使他们的处境得到改善。其中包括后来成为中华人民共和国副主席的廖承志。廖承志回忆当时的情景说：

> 谁都不和我们打一个招呼，我们也不愿意和任何人打招呼。因为打一招呼就会连累别人的。就在这样的情况下，我们和弼时同志会合了。

> 那是在一个草地的小山坡上。我远远看见张国焘和一个身材不高、脸孔瘦削、长着小胡子的人在谈话。我猜到那一定是弼时同志。我们的队伍正是从他们面前通过。弼时同志远远看见我走近了，他笑着站起来，走向我这边，和我握手。他笑着问："你是廖承志吗？我就是任弼时。"

> 我那个时候很窘，不知如何是好。那时候张国焘也很狼狈，他装出笑脸虎似的笑脸，用他那怪腔怪调问弼时同志："怎么，你认识他吗？"

> 弼时同志笑着说："老早认得的。"

> 其实弼时同志和我那时并不认得。然后弼时同志严肃地对张国焘说："如果他有什么需要的话，我可以帮助他，请你告诉我。"

> 这之后，我们到了炉霍，我、罗世文、朱光、徐一新，立即恢复了部分

自由。

由于朱德、任弼时的保护、关照，廖承志虽被看押，但已获得若干"自由"，不仅有"新闻电台"大量的译电、编辑工作可做，还常常出"队"执行画马克思列宁的像、布置会场等任务。他还向红军干部、战士作了《东方殖民地革命运动》《关于国民党》《日本问题》等专题讲演。对此，任弼时都给予了充分肯定。多年后回忆起被救一事时，廖承志仍充满感情地说："不能不感谢弼时同志在那时候对张国焘严肃地表示了他的态度。"

是坚持北上正确方针，还是途中转向西时，这是任弼时等同张国焘在是否执行党中央指示的原则问题上的又一次交锋。

还是草地行军时，任弼时就问张国焘，出了草地之后怎样办呢？去哪里创建根据地？而张国焘却始终没有明确的答复，嘴上只说去岷洮西，可在行动上又没有实际的布置。

任弼时认为："张国焘是想换个地方，要红二、四方面军一同向西退却，至少张国焘是想带红四方面军向西的。"所以，他就向张国焘提出两个方面军主力出草地后继续北上的3个理由：1."两广"事件起来了；2.应配合一方面军突破张学良的"围剿"；3.配合全国作用放（弃）去黄河西。

张国焘表面上不得不同意任弼时的正确意见，但在实际布置上，还是使用主力出夏洮，而将次要兵力放在岷州以东的西固方面。

此进，任弼时对张国焘的目的看得更清楚了：他的"北上目的基本企图是过黄河以西，并拒绝与一方面军的会合"。所以，这是张国焘在继续坚持拒绝中央的北上正确方针。任弼时对此丝毫未作让步，坚持两方面军主力北出岷州，直向甘南，配合红一方面军，结果"这也顺利了，主力全部（在）后来出岷州"。

1936年9月初，任弼时为执行红二方面军东进这个党中央交付的"最重要的任务"，由红军总部返回红二方面军总指挥部。他在随红四方面军行动的两个月中，以中央政治局委员、红二方面军政委、中共西北局副书记的身份，做了大量的说服教育工作。他主张大家要在党中央正确路线领导之下，团结在党中央周围；引导大家关注当时最重要、最紧迫的党和军队内部团结的问题。他说：即使我们和党中央及一方面军会合之后开会，中心还是讨论迎接抗日民族革命运动新高潮的问题；对以前的问题，有冷静的、客观的自我批评，就不再提了。

对张国焘本人，任弼时也多次与他进行严肃、诚恳的长谈。针对张国焘害怕同党中央会合的顾虑，在任弼时将要返回红二方面军前夕举行的中共西北局会议上,任弼时和朱德非常诚恳地劝张国焘不要怕和党中央见面,错了认错,作自我批评,回到马列主义路线上来,不再搞派别活动,这样就不会抹杀自己的功绩和光荣。

但是,张国焘仍不愿意同红一方面军会合。讲起建设甘南根据地或转兵西进兴致勃勃,滔滔不绝;谈起北上会合党中央,则大谈陕北地瘠民贫,人口稀少,大部队活动余地小。9月13日,毛泽东、周恩来、彭德怀复电:"我们意见四方面军宜速以主力占领以界石铺为中心隆(德)、静(宁)、会(宁)、定(西)段公路及其附近地区,不让胡(宗南)敌占领该线,此是最重着","至于一方面军主力如南下作战,则定(边)盐(池)预(旺堡)三城必被马(步芳)敌占去",故在未给其重大打击前,不宜离开甘宁边境。

张国焘接电后,致电徐向前、周纯全:"我们大计以快向西北进为宜,同时有利时机不放弃迎击胡敌。"随后,中央虽连电督促红四方面军迅速行动,而张国焘却踌躇不决,按兵不动。

9月16日至18日,中共西北局在岷州三十里铺召开会议。朱德、陈昌浩等坚决要求按照中央指示北上与红一方面军会合,会议讨论并通过了这一意见。20日,张国焘到漳县前敌指挥部后,擅自决定西进部署。23日,在漳县三岔又主持召开任弼时缺席的中共西北局会议。会议采纳了张国焘从永靖、循化渡河的意见。红四方面军遂调集部队西进。红军内部一场新的分裂眼看就要发生。

这时,率部在甘南成、徽两康地区活动的任弼时、贺龙、关向应、刘伯承等认为,集中红军统一指挥权已经刻不容缓。9月19日,任弼时等致电朱德、张国焘和党中央领导洛甫等,建议"马上以军委主席团集中三个方面军作战"。21日,林育英、洛甫、毛泽东等复电:"统一指挥十分必要,我们完全同意任、贺、关、刘四位同志之意见,以毛泽东、彭德怀、王稼祥、朱德、张国焘、陈昌浩六人组织军委主席团,指挥三个方面军。"任弼时等收到党中央和军委制定的《静会战役计划》后,马上电复党中央及朱德、张国焘等,同意上述计划及军委主席团名单,认为"这不独是适合当前军事政治形势上需要之正确决定",而且"党内统一团结自可随之解决,这是我党与中国革命最可喜庆之条件"。24日,党中央一面电告任弼时等:"关于统一指挥等问题,正依照你们的提议等待国焘同志等北上商对一切。"一面又电告朱德、张国焘等:表示"完全同意"任弼时的意见,与张国焘之间的争论"一概不谈,集中全力与团结内部,执行当前军事政治任务"。

眼看三军会师有望,党中央集中统一领导恢复在即,而张国焘却一意孤行,坚持西进,阻挠三个方面军会合。这时,任弼时等挺身而出。他们于 9 月 25 日联名致电张国焘等,一方面认为:"我们提议以洛甫等同志用中央名义统一党和军事方针之领导,我们认为这是为党的顺利团结,加强党在目前紧急关头中对革命战争领导最适当的建议。"一方面强调:"一、二、四方面军目前行动比过去任何时期(都)迫切要求能一致,否则,只有利于敌之各个击破,于革命和红军发展前途有损。"任弼时等还认为,陕北党中央和共产国际有联络,"对国内情况较明了",而且在各方面,特别是"统一战线工作有相当基础,必能根据各种条件订出有利(于)整个革命发展的计划"。所以,"我们已向陕北建议,根据目前情况和三个方面军实际情况,做出三个方面军行动的最后决定"。电报吁请红四方面军"停止在现地区",听候"陕北之决定"。

针对张国焘违抗党中央指示的无组织无纪律行动,党中央尽一切努力"设法挽救"。9 月 26 日,林育英、洛甫、毛泽东、周恩来、王稼祥、博古等电告任弼时、贺龙、刘伯承,"请你们向国焘力争北上计划之有利,西进将被限制于青海一角,尔后行动困难,且妨碍宁夏计划"。在此前后,党中央还连续电告红四方面军,要求他们放弃西行,速向北进,并准备派出红一方面军主力南下接应。27日,任弼时等复电:我们已电朱、张、徐、陈,请求暂令四方面军停止现地,"以待中央最后决定"。党中央讨论了张国焘西进计划后,两次以毛泽东、周恩来、彭德怀名义电告朱德、张国焘、任弼时等,明令禁止红四方面军西渡。因为"一、四方面军合则力厚,分则力薄;合则宁夏、甘西均可占领,完成国际所示任务,分则两处均难占领,有事实上不能达到任务之危险"。所以,"中央认为四方面军仍宜依照朱、张、陈九月十八日之部署,迅从通渭、陇西线北上"。鉴于党中央三令五申,也由于黄河以西气候影响,张国焘被迫重新下达北上命令。9 月 28 日,任弼时等又致电毛泽东、周恩来、彭德怀,详细汇报红二方面军情况,次日,毛泽东等复电:"你们尚保存伟大力量,将来发展无量,可为中国革命庆贺。"

10 月 11 日,中共中央书记处电告朱德、张国焘并告彭德怀、任弼时等:三个方面军会合后,请朱德、张国焘以总司令、总政委名义,依照中共中央和中革军委的决定,统一指挥前线作战;三个方面军对朱、张两总的报告,朱、张两总下达的电令,均望同时发给中革军委一份,以便密切前后方的联系。11 月 24 日,朱德、张国焘、彭德怀、周恩来、任弼时、贺龙及一、二、四方面军团以上干部,致电毛泽东转党中央、中革军委,表示:"坚决实现军委的战略方针和每个战役的任务",决心"在党中央及军委的坚强领导之下",三个方面军指战员团结一致,争取最后的胜利。

任弼时在北上期间所做的团结工作,取得了良好的效果,也给人们留下了深刻的印象。朱德曾深情地回忆:"任弼时率红二方面军在和红四方面军会合后,又坚决参加了反对张国焘的斗争,使红军第四方面军和第二方面军胜利地到达陕北,和红军第一方面军会师。"

1936 年 9 月 8 日,红二方面军于哈达铺发布的基本命令(复制件)

贺龙也回忆说:"正当 1936 年 6 月在甘孜和四方面军胜利地会师时,又遇到张国焘阴谋分裂党和红军的破坏活动,弼时同志领导着二方面军的干部,和张国焘进行了不调和的斗争,粉碎了他的阴谋,团结了这两支军队,使一、二、四三个方面军终于在陕北胜利会师。"

徐向前赞扬任弼时:"他给我的印象,冷静、诚恳,对促进党和红军的团结,充满信心。"

[1] 中国工农红军第四方面军战史编辑委员会:《中国工农红军第四方面军战史资料选编》（长征时期）,解放军出版社 1992 年版,第 572 页。

[2] 徐向前:《历史的回顾》(中),解放军出版社 1984 版,第 489 页。

[3] 张国焘:《我的回忆》(第 3 册),现代史料编刊出版社 1981 年版,第 302 页。

[4] 中国工农红军第四方面军战史编辑委员会:《中国工农红军第四方面军战史资料选编》（长征时期）,解放军出版社 1992 年版,第 573～574 页。

[5] 章学新:《任弼时传》(修订本),中央文献出版社 2004 年版,第 440 页。

第三十六章
贺龙遇到的最危险的战斗

　　两把菜刀闹革命出身的贺龙，身经百战而谈笑自若，从来没有把什么危险放在心上。但是，他却多次谈及"长征中最危险的一次"战斗，即渭水突围。

　　中共西北局于1936年9月1日在岷州三十里铺召开的会议上决定的《静会战役纲领》，贺龙、任弼时等均表示赞同。9月21日，贺龙、任弼时、关向应、刘伯承致电朱德、张国焘、徐向前、陈昌浩、张浩、张闻天、周恩来、彭德怀、毛泽东，称："静会战役计划已收到，我们认为这不独是适合当前军事政治形势上需要的正确决定，而且是在一、四方面军会合后，三个方面军在军事上能得到统一集中领导。我们同意毛、周、彭提议6人军委主席团组织，党内统一团结自可随之解决，这是我党与中国革命最可喜庆之条件。为着配合一、四方面军的行动，我们拟以六军全部开出郿宝地区，策应你们，并号召全体庆贺一、二、四方面军之大会合。"

　　由于张国焘擅自命令红四方面军西撤，阻挠中革军委的静宁、会宁战役计划的实施，延误了时间，致使敌情发生严重变化。

　　在中革军委布置静宁、会宁战役时，毛炳义、王均两部处于较为孤立的态势。由于张国焘阻挠北上，部队调来调去，延宕时日，使胡宗南急忙以4个师的兵力前出到清水、庄浪、秦安一带，对红二方面军构成了严重威胁。红四方面军开始北上后，胡宗南、毛炳文、王均5个军南下渭河，齐向红二方面军猛扑过来，各路国民党军也进一步靠拢，控制了西兰大道，企图将红二方面军隔阻在渭河以南,然后聚而歼之。在这种危机形势下,如果红二方面军单独留在陕甘边,就有被国民党军隔断并各个击破的危险。

面对骤然突变的严峻形势,10 月 1 日,贺龙、任弼时、关向应、刘伯承立即向中革军委报告,提出了向西兰大道北移的意见,称:"我方面军占领成、康、徽、两 4 县后,即以三十二军及四师一部在川子以西地带,拟消灭武、成大道朱淮元一部,主力则分布于康县扩红筹资。朱敌 3 个团及山炮两营集结攻成县时,我们为争取休息起见,曾调集四师与六军一部拟消灭该敌于成县西之抛沙,终因敌人唐淮源由天水增援,沈久成师先头又达白水江,而朱敌得知我主力来到,又不急进;我则战士体弱未复,对峙不利,故未加调兵力与敌决战,只于 27 日至 29 日战斗,略给敌人打击,自动放弃打成县;现在敌人已进到利害冲突线下,我活动内幅狭小,地区贫苦,人口甚少,不利我扩红与休整。我们建议在现地一星期后,我方面军即出动,经天水、宝鸡间北渡渭河至清屯、清水、张家川、莲化镇地域。这样一方面可以策应一、四方面军之会合,同时我能背靠一、四方面军争取休补,以便尔后估计西渡后,好在敌之外翼活动。"

10 月 2 日 13 时,毛泽东、周恩来致电贺龙、任弼时、关向应、刘伯承,称:"同意你们 6 号开始经天水以西向通渭转移,以 4 天行程到达的计划。"

10 月 2 日 14 时,毛泽东、周恩来、彭德怀就红二方面军北渡渭水致电朱德、张国焘、徐向前、陈昌浩并致任弼时、贺龙、关向应、刘伯承,称:"关于二方面军的行动,根据他们现处地域的情况和他们本身需要休息的情况,似不宜于在渭水以南单独打仗。故我们曾对他们提议,侦察渭水渡河情况,并准备在一星期后作战略的或战役的行动。今据他们 1 日来电,拟一星期后渡到渭水以北地域,我们觉得是可行的。你们意见如何,请告。二方面军渡到渭水以北之后,三个方面军均处内线,主要的敌人胡、关、王、毛(指胡宗南、关麟征、王均、毛炳文)等军,将首先依据渭水流域构成封锁,然后将我压至陕甘大道以北,再凭大道筑起封锁线来。敌之两个步骤完成时间大约两个月左右,如我能合力给敌相当打击,还可延长些时间。从 12 月起,我之主力向北开展新局面,二方面军即从内线拒止南敌至明年 2 月,以后我们进入新的地区,自可使用若干力量打出南面封锁,转向外线活动;估计胡敌集中以后,如不遇到我们打击,二方面军在大道、渭水间是不能久停的,那时当然再可以北进一步,即进到固原、镇原、庆阳以南地区。严重的缺点是要与李毅冲突,再则长期停留,给养也较困难。所以在 10 月、11 月内,似有集中三个方面军全力选择有利机会给南敌以打击之必要。但如果四方面军之渡河技术能保证迅速在靖远、中卫地段渡河,则自以早渡为妙,对南敌一般可暂取钳制手段。"

10月3日1时,毛泽东、周恩来又就红二方面军宜乘胡宗南人马尚未全部集中之时当迅速转移致电贺龙、任弼时、关向应、刘伯承,指出:"胡宗南第一师及七师,其3个团已到清水,余6团从扶风、岐山跟进。关麟征4团向宝鸡开,有配合王、川(指国民党军第三军王均部和孙震指挥的川军第四十一军及四十五军一部)各部先向你们攻击之势。你们宜乘胡敌尚未全部集中之时迅速开始转移为佳。转移道路似宜走武山附近,并先以支队附电台从天水附近渡河,向胡敌前进,迫近胡敌,节节钳制,掩护主力转移。如有可能,最好再用一支队附电台留在现地若干时,一面吸引敌人,一面候胡敌后续6团集中清水时从清水以东渡河转入华亭、陇县一带,在敌后活动。此两支队均以不少于一个师为适宜。仍望斟酌处理。"

同日12时,毛泽东、周恩来、彭德怀又就红四方面军掩护红二方面军的行动部署致电朱德、张国焘、徐向前、陈昌浩,指出:红九十三师宜速占庄浪,以后续部队接占通渭。庄浪、通渭两处部队均向秦安迫近,掩护红四方面军主力北进,并掩护红二方面军从天水以西向北转移。红五军仍宜照原计划向庄浪进,以增厚东面兵力。因胡宗南已有6团进至秦安、清水,但其后续尚在扶风、岐山道上,估计还要5天至7天才能在清水集中完毕;会宁城已为红一方面军的西路支队占领,会宁城为中心的大道已控制在红军手中。电文要朱德、张国焘除以一部接替会宁、界石铺大道外,宜速将主力集结马营、通渭地区,主要注意天水、秦安方面。岷县、临潭部队宜迅速北撤;武山、甘谷方面宜布置相当兵力,掩护二方面军转移。并指出,红四方面军已部署占庄浪,红二方面军亦将北上,红一方面军的第二师为此暂停止于硝河城。

同日17时,朱德、张国焘、徐向前、陈昌浩就关于目前行动方针致电中革军委并红二方面军领导人,称:红二、四方面军长期行军后元气尚未恢复,同时敌已恐明确我企图。因此,目前整个行动方针:首先争取在靖远附近于结冰前渡河,尽量避免决战,万不得已时可作部分的决战;同意红二方面军渡渭水以北活动,但须留外翼钳敌。提议红二方面军在陇县一带,从胡敌尾后钳制之,便红一、四方面军从从容容渡河,尔后红二方面军即由隆、静段(指西兰公路隆德、静宁段)北进,或在海、静、会(指海原、静宁、会宁)地区活动,或一同渡河;红四方面军于10日会集会宁、界石铺一带后,准备先遣一个军速出靖远抢渡;同时一方面军主力最好位于固原、海源、同心城(半个城)线,准备让先遣军渡河;我们造船力量,每日能造容50人船2只,现有船钉约2万个,每只船需3000余个,请兄方赶造船钉,如能多集铁木工,造船速度尚可增加。

同日,贺龙、任弼时、关向应于徽县下达了《第二方面军关于北进通渭地域的基本命令》,命令首先对敌情形势进行了分析,指出:胡宗南所属的第一师全部在10月2日前后到达秦安,其第七十八师同时集结张家川、清水,其第二十五师、七十九师(据国民党军档案资料,第二十五、第七十九师不属于胡宗南纵队序列,且第七十九师此时未调入陕甘地区)、四十三师、九十七师已进到宝鸡——岐山、扶风、咸阳之线。该敌靠近王均,似要想把红一、红四两方面军向陕甘大道以北地区压迫,同时想隔断我方面军于渭水以南地区;王均所属的朱淮旅及补充团等进驻成县后,将续攻徽县——其三十七团、四十一团可能在10月4日集结江路镇,协攻徽县;此外约一个团在西和、礼县,两个团在武山、甘谷,两个团在天水及其西南地区,似防我北进和四方面军之东进;川军孙震所属的王铭章师正由武都去取康县,邓锡侯所属的卢、李两旅(指国民党川军邓锡侯部第一二五师第二旅旅长卢济清、第一二七师第二旅旅长李树华,以上两旅受孙震指挥随同川军第四十一军一同进入甘南,并编入西北"剿总"第十二纵队),已进到阳平关、宁羌;现沈久成师集略阳,其先头团似向白水江进;王耀武师(即国民党军第五十一师、师长王耀武,辖三个团,此时编入西北"剿总"第十一纵队序列)集南郑、沔县(即今勉县),其先头已在略阳,李及兰师(即国民党军第四十九师,师长李及兰,下辖三个团,此时编入西北"剿总"第十一纵队序列)部队似向留坝、凤县进;警三团在凤县、双石铺;红一方面军的独立支队2日攻克会宁,其左支队在庄浪、秦安、华亭游击活动。红四方面军正由武山、陇西之间向通渭去会合红一方面军,其先头5日前可达到通渭,其后尾4日晚由岷县跟进,约在日以前可通达陇、武(指陇西、武山)之线。

《命令》指出此战役的目的是:红二方面军具有会合红一、红四两方面军协同作战之目的,由现地经天水、甘谷与麻沿河、永兴镇、武山的中间地带进到通渭地域,并相机消灭相遇的国民党军的单个兵团。

《命令》明确了部队的任务:第六军为右纵队,10月4日进到麻家寨、沟门之线,5日进到白腊峡封锁消息,6日进到平南川东端,此后则取道盐关北端、甘谷西端的盘安镇及礼辛镇东端向通渭进;红二军及红三十二军为左纵队,10月4傍晚前红三十二军、军直、第九十六师及第九十四师主力由现地转移到颜家角,并由第九十四师主力中派一部对年笼川、江路镇严密封锁消息,第九十四师另一营留横川镇及其以北路上,对郭家笼、下店子封锁消息,各伪装同守模样,以吸引国民党军。5日拂晓前,除第九十四师外,左纵队主力应开向高桥,是夜在高桥以南宿营。至于第九十四师在尽了迷惑吸引敌人之任务后,则于5日半夜撤收跟进。此后,左纵队全部则取道娘娘坝、天水镇、盐关镇西端,武山东端的乐善镇及礼辛镇向通渭开进。《命令》确定"战役任务期于10月13日以前完成"。并谓贺龙、随同左纵队行进,并直接指挥。

当红二方面军人马开始行动之际,10月5日15时,毛泽东、周恩来就红四方面军协同消灭会宁之敌及掩护红二方面军北进致电朱德、张国焘、徐向前、陈昌浩并告贺龙、任弼时、关向应、刘伯承,指出:"为彻底消灭迫近会宁城西南门之敌,请你们令向会、静前进之部队即速截断会、静、定西闯道路,以便我第一师及守城陈支队明(6)日将敌击溃后全部俘虏之。该敌大约是邓宝珊部一团至二团;胡宗南先头才到清水、秦安,大部尚在咸阳、清水道上,判断该敌再需100天左右才能全部集中并开始展开。二方面军从6号起以4天行程经天水以西到达通渭。千万请你们派有力一部立即占领庄浪,在通渭、庄浪两地部队均向秦安迫近游击,以确定掩护二方面军之到达。"

10月6日17时,毛泽东、周恩来又对有关三个方面军在渭水以北集中后的行动部署电示朱德、张国焘、徐向前、陈昌浩、贺龙、任弼时、关向应、刘伯承。指出:红四方面军5日电部署及红二方面军从天水以西向通渭转移,我们均完全同意;三个方面军在渭水以北集中后,胡宗南、王均、毛炳文三军及何柱国东北军均必须从新部署,需要相当时间。尔后,拟红四方面军主力仍在通渭、马营、陇西川、会宁、界石铺地区,一个军相机攻占靖远,布置从靖远以北至中卫段渡河事宜;红二方面军拟从通渭再转进至通渭、静宁、隆德、庄浪之间;红一方面军之一、二两师则将会宁、界石铺防务交给红四方面军后,转至隆静大道以北、固原以南地区,使胡宗南、王均、毛炳文、何柱国、王以哲各军不得不展开筑碉前进,我则利用时间休息兵力,待为1月即可开始执行新任务。我则利用时间休息兵力,待11月即可开始执行新任务。

虽然中革军委三令五申要求红四方面军策应红二方面军行动,但是张国焘无视军委指示,不顾大局,造成了两个方面军北上动作不协调,没有按中革军委要求在武山、甘谷方面布置相当兵力,掩护红二方面军,亦没派部队占领庄浪,在庄浪、通渭间的部队亦未向秦安迫近和游击,结果使国民党军有隙可乘,造成了红二方面军长征以来最危险的局面。

当红四方面军从 9 月 30 日起分作五个纵队先后由岷州、漳县等地向通渭、庄浪、会宁、静宁前进时，红二方面军还在收拢部队，胡宗南部的新一军、王均的第三军、毛炳文的第三十七军，渡过渭水，扑向了红二方面军。这三个虎狼之师均为蒋介石的嫡系，不仅武器装备精良，并且以逸待劳。而红二方面军不仅弹药奇缺，指战员们体力还多未恢复，且军中杂病流行，如肺结核、夜盲症等病困扰着部队。贺龙发觉敌情后，忙发电向中革军委和朱德、张国焘请示，收到中革军委复电才知道张国焘没按中央指令策应红二方面军，而是已将人马西撤了，气得贺龙拍桌子大骂张国焘。为抢渡渭水和摆脱国民军重兵压迫，红二方面军主力不得不先行出发，而分散在康县活动的红二军第六师第十七团来不及收拢。此时成县已被王均部占领，川军孙震部也从武都向康县逼近。贺龙命令，卢冬生率师阻止胡宗南部，并下令散在各地的部队迅速收拢。主力经高桥镇、横河镇，在甘谷以西的乐善镇附近抢渡渭水然后北上。随红二方面军行动的刘伯承与孙震原有旧谊，又探知孙震因作战不力，受到了蒋介石的处分，对蒋甚为不满。10 月 4 日，刘伯承草成一书，派人送与孙震。其书写道："德操（孙震字）吾兄麾下：我军抗日北上，今抵陕甘。前道出川边，接近贵防地时，而不克与吾兄晤谈，至为歉疚。昔者川军混战，吾辈时或并辔杀敌，时或相对交绥，事迹虽是英勇，究属同室操戈。如留兹精力以抗击日本帝国主义及卖国贼，岂不较为荣幸，言念至此，想当同慨。日本并吞中国，蒋贼为其清道夫，中国北部已非我有，举国血气之士，莫不相谋团结与之为敌。'两广事变'其一斑也。现在伯南（陈济棠字）出走香港，李、白自治广西，实由于抗日组织团结不坚，使蒋贼得以遂其扫除黔王（家烈）之故技，西南将士可以前鉴。吾兄英俊卓绝、爱国有素，而又防接陕甘，毗邻红军，联盟抗日，形势顺利，此敝总司令所望于麾下相邀赞同。如吾兄一时不便为此，则甚盼互不侵犯，以保国防实力，切勿为蒋贼离间，自相残杀，临颖无任，盼复之至。顺颂军安。弟刘伯承载拜。"

孙震接到刘伯承的信后，果然按兵不动。

卢冬生接受阻击胡宗南部、掩护主力北上的任务，即率红四师前往迎敌。双方接火之后，红四师乃疲师，如何能抵敌胡部虎狼之众，遂败退下来，胡军猛追，不少指战员竟成了胡军之俘虏。这时，红六军亦在盐官镇遭王均部侧击，人马损失不少。红二军的第五、第六两师和军部也遭到了毛炳文部侧击。红六师的第十七团竟被毛部切在后面。可叹这一团人马，长征以来，千难万险都闯了过来,没料到却在即将与中央红军会师之际,遭优势国民党军之毒手,全部损失。

10月7日,红六军经罗家堡到达横河镇,沿途亦遭到国民党军的飞机狂轰滥炸和步兵的疯狂狙击。罗家堡有国民党军的重兵把守,时王震下令,要红十六师攻占罗家堡南面的山头,压住敌人的火力,掩护主力北上。由于国民党军的火力猛烈,人多势众,红十六师指战员虽然英勇顽强,不怕牺牲,奋力进攻而山头仍攻不下,不仅伤亡很大,还被压在一片低洼地带。这时,占据山顶和罗家堡的国民党军开始向红军冲锋,国民党军的飞机也在红军头顶上疯狂扫射,一时间,红六军人马处境十分危急。尤其危险的是军直属部队被国民党军发现并成为进攻的主要目标。在这千钧一发之际,红十七师和红一师从后面赶了上来,王震命令营长萧飞把全营的重机枪架起来,把在低空肆无忌惮向红军扫射的国民党军的飞机赶走,然后向冲来之国民党军猛攻。这时,由于红十六师钳制敌人不力,使盐关镇的国民党军倾巢而出,扑向红军。又由于这里地形山峦起伏,部队突围行动困难,加上地形不熟,红军受到很大损失。红六军首长命令直属队坚决顶住。模范师指战员冒着国民党军的枪林弹雨拼死冲杀,突出了重围。红十六师师长张辉在与敌激战中不幸牺牲,政治委员晏福生见人马有被敌围困之险,便挥师与敌展开殊死决斗。经过反复决战,部队大部冲出重围。而晏福生在突围之际被敌子弹打断胳膊,留下来断后,与部队失去了联系。

红十六师撤出战斗之后,当晚在距罗家堡30多里的红河镇宿营,由于不见了晏福生,大家都很焦急。王震得知此情,急令模范师师长刘转连带1营人回到当天打仗的山头,寻找营救晏福生。刘转连当即带人至罗家堡,打跑在附近宿营之敌,然寻来找去不见晏福生踪影,料想他已牺牲,只好回来报告王震。部队达渭河北岸后,为晏福生开了追悼会。

红六军突围之际,第十七师政委汤祥峰见形势险恶,为保全性命,率部分人马叛变,这使形势更加严峻。

10月10日,红二、六军分别抵达甘谷、武山一带,准备在甘谷西乐善镇附近抢渡渭水。同日,中革军委致电朱德、张国焘、贺龙、任弼时、关向应、刘伯承,指出:胡宗南、毛炳文、王均三部准备向通渭进攻。红四方面军通渭、庄浪部队宜迫近秦安游击,迟滞胡、王部,迟滞毛敌,掩护红二方面军提前北进;红二方面军速通过通渭进至界石铺、通渭之间休息,准备经界石铺转靖远、静宁、固原、隆德之间。

红二方面军人马经连日急行军和战斗,已人困马乏,疲惫不堪。加上甘东一带连降大雨,道路泥泞难行,部队进抵渭水河边时,只见河水滔滔,深不可测。天水一带国民党军亦全部出动,向红二方面军紧逼过来,国民党军的飞机一直跟着红二方面军后边投掷炸弹,疯狂扫射。当红二方面军领导人贺龙、任弼时、关向应等率人马赶到渭水岸边时,由于行军速度太急和指战员的体力不支,竟有数千人掉了队,贺龙一面命令各部队领导干部收拢部队,一面进行战场紧急动员。他讲了渡河的意义以及注意事项,最后话题一转,说:"大家不要小看了这条河,这是一条大名鼎鼎的河流哩! 当年姜太公钓鱼,直钩无饵,就是这个渭河……可惜吆,今天的鱼是钓不成了,大家都看到了嘛,水太大。这是我们要过的最后一条河了。过了渭河,离敌人远了,离陕北近了,离党中央越来越近了!"

本来,将士们对这条汹涌的大河多少存有一点恐惧心理。再说,后面有追兵,头顶有敌机。结果,经贺龙这么幽默地一说,大家心里踏实了,反倒觉得过河是一件极有意思的事。

贺龙亲自派人探路,寻找浅水处渡河。并下令各部队自行选择渡口,泅水过河。为了组织伤病员安全渡河,卫生部领导和医生亲自下水探路,组织一批身强力壮、个子高大的战士,将伤员们高举过头顶,分期分批运送到渭水北岸。

当红二方面军主力抢渡渭水之际,渭水上游下了暴雨。河水陡涨,不少行至河心的指战员由于体力不支,被洪水卷去。这些经过万里长征保留下来的精华,牺牲在三大主力红军会师的前夕,总指挥部领导和广大指战员无不悲痛万分,扼腕叹息。

部队行至海原县时,又有胡宗南的飞机飞来,对红二方面军指战员狂轰滥炸。当时有一发炮弹在贺龙身边爆炸,把贺龙掀翻马背,惊得警卫连连长朱声达和警卫人员一起拥上来,急将贺龙从土中刨出,大家看时,见贺龙帽子、衣服多处被弹片划破,都以为他负了伤。再仔细验看,却无一处伤痕,而他的战马和警卫数人被炸死。大家都道贺龙是一员福将,虽身经百战,枪弹却远离其身。有诗赞道:

> 都道瓦岗程咬金,隋唐争杀为福神。
>
> 而今贺龙战沙场,逢凶化吉惊煞人。

多年后,贺龙对渭水突围这一幕险情仍然念念不忘,他回忆说:"出草地后,中央的电报指示(指作战计划)他们(指红四方面军)接到了,我们也接到了。这个战役,我们把四县打下,张国焘不打向西一跑,三个军一过河,所有的敌人都加到我们头上,对付我们,汤祥峰叛变我们损失相当大……在盐关镇六军被侧击,晏福生负伤,行军中受到敌人侧击,二军团甩了个团,到海原又吃了点亏。我差点被炸弹炸死。敌人已围拢来了。过渭河,狼狈极了,遭敌侧击,渭河上游下暴雨,徒涉,水越来越大,冲了点人去。张国焘违背中央军委的指示,二方面军几乎遭到全军覆没。渭河南岸也很危险。这是长征中最危险的一次。乌蒙山并不紧张,埋炮(即为转移把不好带的炮埋了)我都不准埋,到黔、大、毕那面都可以打,封锁线我们一冲就破了。要说紧张,第一次是甘孜,张国焘要困死我们;二次就是成徽两康

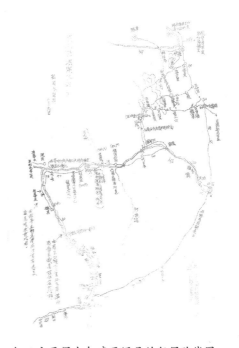

红二方面军由包座至岷县的行军路线图

战役。我们原来估计四方面军不会走的,那时,我们给中央发了电报,早向北走两天就好了,不会这样狼狈,军团也遭不到侧击。四方面军一撤走,敌人就围拢来了。急行军,掉了几千人。刚出草地,部队体力都未恢复,早走两天可以少受损失,可以冲出去。我们往东打也好,可是不能,因为被大的战略意图箍住了。这个战役是岷州三十里铺开会决定的,我们坚决执行了,张国焘未执行,敌人压到我们头上来了。"[1]

---

[1] 解放军历史资料丛书编审委员会:《红军长征·回忆史料》(2),解放军出版社 1990 年版,第 118～121 页。

第三十七章
死而复生的师政委

晏福生原名晏国金,湖南省醴陵人。1923 年参加安源路矿工人俱乐部,任煤矿工人纠察队长。1926 年加入中国共产党,1928 年参加醴陵暴动,同年参加中国工农红军。晏福生在长征中曾负伤掉队,同志们以为他不幸牺牲,为他召开了追悼会,他却历经九死一生、血战归队,这成了红二方面军长征的一段特别的历史记忆。

1936 年 9 月,为了发展西北地区的新局面,实现三大红军的胜利会合,中共中央决定在甘肃静(宁)、会(宁)区组织一次与国民党军的会战,打蒋介石嫡系部队胡宗南部一个措手不及。

但是,红军总政委张国焘对中央的战役组织计划出尔反尔,干扰拖延,破坏了战役计划的实施,使得敌我局势发生了变化。原本孤立的胡宗南部赢得了时间,同王均部、毛炳文部形成三足鼎立之势,并一窝蜂地南下渭河,向单独留在渭河南岸的红二方面军凶猛地压过来。敌众我寡,力量悬殊,红二方面军随时都有被敌人各个击破的危险。

为了摆脱困境,实现三大主力红军的会合,红二方面军总指挥贺龙于 9 月 1 日向中央请示,建议红二方面军在原地活动一个星期后,即刻出动,经天水、宝鸡间,北渡渭河进至清水、张家川、莲花镇地域,以策应一、四方面军会合,并背靠一、四方面军争取休整。中央复电同意。

9 月 4 日,红二方面军的二、六军团分为左右两个纵队向前开进。六军团为右纵队,晏福生所在的十六师为前卫,从两当县出发向西北方面拓展,边打边进,开辟通道。

5日夜,红十六师经高桥,进至娘娘坝。政委晏福生和师长张辉获悉镇内守敌无几,即各自带兵一部,以迅猛动作,一个冲击,袭入镇内,消灭守敌。正当晏福生和张辉组织部队清点战利品时,困守在河对岸碉堡里的敌人,突然居高临下向娘娘坝街内射击。弹雨中,张辉师长不幸中弹牺牲。

"机枪掩护!"晏福生气恼,挥动右臂高喊,"一营跟我上!"

"为张师长报仇!"

"血债要用血来还!"

一营官兵在晏福生带领下,冒着弹雨蹚过河,进抵敌人碉堡下。

"手榴弹!"晏福生命令。

红军战士手中的手榴弹飞上碉堡。碉堡里的守敌顿时被炸得鬼哭狼嚎、血肉横飞。

歼灭娘娘坝守敌后,晏福生又率领部队马不停蹄地向前推进。红军连续奔进,使得胡宗南手忙脚乱,四处抽兵,紧急围堵。

7日,当晏福生率红十六师由天水镇行至罗家堡时,突然与盐关镇出来堵截红军的敌人相遇。

敌军仗着地形熟、有准备,抢占了有利地形,向红军展开攻击。激战中,红十六师虽然连续打退敌人的多次冲击,但由于胡宗南调集的堵截大军越聚越多,仍不能脱离战场进行转移。红十六师陷入危机,整个军团陷入危机。

危急关头,晏福生当机立断,命令部队退出山头阵地,从山下的斜坡上杀出一条血路,让军团主力顺利转移。

红十六师刚撤至山下斜坡,敌人就一窝蜂地扑上来。

"打! 狠狠打!"晏福生高喊着指挥部队向敌人冲击。

战斗中,师参谋长杨旻、政治部主任刘礼年相继负伤,师里四个指挥员仅剩下晏福生一人。他心急如焚,环视了一下战场,在心里想:"敌强我弱,敌众我寡,要杀出一条血路为大部队开道,硬砍硬杀不行,看来还得智取。"于是,他命令三营猛烈攻击敌人队形比较密集的右翼,以便迷惑敌人,声东击西。这一招果然见效,吸引住更多的敌人。他暗自窃喜,当即指挥其余的几个营,暗度陈仓向北突击,很快杀出了一条血路。

与此同时,由刘转连带领的军团"模范师"一个连也渡过小河,抢占红十六师侧后一块山头阵地,担任警戒。接着,"模范师"一部又消灭了左侧山头上的敌军,掩护军团直属机关和后勤部门,从红十六师开辟的通道冲出封锁线……

正当晏福生要率部跟进撤离,敌机飞抵红军阵地上空进行轰炸,一颗炸弹在他身边爆炸,他不及躲闪,右臂被炸断,血如泉涌。

警卫员向宣德和麻婆子冲上前扶住晏福生。司号长刘天久和张辉师长的警卫员张少华也冲上来,给晏福生包扎。晏福生看了看冲出包围圈的部队,又看了看继续朝上攻击的敌军,忍着剧痛,用左手从内衣口袋掏出密电码,交给向宣德:"这个,你负责带出去。"

"晏政委,你……"

"不要说了!"晏福生从地上捡起被打掉了的驳壳枪,在裤腿上蹭了蹭枪上的土,庄重地递给麻婆子:"大个子,你有劲,这个你带上。"

几个警卫员怎么肯丢下首长自己走呢!他们一齐拥上前,不容分说架起晏福生就走。

"放下,敌人上来了!"

警卫员没搭腔,继续架着他朝前跑。

晏福生焦急地大喊:"要当俘虏也不能这么多人一块当,都去送死!"

"不,要死我们死在一起!"

"混账,你们好胳膊好腿,革命需要你们,都快走!"

"可革命也需要首长呀!"

晏福生看了看扑上来的敌人,为了尽可能多地保存革命力量,他声泪俱下地说:"我命令你们快走,要不我枪毙你们!"

大家吃惊了,仍然不忍心离开。

晏福生伸出左手说:"大个子,给我枪!"

军人以服从命令为天职。大家一看晏福生要动真格了,只好挪动脚步,朝前走去。

晏福生见几个红小鬼一步三回头地走,怕他们耽误时间,让扑上来的敌人俘虏去,便果断地从高山坡上纵身朝下一跳,决心摔死,不料却被酸枣棵子、粗蒿草杆子七阻八拦,轻轻地滚落在山坡下。他没有死,神志清楚地看看四周,发现身后有一个老乡放羊避雨的土窑洞,便毫不犹豫地滚了进去,使得窑门口连一个印痕也没有留下。土窑洞口小内深,晏福生在窑洞里又打了几个滚,钻到最里面。

晏福生跳下高山坡，被阵地对面的敌人发现，他们立即扑过来要捉活的。向宣德一看敌军朝晏福生跳下的地方扑去，喊了一声"快救晏政委"，便同几个战士迎着敌人冲了上去，一个猛冲，全歼了十几个敌人。向宣德和几个战士立即到山坡下寻找晏政委，却没有找见，都以为他牺牲了，便匆匆离开，紧跟部队朝北转移。

向宣德等人撤走后，一个大个子敌兵，端着枪刺跑下山，到晏福生滚落下的地方搜索，嘴里还不停地嘟嘟囔囔："真怪，我明明看到一个红军从山上滚下来，怎么不见了？"找着找着，他忽然看见小窑洞，高兴地"啊"了一声，小心翼翼地朝窑洞跟前走去。他边走边观察地面，直走到窑洞口，却没看到脚印，又不禁生疑，站在窑洞口嘀咕："他妈的，活不见人死不见尸，莫非红军就是人们传说的天神？"但他又不死心，仍站在窑洞口喊："红军长官，出来吧！"他见窑洞里没有动静，又见地面上确实没有红军躲藏的蛛丝马迹，这才懒洋洋地走了。

一心想拿赏钱的敌军，走了一个人又来了一个班。晏福生在窑洞里听见敌军士兵喊："班长，这里有个窑洞！"

"好，你进洞里看看。"

喊班长的士兵站在窑洞口犹豫，怕进去没了性命。

"快进去搜，还愣什么？"

"我、我正……"敌兵磨蹭之时，忽然眼前一亮，欣喜若狂，指着窑洞前的脚印说："班长，你看这崭新的脚印，分明红军长官刚从这里跑掉。"原来这脚印就是刚才那个大个子敌军士兵留的。其他士兵也信以为真，纷纷附和着说："没错没错，脚印一定是红军长官踩的。""是嘛，人家红军长官才不那么傻，猫在窑洞里等我们来抓。"敌军班长迟疑了一下，觉得这话有道理，点点头，大手一挥道："还愣着干啥，顺着脚印追！"

晏福生手无寸铁，听得敌军班长让士兵进窑洞搜，正急得不知道如何反抗。黑暗中，他从身边摸到一个棍子，决心跟进洞的敌人死拼，忽听洞外敌人议论，悬起的心放下了。敌人远去了，他逃过劫难，但因为伤势重、流血多，眼前一黑，晕死了过去。

红六军团主力通过十六师杀出的血路会合，军团政委王震听到晏福生负伤的报告，对"模范师"师长刘转连说："晏福生负了重伤，还没出来，生死不明，你赶紧派一个营回去找。"

"好，我立马带人去。"刘转连带领两个营返回红十六师同敌人激战过的地方。这时候，敌人还没有完全撤走，"模范师"边打边找，走遍了所有的山头阵地，都没有找到晏福生，只好返回。

军团上下都以为晏福生牺牲了。军团长陈伯钧在当天的日记中写道："十六师政委晏福生同志阵亡。"军团政治部主任张子意在日记中写道："我部晏福生同志牺牲。"

红六军团继续前进，在胜利渡过渭水到达目的地、总结战斗经验时，王震政委在排以上干部大会上，沉痛地提议说："请大家起立，向晏福生同志默哀3分钟。"

尽管追悼会开得隆重，晏福生的警卫员向宣德总是不相信晏福生会死。红十六师的广大官兵也不相信他会死，因为晏福生没有伤到致命的地方，他是个硬汉子，一定会战胜伤残找回部队。

晏福生的确没有死。

敌军走后，他在窑洞里一直昏睡到次日清晨才苏醒过来。他正感到伤口疼得厉害，忽听窑洞外由远及近传来脚步声，放下的心又悬得老高。脚步停留在窑洞口。原来是一对放羊的父子，他在暗处听到窑洞外面两人的对话，晏福生断定来人一定是同情红军的群众，便在窑洞里搭腔："老乡，我在这里。"

"红军，红军。"父子惊喜地嚷着钻进洞，把晏福生架出来，救到家里，又是喂米汤，又是把山药蛋剥了皮给他吃。晏福生像久旱的禾苗遇到甘露，顿时感到有了精神，就想去找部队。他看了看面前的父子俩，掏出了自己的私章："谢谢老乡，你父子腿利索，路熟人熟，请把这个交给红军，他们就知道我还没有死。"那时候，红军只有团以上干部才有私章。农民收下私章，他便起身告别。

8日，晏福生赶到刘家坝，红六军却到了横门镇。9日，他找到横门镇，军团又开到达门镇。10日，他来到达门镇，部队却进至盘安镇；他追到盘安镇，部队却到礼辛镇；他追到礼辛镇，部队却过了通渭河……

一步赶不上步步赶不上。晏福生架着残臂，追着赶着，体力渐渐不支了，只好改为走一会躺下来歇一会，走着走着，渭河拦住了去路。由于前几天渭河上游下暴雨，此时的渭河水流湍急，洪水上涨。过河的船只被国民党军控制起来。没有船，没有桥，怎么过河呢？他望着滔滔的河水想，雪山草地都闯过来了，眼下这小小的渭河岂能拦住去路？于是，他横下决心：徒涉过河。晏福生选择了一处河面较宽、水流比较平缓的河段来渡河。他小心朝河心走去，当水齐腰时，便用健康的左臂划水泅渡。不及治疗的右臂在冷冰冰的水中不住地朝外渗血，血水迅速扩散,河水被染出缕缕鲜红,向远处扩散。北岸慢慢地靠近了,一个又一个巨浪打来,晏福生几乎支持不住,他连续灌了几口水,心里不住地警告自己:坚持!坚持!坚持下去就是胜利!

晏福生要上岸时,被守卫在渭河对岸碉堡里的敌人发现了,一排子弹落在水里,溅起水花。他一个跨步闪身,躲在河边的一块巨石后面。子弹在石头上撞出清脆的音响。他看了看弹痕,气恼地骂:"看你们还会猖狂多久!"

离开渭河岸,晏福生架着断臂,铆足劲继续向西北方向前进。他知道那里是三大主力红军和陕北红军的会合地。

10月的大西北,天气冷得让人咋舌,特别是到了晚上,凛冽的寒风卷着砂石、黄土在空中打着旋儿,发出"唔儿唔儿"的怪叫声,不仅让人冻得像筛糠,而且令人生畏。晏福生冷得挺不住,越冷他越拼命地赶路,借着自身产生的热来御寒,不料越是这样体力消耗就越大,体质越下降,抗寒冷的能力也就越弱。

一天深夜,他实在走不动了,就钻到路边打谷场上的草垛里睡觉。身上一暖和,断臂就觉得痒痒。他看不见,只好用左手指隔着破布抓痒,直到天明,打开包裹伤口的破布一看,"啊"!原来伤口上生了蛆,条条白蛆在伤口上直乱拱。

他焦急无奈,赶紧用草棍将蛆虫拨出,然后嘴对着伤口连吐了几口唾沫,用手指均匀地涂抹在伤口上,以减轻疼痛。

晏福生的伤由于得不到根本的治疗,唾沫再多也是杯水车薪,蛆虫照样在滋生。在寄生虫的折磨下,他的身体垮了,渐渐支持不住了。当他走到大水头地区时终于晕倒在路旁。朦胧中,他听到身后走来几个人,睁开眼睛一看,是几个衣衫褴褛的庄稼汉,便无力地央求:"老乡,带我走吧!"

"你是什么人?"

"红军。"

"啊,是红军、红军。"

"你看他还戴着八角帽……"

晏福生顾不得客气,直截了当地说:"请你们把我抬到红军那里,见到戴八角帽的人,他们会给你们钱的。"

"我们怎么能要红军的钱。"

"红军是穷人的部队,都是自家兄弟。"

几个老百姓说着找来门板,将晏福生抬上,天黑时分,他们赶到水暖堡黄河岸边驻扎的红三十一军一个师部。因为听说晏福生已经牺牲,所以这个师的师长盘问他:"你说你是红二方面军十六师政委,我问你,你们方面军的副总指挥是谁?"

"萧克。"

"你认识萧克吗?"

"认识。"

"那好,二、四方面军会合后,他调到我们三十一军当军长来了。"

"那就请你给萧军长发电报,说我活着,派人来接。"

萧克接到电报对徐继海说:"怎么又冒出一个晏福生,莫非是假的?"

"我看不一定。"

"这样吧,不管是真是假,你跑一趟便知。"

徐继海把晏福生接到三十一军军部。萧克和晏福生相见,悲喜交集。看到晏福生断臂,萧克连忙喊来医生给晏福生医治。

晏福生的伤势严重,拖的时间又长,必须截肢,但三十一军没有条件,必须转到四方面军卫生部,请"一刀准"的卫生部长苏劲光来做。

晏福生被护送到山丹,苏劲光立即给他做了截肢手术。

这时候,红四方面军总部根据中央军委命令,为执行宁夏战役计划,率三十军、九军、五军共21000余人从甘肃清远的河包口西渡黄河,向宁夏方向前进。红军渡河后改称西路军,并成立了以陈昌浩为主席的西路军委员会。几天后,由于战争的需要,晏福生在伤口还没有愈合的情况下,奉陈昌浩的命令,到西路军干部团当政委。团长是杜义德。

干部团在与马步芳部队作战中节节失利,伤亡严重。不久,在占优势敌人的面前,干部团连同整个西路军,经过四个多月的浴血奋战,在歼灭敌人约2000人后于1937年3月中旬终于失败了。晏福生被打散后进入祁连山。后来,他只身一人历尽千辛万苦,九死一生,在甘肃镇原县见到了红军。当他看见任弼时时,一时百感交集,热泪纵流。

第三十八章
红二方面军中的铁娘子

最早踏上长征路的红军女英雄——百岁红军女战士陈琮英——长征中走出的新中国第一位女将军李贞——女红军张吉兰——连失5位亲人的殷成福——长征路上"姐妹花"的蹇先任、蹇先佛姐妹

1934 年 8 月,湘赣苏区红六军团按照中革军委的电令,转战到湖南、广西、贵州三省交界的地区发展,以减轻中央苏区受蒋介石军队"围剿"的压力。红六军团开始西征时 9000 多人,其中被批准随军转移的女红军十几人,她们也是在不知情的情况下紧跟大部队进行转移的,根本不知道她们自己是最早踏上长征路的红军女英雄。到 1936 年 7 月,红二、六军团在四川甘孜与红四方面军会师,根据中央命令组成中国工农红军第二方面军,而后继续北上。此时随队而行的女红军,总共有 20 多名。她们没有单独编队,没有统一的组织,分散在军团政治部的各个单位。她们中有干部、机要员、护理员、炊事员,大多是担任宣传工作和群众工作的。这十几个女红军中有的是母女俩,有的是姐妹俩,有的是军团首长的爱人,有的是普通战士,身体条件也不一样,却都经受了长征严峻的考验,都随部队到达了陕甘革命根据地。

百岁红军女战士——陈琮英

任弼时的夫人陈琮英,是一位活到 102 岁的红军老战士,湖南长沙东乡胡家坪人,生于 1902 年 1 月 16 日,比任弼时还年长两岁。由于两家世代交好,陈琮英自幼就与任家结成"娃娃亲",做了任家的童养媳,和任弼时可以说是青梅竹马。

1926 年春天,党组织派人把陈琮英从长沙接到上海,与任弼时正式举行婚礼。

1934 年夏,陈琼英随同红六军团西征。这时,陈琼英刚刚生下儿子"湘赣"不足半年,面临戎马征战无法预测的艰难险阻,毫无选择余地,她必须做出抉择:要么随军西征,要么和儿子留在当地,二者不可兼得。最终,为了追随丈夫革命,她不得不把独生子留在老乡家抚养。从此,陈琼英就再也没有见到儿子"湘赣"。直至今日,"湘赣"和许许多多当年红军撤离时留下的子女一样,音信杳然。

在转战梵净山地区时,陈琼英还差点掉队。那里高山岭峻,人迹罕至,几千人的部队给养成了大问题,战士们缺衣少食,赤脚行军,队伍也零零落落。负责机要工作的陈琼英背着密码箱,由于饥饿、疲劳,渐渐地,瘦小的陈琼英步子越来越拖沓,越来越慢了,终于,她掉队了。因为队伍在山间小径上行进,一字拉开,任弼时以为陈琼英就在不远处,哪里晓得她已经落在了最后。幸亏,当她赤着脚倚在一棵大树下喘息之际,被负责宣传和收容的陈罗英发现了,连背带拖地带她赶上了军团部的行列。任弼时这才知道,他高兴而诙谐地感谢陈罗英:"哎呀,真要感谢你啊,我丢得起老婆,可丢不起机要处长啊!"

在与贺龙率领的红二军团胜利会师后,1935 年 11 月 19 日,红二、红六军团开始进行长征。陈琼英随军出发长征时,腹中又有了小生命。

1936 年 7 月,红二、六军团在甘孜与红四方面军会师后,按照中革军委命令组成红二方面军,贺龙任总指挥,任弼时任政治委员。

当时,红四方面军部队分为左、中、右三路纵队,由所在地区出发北上。红二方面军随红四方面军左纵队前进。

北上途中,陈琼英随同红军总部行动,常跟朱德夫人康克清吃住在一起。在此期间,她跟总部卫生所的几个女护士全都混熟了。护士林月琴、周起义两人,都是来自大别山的女红军。林月琴曾在红四方面军供给部妇女工兵营当过营长,周起义原在红四方面军总医院当过看护长,还在金川省军区女子警卫连当过指导员,红军总部成立卫生所时,傅连暲就将她们要来当护士。这个卫生所,除所长傅连暲和两名医生外,只有六七个女护士和两个挑夫,成员总共不过一个班。因为怀孕,每天行军、宿营时,陈琼英大都跟卫生所在一起,同志们亲亲热热,说说笑笑,同吃苦共欢乐。那会儿,陈琼英挺着个大肚子,走路慢慢腾腾的,眼看就要分娩的样子。林月琴、周起义都不由跟她开玩笑说:"陈大姐,你赶快生呀,孩子早生下来,我们也好帮你照看!"陈琼英说:"我才不在半路上生呢！坚持个把月，到了陕北以后再生！""琼英同志，这种事可不能按照你个人的想法和志愿，还是随时随地做好准备哟！"朱德总司令在一旁忍不住笑着说，旁边人也都哈哈大笑起来。

7月中旬，红军总部抵达川西北高原的阿坝，就近筹集粮食和牛羊肉，准备第三次穿越草地。在这里，陈琼英生了个女儿，任弼时为她取名"远征"。一个红军后代诞生了，同志们都十分高兴。可是，陈琼英却十分发愁，一路上少吃没喝的，她一点奶水都没有，孩子饿得哇哇直哭。事到临头，总该想点办法为孩子下奶呀！

正在这时，朱德把一盆热气腾腾、香味扑鼻的鱼汤端到了产房。任弼时惊奇地问："老总，哪里来的鱼？"朱德回答说："有山就有水，有水就有鱼，我在河边钓的！"陈琼英很受感动，满怀深情地说："总司令，我谢谢您了！"多年以后，任弼时和陈琼英都在感念朱老总的鱼汤。

任弼时在朱老总的启发下，把缝衣针改做成鱼钩，也跑到河边去钓鱼，头一回就钓到了七八条小鱼。陈琼英很过意不去地说："弼时，你们工作又忙又累，别为我费心了，干脆我喝鱼汤，你吃鱼肉吧！"任弼时却说："我又不会下奶，吃了鱼肉管什么用？"

穿越草地时，陈琼英大都是在担架上、马背上被抬过来、颠过来的。尚未满月的孩子，只好由别人轮流背着。身负重任的任弼时，偶尔也将孩子抱着或背上一程，以"尽到做父亲的责任"。8月间，红军兵临岷州城下时，孩子才"满月"。陈琼英和她的女儿走出茫茫草地，越过天险腊子口，顺利抵达陇南、陇东，最后到达陕北。

李贞——新中国第一位女将军

李贞是湖南浏阳人，1908年2月生，6岁时就当了邻村古家的童养媳。1926年春天，这位18岁的小媳妇，为了翻身闹革命，不顾一切地冲出古家大门，报名参加了妇女解放协会。填表登记时，她把乳名旦娃子改成"李贞"，表示对革命坚贞不屈。1927年3月，李贞加入中国共产党，随后参加了毛泽东领导的湘赣边界秋收起义。1934年8月，时任红六军团政治部组织部部长的李贞随同军团参加西征。红二、六军团会师后，部队转战湘西，开创湘鄂川黔根据地，李贞调任省军区政治部组织部部长。经任弼时夫人陈琼英介绍，李贞与红六军团政治部主任甘泗淇相识相知。在1935年元旦，由任弼时主婚，李贞和甘泗淇举行了简朴而又热烈的结婚仪式。在婚礼上，军团长贺龙风趣地说："今天，甘泗淇和李贞结婚，完全是新式的，没有封建色彩。一不拜天地，二不拜祖宗，就是一心一意干革命，他们是很好的一对革命夫妇。"贺龙的话把大家都逗笑了。从此之后，李贞和甘泗淇便开始了并肩战斗的风雨人生。

1935年11月，根据红军总司令部命令，红二、六军团共1.8万余人，从桑植出发开始长征。1936年7月，与红四方面军在甘孜会师后，两个方面军共同北上。此时，甘泗淇任红二方面军政治部主任，李贞任红六军团政治部组织部部长，并已怀有数月的身孕。

长征途中，两个人常常把自己的骡马让给小战士骑。他们还常常把自己也少得可怜的粮食拿出来让给小战士吃，而他们则用野菜和草根充饥。两个人的宿营帐篷也几乎成了刘月生、罗洪标、颜金生等小红军的专用帐篷。等她们睡着了，李贞就给他们缝补破旧的衣服。每当看到灯光里穿针引线的妻子，甘泗淇就会油然升起一股敬佩之意，同时他还有些担心尚在她腹中的婴儿。他真希望妻子能多补充些营养，多休息一会儿，但条件这么差，怎么可能呢？

7月中旬，部队进入茫茫草地。这里气候变幻莫测，没有净水，也没有给养，到处都是一不小心就会杀人于无形的泥潭沼泽。一路上走来，甘泗淇夫妇已经看到不少同志因为饥渴加伤病而牺牲在路旁。

然而，不幸的是，厄运也降临到他们头上。由于长期劳累，加之营养不良，怀孕7个月的李贞早产了。没有充饥之粮，李贞缺少奶水，孩子饿得哇哇直哭。热心的战友们送来了破衣服作尿布，送来了自己也舍不得吃的青稞面作营养品，但这毕竟非常有限，无法解决根本问题。还没等部队走出草地，这个可怜的小生命便夭折了。

孩子的夭折，产后的虚脱，疾患的侵袭，这一重又一重的打击，使李贞病痛缠身，常常昏迷不醒。甘泗淇看在眼里，疼在心上，这位钢铁硬汉，此时也热泪盈眶。他要用丈夫特有的方式鼓励妻子坚强地活下去。她不能喝冷水，他就把水壶揣在怀里焐热；她不宜骑骡马，他就一直背着她走。同志们见这样下去不行，就临时做了副担架，并费了好多口舌才使甘泗淇从背上放下李贞来。但甘泗淇坚持自己抬担架的一头，说这样可以尽量减少其他同志的负担。

看到丈夫抬着担架小心翼翼、汗洒衣襟的样子，李贞的视线模糊了。她用微弱的声音对甘泗淇说："泗淇，你那么喜欢孩子，可……泗淇，我对不起你……"

甘泗淇知道现在是李贞最为脆弱的时候，只有多保存一点力气才会多一分安全走出草地的可能。他连忙制止住妻子："小贞，你不要难过。我们还年轻，以后会有孩子的。"

"可是……"李贞还想说些什么。

甘泗淇摇了摇头，示意她不要再讲话。

尽管前面的路越来越艰险，但在甘泗淇的精心照料下，李贞的精神和身体都逐渐好起来。一路上，他们互相扶持、患难与共，终于在1936年10月随大部队顺利到达陕北。

在一次总结会上，贺龙高兴地称赞甘泗淇、李贞夫妇，说他们是"两个模范干部，一对革命夫妻"。这对革命夫妻，虽没有一个亲生子女，但伴随他们度过晚年并获得他们全部爱的，却有20多个烈士遗孤。

张吉兰——与丈夫双双牺牲在长征途中的女红军战士

有一些女红军战士，永远地倒在了长征路上。李贞的回忆录中，记录了一位叫张吉兰的女红军战士，她和她同在红六军团的丈夫，双双牺牲在长征途中。

和红六军团一起开始西征时，张吉兰和其他女红军一样已经结婚了，丈夫同在红六军团里。但由于夫妻编在不同的建制里行军，一年中也难得在一起待上几天。而且天天战事不断，死人的事经常发生，女红军们因此总是提心吊胆地过日子，生怕自己的丈夫突然"光荣"了。

一到宿营地，如果时间充裕，又没有什么任务，女红军便开始寻找自己的"目标"，你找你的，我找我的，到处是热切而充满焦虑的眼睛，她们渴望在短暂的一分一秒里与自己最亲爱的人说上几句心里话，哪怕只是无言地对视一会儿，都是莫大的幸福啊！

若是有一两个月见不到丈夫，别人再安慰，她们的心也会提到嗓子眼的，因为战争中的悲剧随时都在发生着。

十几个女战士都变得憔悴不堪，但士气却十分高昂。她们每天唱着歌、喊着口号鼓舞官兵前进，还救护伤员，向老百姓宣传红军政策，有时忙得饭都顾不上吃。一天，女战士张吉兰突发疟疾，瘦弱的身体打起摆子来像是秋风中的一片枯黄的落叶。就是这样，她还是咬紧牙关，坚持拄着拐棍在连绵的秋雨里随队行军。后来实在坚持不住了，扑通一声倒在了泥地里，姐妹们心疼地搀扶起她来。这可怎么办，她们连自己行军都困难，哪里有力气抬着她呀？幸亏军团政治部的袁主任骑马经过这里。袁主任问明情况后,二话没说,就把马留给了张吉兰,自己步行着追赶队伍去了。

"我哪能骑首长的马呢?"张吉兰坐在地上,就是不上马。姐妹们见劝说不成,就一起上前夺下她的拐棍,硬把她抬上马去。

越往前走,战斗越激烈了。女红军们随政治部走在后面,常常见到成片成片来不及掩埋的尸体,有红军战士的,也有敌人的,尤其是在杨梅山下,一场激战造成很大伤亡。女红军们在战斗结束后走上阵地掩埋尸体。张吉兰骑在马上也跟着去了。她望着那么多死去的战士,心里刀割般难受,禁不住悄悄抹起眼泪来。突然,透过泪花,她在几步远的土坑前看到一个熟悉的身影,那是一个年轻的红军战士,侧倒在土沿上,手里还紧紧握着一颗尚未拉弦的手榴弹,身下是一片尚未凝结的殷红的鲜血……

张吉兰大叫一声,跳下马来,向尸体扑去!

大家闻声跑来,眼前的情形谁都明白——这位男红军是她的丈夫呵!

张吉兰扑在丈夫的尸体上,哭得死去活来。女红军们肃立在旁边陪着落泪。也不知过了多长时间,张吉兰的喉咙哭哑了,眼泪流干了,她轻轻拭去丈夫脸上的泥污,为丈夫扯平衣角,在同伴的帮助下掩埋了丈夫的尸体,一步一回头地继续上路了。

张吉兰的病情越来越重了,军团政治部只好决定把她留下来养病,留在当地坚持斗争的独立师中,并且还留下女战士小何照顾她。

后来,红六军团经过两个月艰苦转战,与红三军会合,组成红二方面军,又踏上了新的征程。

尽管战事频繁,女红军们依然挂念着因病留在地方的张吉兰的安全,只要有人回来,她们就打听有关张吉兰的消息。然而,每次都令人大失所望。

大约一年后,陪伴张吉兰的小何跑回来了,大家赶紧跑去打探消息。小何哽咽着说:"她死了!"女红军们显然缺乏心理准备,一下子都愣住了。

沉默许久,小何慢慢道出了张吉兰牺牲的经过:

张吉兰离开部队后,病情慢慢好转了。她带着小何跟随独立师在南腰界一带与敌人周旋,但终因寡不敌众,独立师损失惨重,只好化整为零,分散活动。

有一天张吉兰把小何带到一个无人的地方,说:"小何,快帮我把头发剃掉,咱们化装成男的,混到国民党的队伍中去。像孙悟空一样钻到牛魔王的肚子里去。"

小何心里一惊，天哪，这不是拿鸡蛋往石头上碰吗？小何犹豫着不愿动手。

张吉兰等得不耐烦了，催促说："快动手吧，怕什么，最危险的地方也是最安全的。只要我们胆大心细，不仅可以保存自己，还能策反呢。只要时机成熟，就可以把敌人的队伍拉过来。"

小何同意了，开始用小刀给她"割"头发。然后，两个人化名到国民党的部队里报名参军了。

两个人女扮男装，在国民党的军队里"卧底"，寻机向国民党官兵宣传红军的政策，她们十分谨慎，装出一副事不关己的漠然神情，丝毫不敢暴露身份。渐渐同国民党的官兵混熟了，有些人主动找上门来同她们谈心。时机就这样一点点成熟了。当时，这支国民党的连队正住在贵州东部的大河口，张吉兰听说附近驻有红军，就带人把敌连长杀掉，带着这支投诚的队伍去投奔红军。

这是一个无风无月的夜晚，小何在前面带路，张吉兰在后面监视敌人，正当她们趟过一条河时，意外的情况发生了。不知是谁走漏了风声，敌人追上来了，一阵猝然响起的枪声划破了夜空，许多人应声倒在河水里，张吉兰胸口中了一枪，一股黏稠的液体涌了出来，她甚至来不及叫一声，就倒在了河里。

小何扑过去托起她时，她已经牺牲了，成了无数倒在长征路上的英勇战士之一。

殷成福——长征途中接连失去 5 位亲人

在长征途中，有的女红军失去了自己的亲人，经历了常人难以承受的苦痛。但她们擦干眼泪，继续坚定走完长征路。殷成福是红二军团一名 50 多岁的女战士，她是湘西大庸土家族人，1934 年 12 月参军，被安排在家属连被服队当缝纫工。同她一起参军的还有丈夫侯昌千、小叔子侯昌贵、大儿子侯清芝、儿媳刘大妹、二儿子侯清平、女儿侯幺妹、小儿子侯宗久，可以说，她们是全家齐上阵，为了革命的事业舍弃了一切。小叔子和大儿子、二儿子 3 个青壮年，作为战斗员编入红军队伍；殷成福和丈夫、儿媳、女儿、小儿子 5 人，都在家属连被服队做工。

1936 年 4 月，经过连续奋战的三昼夜，红二军团渡过金沙江，进入康藏高原，准备翻越海拔 5000 多米的中甸雪山。这时，儿媳刘大妹已经怀有几个月的身孕，随时可能分娩。经过商量，全家人一致决定先把刘大妹留在当地，对此刘大妹也表示同意。

她们在当地找了一户贫寒人家把刘大妹安顿下来。殷成福临上路前,还特意叮嘱儿媳说:"妹儿啊,别害怕。待孩子满月就来追我们。我们在前面等着你!"说这话的时候,殷成福的心都要碎了。她哪里知道,她们这一别竟成永诀。几天后,敌人就赶到了,刘大妹暴露身份后被敌人残忍杀害。

中甸雪山,山高雪厚,人迹罕至,在当地素有"天梯"之称。殷成福的小叔子侯昌贵时任红二军团第六师某团司务长。为了照顾年龄小的炊事员,他不顾腿部伤痛,接过对方的大锅背在自己背上。随着雪山越来越高,风越来越大,这时阴沉的天上又飘起了鹅毛般的雪片。路更难走了,即使沿着前面同志踏出的雪路前进,脚踩下去也很难拔出来。侯昌贵一面提醒其他人小心,一面艰难行进。突然,侯昌贵感到脚下一滑,他心知不好,试图抓住些什么。周围同志见此赶紧伸出援手,但一切都来不及了。只见侯昌贵连人带锅翻了下去,一直滑到一个大雪窝子里,没了踪影。经验告诉其他同志,这种情况是没法施救的,只要是滑进雪窝,没有一个人能活着起来。他们只有在脱帽致哀后继续前进。

随后,殷成福15岁的女儿侯幺妹,在抬担架抢救伤员时不幸中弹牺牲。殷成福的丈夫侯昌千在陇南的一次战斗中身负重伤,由于根本无法随军行走,就和小儿子侯宗久(四五岁)一起,被寄托在成县农民何天颂家中休养,后因伤势太重去世了,被当地群众掩埋。小儿子侯宗久,则被何家收为养子。

1936年9月,殷成福在红二方面军北过渭河的紧急关头,因躲避敌人的追击而不小心跌进一个坑里,当场昏了过去。第二天,她被一位农民救起,总算捡了一条活命。那位农民见她独自一人又受了伤,就劝她多休养一些日子再作打算。但殷成福说什么都不干。为了掩人耳目,防止被敌人发现,她只是向那位老乡借了一件旧衣服,不等伤养好,便匆匆上路追赶红军。她以顽强的毅力,一路沿途乞讨,向北,一直向北。经过两个多月的艰难跋涉,直到当年隆冬时节,她才在富平县庄里镇找到部队,并重新加入红二方面军的战斗队列。

在这里,殷成福终于又看到了自己的两个儿子,红军排长侯清芝和红军班长侯清平。母子相见,分外激动。哭罢多时,殷成福问过儿子才知道,如今还留在红军队伍的只有他们三人。

在如此短的时间内失去如此多的亲人,是常人所难以承受的,但殷成福是个倔强的女人,有着湘西妇女所特有的刚性和韧劲。她从巨大的悲痛中勇敢地站起,擦干泪水,决心和儿子一起走完亲人还未走完的革命之路。

蹇先任、蹇先佛——长征路上的"姐妹花"

长征路上，有两位女红军被称为"姐妹花"，她们是蹇先任、蹇先佛姐妹，出生于湖南慈利一个爱国开明人士家庭。她们不仅品貌端庄，而且学问很好，是当地有名的"女才子"。她们毅然抛开优厚舒适的生活条件，勇敢地投入到大革命的洪流中。她们以惊人的毅力，在险恶丛生的长征路上带着自己的孩子，走完了长征路。

1935 年 11 月，红二、六军团从湖南桑植出发，实行战略转移。在此前不久，红二军团的女战士蹇先任，刚生下她和贺龙的小女儿贺捷生。孩子还没过满月，部队就要出发了。崇高的母爱驱使蹇先任毅然带上小女儿贺捷生，踏上了漫漫长征路。

长征的艰辛困苦是处在今天和平年代的人所难以想象的。不要说女同志，就是身强力壮的小伙子也备感艰辛，更何况刚刚生下孩子才 20 天的女战士。为了照顾这一对母女，部队派了一副担架。她随军出发的第一天，强渡澧水，便遇到了敌机的空袭。蹇先任用布条带子把捷生绑在怀里，随部队急行军 120 里到了江边。他们刚上船，敌人的飞机就追过来，朝着江面的船只狂轰滥炸。小船在爆炸声中剧烈地摇晃着，大家奋力划桨，最终强行渡过澧水。由于当时出发仓促，她没带干粮，过澧水时，她已两天一夜没有进餐了。在这样的疲惫下，她过江后，就抓紧给满身屎尿、全身无一干处的小捷生洗澡、换尿布、喂奶，等这一切收拾停当后，部队出发的时间又到了。

蹇先任抱着孩子走在队伍里，每逢路过集镇、村寨，常常引来当地群众特别是妇女们的目光。每当这个时候，蹇先任就会忘记疲劳，趁机做群众的宣传鼓动工作。她说："乡亲们，我们红军北上抗日的目的是救国救民，让老百姓过上有饭吃、有衣服穿，安居乐业的幸福生活。"群众听了，见蹇先任状况，确实感到红军抗日的不易，对红军就更加佩服了。尽管她经受着常人所无法体验与经历的艰难困苦，但她咬牙顶着，始终没有掉队。在蹇先任的记忆中，最艰难的日子还是在乌蒙山里与敌人周旋的 20 多个日日夜夜。这些与敌人"捉迷藏"的日子，有时两军相距不到半里地，如果掉队了结果是可想而知的。如果弄出一点声响，就会暴露目标，这真的难坏了带着孩子的蹇先任，有时一晚上转移七八次，在伸手不见五指的夜色里翻山越岭，膝盖上、胳膊上、身上常常跌撞得青一块、紫一块，衣服被荆棘划得破烂不堪。这些困难对她来说都能忍受，最让她犯难的是女儿贺捷生,跑起来颠簸得厉害,女儿就要哭,夜里静,孩子的哭声能传出很远,很容易暴露部队的行动,这可怎么办呢?想来想去,她决定用一根宽大的布带把女儿裹抱在胸前,如果跑起来孩子哭就用奶头堵住她的嘴。这样做虽保证了部队的安全,可苦了她和女儿。有一次部队转移,一口气跑了五六十里地,等到达安全地带时,她一屁股瘫坐在地上,忙解开怀中的女儿,却吓得腾地从地上站了起来,由于急行军,孩子的嘴被奶头堵着,憋得面色青紫,喘不上气来。她又是摇又是拍,好半天女儿才喘上那口气来,赛先任两眼盈泪,百感交集。

赛先任的妹妹蹇先佛参加红军时还不满 20 岁,她擅长书法,写一手好字,还会画画,长征出发前在军团政治部做宣传工作,主要负责刷标语、刻蜡版、画宣传画。直到今天,湘鄂川黔边的许多地方还留有她当年刷写的标语。最令人佩服的是,在扩红工作中,她那声情并茂的演说,常常可以动员许多人参加红军。有一次,一下子动员了 20 多个俘虏参加了红军,创下了当天的最高纪录。蹇先佛英勇顽强,吃苦耐劳,行军、工作样样不亚于男同志,而且还付出了更多的艰辛。正是这样,她赢得了穷学生出身、能文能武的红六军团总指挥萧克的爱情。

在长征路上,行军到了贵州的毕节时,蹇先任见到了妹妹蹇先佛。其实蹇家有三人同在红军队伍中,还包括他们的小弟弟。只是战事紧张,姐弟三人很少谋面。匆匆一见,姐姐叮嘱了妹妹几句,又各忙其事。但等到在四川甘孜再次相见时,做过母亲的姐姐,看着已经挺着大肚子的妹妹,知道她就要生了。一股强烈的呵护之情使她不肯再离开妹妹一步,她觉得妹妹太年轻,不知道生孩子这道"鬼门关"对女人来讲有多难过。

不出姐姐所料,红军进入松潘草地的第一天,蹇先佛便开始了产前阵痛。汗珠顺着她年轻的脸庞直往下掉。蹇先任的心说不上有多难过。这茫茫草原,一点可以遮眼的地方都没有,可该怎么办啊!恰巧,前面不远的地方有个三尺高的"土围子",这是为打击敌骑兵而临时修的土碉堡。蹇先任扶着妹妹,跟跄地移到了土堡里面。姐姐成了唯一的接生员,可她对这一套又是多么的陌生啊!但她顾不上多想,一边安慰着妹妹,一边做着最简单的产前准备。真是天无绝人之路,几个小时过去了,蹇先佛顺利地生下一个小男孩。因为这个孩子是降生在一个用草皮垫起来的土堡里,孩子也以此为名,叫作"堡生"。虚弱的蹇先佛和姐姐在土堡里熬过了漫长的一个夜晚,风雨交加,两人都浑身湿透,但小堡生在母亲的怀里安睡了一个晚上。第二天一大早,草地行军又开始了,蹇先佛只好怀抱婴儿,坐在担架上行军。萧克和蹇先任怕抬担架的同志受不了,就拿出自己的口粮分给他们吃。当时留在红二方面军工作的李伯钊把自己的口粮也拿出来送给产后的蹇先佛。李伯钊把仅有的一点吃食送给蹇先佛后,自己差点饿得走不出草地。为此姐妹俩一辈子都感念着这位可敬的老大姐。

蹇先佛草地生子后,又续写了一段红军佳话,她凭着一个女红军战士坚定的意志和无畏的精神,带着小"堡生"走完了长征路上最艰苦的一段路程,成为红二方面军第一个到达陕北中央驻地的人。原来,红军主力在会宁会师后,在甘南地区与胡宗南的部队较量,她怕自己行动不方便,就同萧克商量,与马夫一起向着陕北保安——党中央驻地进发。她整整走了 8 天,到了军委后方政治部,大家无不称奇。罗荣桓竟伸出了大拇指赞叹道:"勇敢,真了不起!"在保安,蹇先佛还比红二方面军其他人早些见到了毛泽东,并向毛泽东报告了红二方面军的情况。

第三十九章
红二方面军长征中最小的红军

在捷报中出生的小丫头——过封锁线快被憋死——过河险情——贺龙把女儿弄丢了——走的时候用这块花布包她吧——孩子同样经历饥饿——山坡遇险

在红二方面军长征的队伍里,有一个特殊的成员,她刚出生就跟随父母踏上漫漫征程,这就是贺龙与蹇先任的女儿——贺捷生。

1935年11月,在湖南桑植县南岔村冯家湾待产的贺龙的妻子蹇先任,生下了一个女儿。蹇先任脱下一件衣服把女儿裹了起来,让警卫员火速给贺龙报信。贺龙正在前线阻击敌军,最先得到消息的红六军团政委王震命令电台给前线发报:"祝贺军团长生了一门迫击炮!"

因为是明码电报,冲进战壕的通信员边跑边复核电报内容,满身血污的红军战士们齐声欢呼:"噢,噢,我们又添了一门迫击炮!"贺龙大喜,命令部队乘势出击。红军势如破竹,取得了战斗的胜利。到这时,贺龙才长出了一口气,抽出烟斗装上一袋烟,坐在指挥部里美美地吸起来。然后,他对围绕在自己身边的任弼时、关向应、萧克和贺炳炎等战友说:"嘿嘿,我当父亲了,你们说给这个丫头片子起个什么名字呢?"副军团长萧克说:"恭喜,恭喜,军团长带领我们打了胜仗,又喜得千金,我看孩子的名字就叫'捷生'吧,小丫头在捷报中出生嘛。"贺龙一锤定音:"要得,孩子就叫捷生,这名字响亮!"

18天后,贺捷生坐在由一匹小骒马驮着的摇篮里,成了红二、六军团从桑植刘家坪开始长征的一员。队伍上路时,喊喊喳喳的脚步声和嘀嗒嘀嗒的马蹄声,让贺捷生乖得不敢发出哭声。驮着贺捷生的那匹黑色小骒马,是贺龙在万般无奈中特地调来供妻子和女儿使用的。

贺龙原本是不准备带女儿走的,他连寄养女儿的人家都找好了,是他的一个亲戚,说好在部队离开前把贺捷生送过去。到这时,一家人已吓得不知去向。还在月子里的蹇先任虚弱得像片随时可能飘落的树叶,这时却像母狼般地紧紧抱住了女儿。贺龙也不是铁石心肠,看到蹇先任生怕失去女儿,想起几年前失去的女儿红红,他咬咬牙说:"那就把小丫头带上吧,不过路上艰险,是死是活就看她的命了。"

贺捷生就这样跟贺龙和蹇先任上路了。每当过封锁线,蹇先任都要把奶头塞进女儿的嘴里,不让她发出一丁点声音。有几次,因为蹇先任把女儿搂得太紧,奶头堵得她透不过气来,都快把她活活憋死了。

蹇先任还在产褥期,女儿也没有足月,母女俩最早跟随军团卫生部行军。卫生部长贺彪又把她们编入伤病员队,还给她们准备了一副担架。伤病员行动缓慢,走到澧水河边,敌机飞来了,像拉屎一般扔下无数颗炸弹。河面上水柱冲天,乘坐伤病员的小船在波涛中打转,许多人落进了水里。小骡马吓得前蹄腾空,差一点把摇篮掀翻了。贺彪扔下部队,把贺捷生从摇篮里抱出来塞在蹇先任手上,自己撑一只船把她们送向河对岸。

船到河中心,贺捷生被巨大的爆炸声和敌机的尖叫声吓得号啕大哭,贺彪叔叔冲着蹇先任怀里的贺捷生喊道:"你哭,你哭,看你把敌机都招来了,再哭把你扔进河里!"这一吓,贺捷生真就不哭了,不知是不敢哭,还是哭不出来了。到了对岸,警报解除了,蹇先任跟贺彪打趣说,捷生那不是哭,她是在吓唬飞机呢,你看敌机不是飞走了吗?贺彪想到刚才对贺捷生太粗暴了,连忙伸出手来刮贺捷生的鼻子,逗贺捷生一笑。

那次整整走了两天一夜。到了宿营地,蹇先任什么都不顾,把贺捷生从摇篮里抱出来,给女儿喂奶、换尿布。经过那么长时间的颠簸和惊吓,贺捷生不仅饿了,而且变得臭不可闻。两天一夜马不停蹄地奔走,在层层叠叠裹着她的褥裸里,积攒了多少屎尿!那股臭味,简直要熏翻天。医疗队有个男护士跑过来帮忙,被熏得落荒而逃。

还未走出湖南,蹇先任说什么也要回军团总部。卫生部拖着那么多的伤病员,还有那么多丢不下的设备,她不好意思让人照顾。贺彪拦不住,让她把抬担架的两个兵和担架也一块带走。蹇先任说:"这怎么可以呢?我想的,就是把担架留下来抬伤病员。"

贺龙虽然日理万机,但见到妻子、女儿回他身边,心里还是很高兴。他知道蹇先任太不容易了,除了每天要背着行装自己赶路,还得一把屎一把尿地照料女儿。晚上宿营时大家睡下了,又得把女儿弄脏的衣服和第二天换用的尿布洗出来。那时快到冬天了,天阴沉沉的,洗好的衣服和尿布干不了,必须找炉火一件件烘干。做完这些事再躺下时,已是凌晨时分,队伍又差不多要上路了。让她们跟着军团总部走,他总能搭把手。

毕竟还在月子里,蹇先任也有走不动的时候,就抱着女儿骑在小骡马上走。贺龙看见了,大惊失色,说:"这怎么行啊!倘若骡马受惊,一摔就是两个,还是我替你抱吧。"说着把马并过来,从蹇先任手里接过女儿的襁褓。此后几天,贺龙每天都带着贺捷生在山道上奔驰。他勒紧腰间的皮带,拉开领口,把贺捷生小心地放进他宽大的衣兜里,如一只大袋鼠装一只小袋鼠。

没几天,发生了后来流传甚广的故事:贺龙把女儿弄丢了。

那是过贵州的一个山垭口,前后突然发现了敌人。贺龙意识到有落入包围的危险,打马狂奔,迅速调动被挤压在山垭里的部队抢占两边的山冈。但他想不到,就在这时,女儿就像个飞起来的包裹,从他的怀里颠了出来,重重地落进路边的草丛里。接下来杀声四起,红军从山垭口夺路而行,没有人会想到从军团总指挥的怀里掉出一个孩子来。

部队突围后,摔晕在草丛里的贺捷生慢慢醒来,感到周围冷冰冰的,不由得哭了起来。但她的哭声,是那么微弱,那么的有气无力。

山垭遭遇战后,贺龙带领部队一口气奔袭了几十里。喘口气的时候,他习惯地伸出手去掏口袋里的烟斗,就像触电般,猝然发现身上少了点什么。一声"糟糕"还未出口,汗珠已滚滚流淌。他当即烟不抽,脚不歇,带上两个警卫员,快马加鞭,火速返回去寻找。

路过一片树林时,几个坐在树下歇息的伤病员看见军团总指挥驰马过来,急忙站起来敬礼,贺龙的马像风一样从他们的面前刮过去。这时候,他的心里只有孩子,只有他认定丢失贺捷生的那个山垭。

跑着,跑着,贺龙心里一惊,下意识勒住了缰绳。胯下的马在啸叫中掉转身子,又往回跑。跑回伤病员跟前,贺龙没头没脑地问:"你们看见了我的孩子吗?"伤病员们一愣,把刚捡到的襁褓茫然举起来:"总指挥,是这个孩子吗?"

原来,落在大部队后面的这几个伤病员,在走过刚打过仗的那个山垭口时,奇怪地听见了孩子的哭声。他们在草丛中找到贺捷生后,见她裹着红军的衣服,认定她是红军的后代,于是抱上贺捷生继续赶路。

"是她！是她！"贺龙从马上滚下来，如同抢夺一般把褓褓搂进怀里。掀开一看，女儿哼哼唧唧的，饿得把手指吮得吱吱有声。

贺龙的眼睛红了，两滴泪水夺眶而出。

说起来，最难的还是蹇先任，她是长沙名校兑泽中学毕业的进步学生，长得细皮嫩肉。但她选择了革命，选择了贺龙，也便选择了此后遍布荆棘的苦难人生。背着刚剪断脐带的女儿长征，她遭受的折磨和艰辛，起码是其他人的两三倍。何况她还是一个女人，一个在月子里以虚弱的身子踏上漫漫征途的产妇。

刚出发时，贺捷生还能坐在马背上的摇篮里，让蹇先任挂着一根竹竿走自己的路。但到了云南境内，山高路险，树杈横生，她怕剐伤女儿娇嫩的皮肤，就用一个布袋子兜着贺捷生，挂在胸前走那样的路，连骡马都会失足跌进深渊，她一个女人，胸前还挂着一个四肢乱蹬、嗷嗷待哺的婴儿，需要付出多大的体力和毅力！

一次，贺捷生病得非常重，两三天都哭不出来，大家认为她不能活了。陈希云（新中国成立后担任农业部部长）看见贺捷生奄奄一息的样子，不知从哪儿寻来一块花布，交给蹇先任说，女孩儿爱美呢，走的时候用这块花布包她吧。蹇先任的心一颤，藏起花布，用尽办法救贺捷生的命。她想，女儿可是贺龙的命根子，只要还有一口气，就要用自己的胸膛把她暖过来。即使死，也要让她死在自己的臂弯里。

万幸的是，贺捷生真是命大，几天后又能哭了，大家悬着的心放了下来。

从湘西启程到跌跌爬爬翻过雪山，红二、六军团在路上足足走了7个月。像贺捷生这个走时还未满月的孩子，被父母和许多叔叔阿姨背着、抱着，被马背上的摇篮没白没黑地颠着，也终于像金蝉脱壳那样蜕去了每天都要反复捆扎的褓褓，开始自己坐立、爬行和牙牙学语。

接着，一望无垠的草地扑面而来。在这里，到处是腐烂的草，混浊的水，冒着水泡的沼泽地深不可测。因长期浸泡着各种动物的腐尸，酱紫色的水面漂着一块块铁锈，脚泡在水里或被杂草划破，渐渐出现浮肿和溃烂。队伍再难以成建制前进了，只能各自择路而行，水一脚，泥一脚。许多人走起来，像纸那样在刮着寒风的旷野上飘。

从阿坝到包座，连续几天都走水草地，行进极为缓慢，走一步，滑一步，官兵们此起彼伏地摔跤。贺捷生在草地上与大家一样经历了可怕的饥饿。蹇先任后来告诉贺捷生，她饿了的时候，只会哭，像头小野兽那么哭，像谁要杀了她那么哭，呜呜，哇哇，怎么也哄不住。哭着哭着，抓住自己的手吃手，抓住自己的衣角吃衣角。但饥饿是共同的，没有指挥员和普通士兵之分，也没有大人和孩子之分。贺捷生是整个方面军带着过草地的四个孩子之一，又是贺龙的女儿，听见贺捷生天天哭嚎不止，许多叔叔阿姨要分她一点口粮，蹇先任坚辞不收。她说，现在的粮食就是命，不能舍了别人的命，救自己孩子的命。因为贺捷生体质差，肠胃特别脆弱，吃了野菜马上拉稀，蹇先任把她那份粮食都留给了女儿，她每天以野菜度日。

有一回，贺龙亲自动手给女儿做吃的，可他的粮袋空了，就拿一只搪瓷缸，盛上一点清水，倒提着袋子往下抖，又团在手里反复地揉，把沾在布壁上的粉尘和钻进针脚里的颗粒都搜出来，才勉强把搪瓷缸里的清水弄浑。接着放到火上去煮，去熬，直到熬出搪瓷缸底薄薄的一层糊糊，然后用手指勾起糊糊，一点点往贺捷生的嘴里刮。贺捷生吃得津津有味，有几次叼着他的手指，狼吞虎咽地往喉咙里送。

在草地上，贺捷生母女不仅经历了饥饿，还经历了凶险。在1936年7月下旬的一天，第二方面军指挥部进入阿坝的一片丘陵地带。此处有山有水，有茂密的树林，两丈多宽的葛曲河从草原中央沉沉流过。部队在这里休整，许多人到河滩上去休息，还有的人去钓鱼。贺龙也加入其中，他喜欢钓鱼，也希望能钓上一条大鱼来，给饥饿的女儿熬点汤喝。

蹇先任这时抱着女儿坐在离葛曲河有段距离的山坡下，给她喂奶。正在这时，她们左手边的山林里传过来一片轰轰隆隆的马蹄声，有人大声喊道："敌人的骑兵来了！"原来，是一支三四百人的反动藏族骑兵，只见他们高举的弯刀寒光闪闪。蹇先任母女俩就待在山坡下，敌人的马队冲下来，不被弯刀劈死，也会被马蹄踩死。贺龙急了，从河边跳起来，举起钓鱼竿吼道："警卫营，把他们坚决打回去！"

乒乒乓乓的枪声响了，子弹在母女俩的头顶上嗖嗖飞过。蹇先任把贺捷生紧紧地搂在怀里，这时无论逃离还是躲避，都来不及了，只能听天由命。忽然她看见一个小号兵愣在身边，就冲他喊："小同志，你吹号啊！"小号兵满脸迷茫，说："我们没有骑兵，不敢吹冲锋号。"蹇先任急中生智："那就吹调兵号！用力吹！"小号兵明白了，昂首吹响了调兵号。一时间走在路上的号兵，散在河滩里的号兵，十几把号同时吹起来，吹的都是调兵号。敌骑兵在离蹇先任母女俩只有几百米的位置猝然停下，他们听见河滩上和山坡下号角连营，吹的又都是调兵号，自己先怕了，以为红军早已布置下千军万马，只待他们往埋伏圈里钻。随之黑压压一片迅速往山上曾经藏身的树林里退。险情解除，蹇先任母女俩捡回了一条命。

到达陕北保安后，中央财政部部长林伯渠赶来看蹇先任，不明白蹇先任为什么老抱着贺捷生，就问孩子多大了，蹇先任说一周岁了。林老说："一岁了还要抱？"蹇先任说："孩子在草地上跟着大人一起挨饿，营养不良，小腿是软的，站不起来。"林老当场流泪了，招呼随员马上送一条羊腿过来。

有了这条羊腿，蹇先任每天用小刀削一块下来，拿长征用过的那只搪瓷缸放在火盆上煨熟炖烂，再加上一片馒头或一小碗米饭，细心地喂给贺捷生吃。

吃完这条羊腿，贺捷生挣开妈妈的怀抱，颤颤巍巍，自己在大地上站起来了！贺捷生，这个红二方面军中最小的成员，跟着父母走完了长征这条艰难曲折的道路，在路上度过了满月、百日和周岁，如花朵般初绽，不能不说是一个充满感动的奇迹。

第四十章
红一、二方面军会师将台堡

三个兄弟会到一起——胜利会师的时刻终于到来——会师联欢会——邓小平向红二方面军传达中共中央瓦窑堡会议精神——毛泽东高兴地赞扬红二方面军

贺龙率领红二方面军指战员经过半个多月的苦战,终于在1936年10月21日到达平峰镇。在这里,贺龙、任弼时、关向应、刘伯承与前来迎接的红一军团政委聂荣臻、代军团长左权、政治部主任邓小平亲切相会。大家见面,甚为高兴,真有说不完的话。果敢豪爽的左权笑着对贺龙、任弼时说:"有你们这一来,红军兵多将广,大西北可就热闹啰!"任弼时也笑着说:"大家早就想同中央红军的老大哥会师了。这下好了,三个兄弟汇到一起了,打开新局面不成问题了!"

红二方面军长征带到陕北的唯一的一门山炮

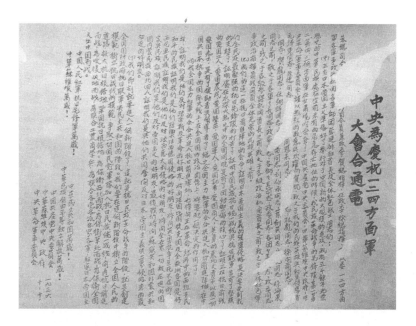

中共中央为庆祝一、二、四方面军会合的通电

10月22日半夜时分,红二方面军总指挥部及红二军团人马正行军之际,将要到达将台堡时,突然接到"准备在将台堡同中央红军会合"的消息,消息传出,指战员们的疲劳顿时一扫而光,黑夜中,大家欢呼着:"到家了!到家了!就要与中央红军会师了!

胜利会师的时刻终于到来了!一双双粗糙有力的大手紧紧相握,两个方面军的战友互相扑向对方,紧紧地拥抱,亲切地问候,热情地鼓励,喜悦的泪水禁不住从这些打不倒的钢铁汉子们的眼中流出,阵阵口号声此起彼伏,在广阔的原野上回荡。

当日,左权、聂荣臻就红二方面军一部及贺龙、任弼时等到达将台堡致电彭德怀、红一师师长陈赓、政治委员杨勇并报毛泽东,称:"一方面军一部及贺、任、关、刘于今日到达将台堡、硝河城,余部明日可到。"

毛泽东、周恩来复电左权、聂荣臻,指示:"二方面军进至单家集、硝河城线后即可开始休息、整理。该地区比较丰富,待一方面军执行新任务时,接替对南防御任务,亦当有休息机会。""我三个方面军目前应以休息、整理,蓄积锐气,准备执行新的战略任务为基本方针。对敌采迟滞其前进方针。"

红一、二、四方面军团以上干部于 1936 年在甘肃省宫和镇合影。右起第 1 排(坐者) :1. 聂荣臻、6. 萧克、7. 罗炳辉、8. 徐海东;第 2 排(蹲者) :6. 杨尚昆、7. 杨成武、15. 萧华;第 3 排 (站者) :3. 任弼时、10. 陈赓。

　　草枯叶黄谷上场,秋风阵阵催人忙。陕北的 10 月,天高云淡,秋高气爽,正是收获的黄金季节,到处是丰收的喜悦。经过千难万险,转战万里、九死一生的红军两军将士相见,无不激动万分。

　　第二天,红二方面军六军 1800 多名指战员,由参谋长彭绍辉、模范师师长刘转连率领到达距将台堡 20 公里的兴隆镇,受到肖锋等率领的红一军团三团全体指战员及中共静宁县委、苏维埃政府负责人和群众 3000 多人的夹道欢迎。

　　晚上,在红三团团部招待红六军团干部吃饭,并在兴隆镇西北河滩举行了会师联欢会。肖锋代表一方面军热烈迎接二方面军辛苦北上,致辞说:

　　　　一方面军的广大指战员都天天盼望着和二、四方面军会师,今天这个愿望实现了!三军在静宁和会宁地区胜利会师意味着西北地区要有翻天覆地的变化,反蒋抗日的统一战线有了雄厚的基础!同志们好好休息一下,准备好了,我们共同追击胡宗南的部队,给他一个歼灭性打击,还要狠揍三马军阀。我们要联合东北军和西北军共同反蒋抗日。我们一方面军指战员向二方面军同志们表示亲切的慰问,我们一定要向二方面军学习!

　　接着红六军团参谋长彭绍辉、模范师师长刘转连讲了话:

　　　　我们很高兴在六盘山和一方面军红三团胜利会师。北上抗日已经一年了,今天三个方面军终于在西北会师了! 今后在党中央、毛主席、周副主席、朱总司令的统一领导下,形势会更好! 我们代表二方面军的全体同志向一方面军的同志们学习、致敬!

红一、二、四方面军会师示意图

讲话完毕后,红三团演唱队演出了大合唱《长征歌》和小歌舞;模范师演出了独幕话剧《粉碎"围剿"》和《北上抗日》,闻名中央苏区的文艺战士、人民剧社社长危拱之表演了独唱。最后全场齐声合唱《国际歌》,尽情高唱《会师歌》:

　　三大主力军,

　　在西北高原胜利地会合了,

　　欢呼三个方面军,

　　百战百胜的英雄弟兄,

　　团结我们工农红军全部的力量,

　　嗨! 团结我们工农红军全部力量,

　　走向抗日最前线!

　　两万五千里长征,

　　经历 11 省险阻与山河,

　　铁的意志,血的牺牲,

　　换得伟大的会合,

　　为着建立人民政权巩固的基础,

高举红旗向前进！

当晚，左权、聂荣臻、邓小平致电毛泽东，报告了两军会师情况。电文说："我们已与贺、任、关、刘及二、六、三十二军首长会面，二方面军同志对张不满，与一方面军甚谊；一、二师剧社今日已分头到三个军联欢，部队非常疲劳，体力差，病员很多，但会合后情绪很高；我们已慰劳2000只羊，20余只牛，干盐、蜂糖及粮食数万斤，及皮背心百件，袜子万双，慰劳伤病员；现在土豪三四个及未硝好羊皮数百件，羊毛约2万斤，均移交给他们，并送给缝衣机3架。"

10月24日，在将台堡，红一军团政治部副主任邓小平向红二方面军传达了中共中央瓦窑堡会议精神和毛泽东的《论反对日本帝国主义的策略》，并作了统一战线及回民问题的报告。

听完报告后，任弼时当即表态："请转告中央，我们完全拥护中央制定的路线和策略，并将在全军迅速贯彻执行。"

到达陕北的红二方面军一部。左起前排：陈文彬、李建良、罗志敏、刘道生、陈文彪、颜金生、李贞；中排：陈希云、朱瑞、卢冬生、王震、甘泗淇、贺炳炎、陈伯钧、贺龙、任弼时、左权；后排：1. 王定一、2. 朱绍田、3. 张子意、5. 黄新廷、6. 刘少文、7. 成钧、8. 周士第、10. 廖汉生、11. 关向应、13. 谷志标、14. 朱明、15. 王绍南、16. 戴文彬、18. 李井泉。

贺龙笑着对邓小平说："好了，从此我们就可以在毛泽东主席直接领导下了。"随后，以贺、任、关等首长的名义代表红二方面军全体指战员向中共中央发电报，坚决拥护党内集中统一领导，一切服从中央决定。会后，红二方面军政治部根据中共中央、中华苏维埃中央政府《对回族人民宣言》《对内蒙古人民宣言》的精神，布置了对干部战士进行政治动员、思想教育的内容。

曾任贺龙警卫员的周龙对此回忆说："红二方面军总部是10月22日行进到将台堡与红一军团会师的。将台堡以东地区，是红一军团的部队，将台堡以南和以北都是红二方面军的部队。红二方面军总部就在将台堡。红二方面军是贺龙、任弼时、关向应，还有刘伯承首长。党中央、毛主席派的邓小平、聂荣臻、左权等首长随红一军行动的。在将台堡会师以后，邓小平传达了瓦窑堡会议精神和毛主席《论反对日本帝国主义的策略》的报告。"

红军长征胜利到达陕北后，红二方面军部分领导干部合影。左起前排：甘泗淇、贺炳炎、关向应、王震、李井泉、朱瑞、贺龙；后排：1.张子意、5.陈伯钧。

随后，党中央又派周恩来到此慰问红二方面军。贺龙、任弼时和周恩来副主席都是久别的老战友，如今在西北高原重逢聚首，分外亲切，互相久久地握手拥抱。周恩来满怀激情地说："毛主席、党中央很关怀二方面军的同志们。毛主席派我来看望大家，让我转达他对同志们的问候！"周恩来兴致勃勃地询问了红二方面军长征中的情况，并向大家介绍了陕甘宁边区的情况和全国抗日救亡运动的大好形势。他说，在民族矛盾上升为主要矛盾的情况下，必须建立抗日民族统一战线，才能赢得这场民族战争，而要建立抗日民族统一战线，就必须坚决反对"左"倾关门主义，对资产阶级做出局部的让步，这是民族大义。

任弼时对周恩来说："中央的决策是十分英明的。从我们二方面军一路上的情况来看，也同样证明：只要宣传抗日，我们就有了更广大的人民群众，就有了政治上的主动权。但是，要使全党全军都真正理解中央决策的正确性，还需要做很多工作。"贺龙接口道："正是！这一些日子，总有人找我直哼哼，说什么我们长征都过来了，为什么还要和国民党讲客气、谈联合？蛮不服气咧。"周恩来笑着说："要给大家多讲讲，相信会理解的。"另外，周恩来还谈到了红军领导问题。贺龙大度地表示："统一归彭德怀指挥吧。"[1]

这样，红二方面军从1935年11月19日撤离湘鄂川黔革命根据地开始，到1936年10月22日与红一方面军在将台堡胜利会师，前后历时一年、转战湘、黔、滇、康、川、甘、青、陕八省、行程二万余里、大小战斗110多次，冲破了国民党军22个纵队、11个师、3个旅的围堵，完成了长征，与红一方面军会师时尚有一万一千多人。如果连同此前的红六军团转战5000余里的西征，则红二方面军长征的总行程约2.5万里，作战次数也更多。红二方面军的长征是胜利的、成功的，不仅有力打击了反动统治阶级和封建地主势力，而且扩大了中国共产党和红军的影响，播下了革命的火种。红二方面军的指战员们，经受住了自然界各种艰难险阻的严峻考验，克服了常人难以想象的困难，最终夺取了长征的伟大胜利，在中国革命的史册上留下了光辉的一页。

红二方面军部分人员于1937年在陕西省富平县庄里镇合影。左起前排：周雪莲、寨先任、李贞、贺炳炎、晏福生、甘泗淇、贺龙；后排：张子意、周士第、袁任远、关向应、谭友林。

---

[1] 中国社会科学院近代史研究所编：中共党史革命史论集. 北京. 中共中央党校出版社1982年版，1982年版，第300页。